Der Schwarzwald
Eine kleine Geschichte

Kleine Geschichte

Eine kleine Geschichte

Der Schwarzwald

Biografie einer weltberühmten Region

Andreas Lehmann

Lauinger Verlag

Erschienen in der Reihe:
»Regionalgeschichte – fundiert und kompakt«

Die deutsche Nationalbibliothek verzeichnet diese Publikation in der Deutschen Nationalbibliografie; detaillierte bibliografische Daten sind im Internet unter www.dnb.de abrufbar.

Einbandabbildung:
Bollengut (www.bollengut.de)
studioK GmbH (Haslach)
Inh. Thilo Haas

www.lauinger-verlag.de

Satz, Bildbearbeitung & Grafische Umsetzung: Sonia Lauinger
Lektorat: Nina Gibler, Anna-Linda Hahn
Redaktionsassistenz & Korrektorat: Nele Müller
Akquise: Annika Cramer
Druck: Central Dabasi Nyomda Zrt., Ungarn

ISBN: 978-3-7650-1436-9

Dieser Titel erscheint auch als E-Book:
ISBN 978-3-7650-1434-5

Inhaltsverzeichnis

Was macht den Schwarzwald aus?

Ein Wald der (Kuckucks-)Uhren, in dem die Uhren langsamer gehen? Ein romantischer Hort der Ursprünglichkeit? Ein hippes Wellness- und Trendsportparadies? Ein Mittelgebirge im Herzen Europas, in dem eine nachhaltige Zukunft Gestalt annimmt?

Jedes dieser Etiketten trifft es nur zum Teil. Der Schwarzwald ist für jeden etwas anderes, und er hat sein Gesicht – ebenso wie seine Bedeutung für uns Menschen – immer wieder dramatisch verändert. Vom Schwarzwald aus reiste *Simplicissimus*, Grimmelshausens berühmter Romanheld, zum Mittelpunkt der Erde; hier verlor Hauffs *Kohlenmunk-Peter* sein Herz und gewann es mit Hilfe des Glasmännleins zurück. Hier, wohin Menschen einst vor plündernden Söldnern flohen, suchen heute gestresste Großstädter Zuflucht. Wo es früher noch Bären und Räuberbanden gab, jagen längst Skitouristen über Loipen und Pisten. Wo Mönche den Wald rodeten, gibt es nun Städte und Dörfer mit Anschluss ans Bahn-, Straßen- und Glasfasernetz.

Die Menschen waren, was den Schwarzwald betrifft, lange Zeit zwiegespalten: Mal war er ein Sehnsuchtsort, mal unheimlich und gefährlich. Mal suchte man hier Ruhe, Erholung oder Schutz, mal mied man ihn wegen des rauen Klimas. Mehrmals schien er abgehängt – um dann wieder neu im Trend zu liegen.

Warum ist der Schwarzwald weltberühmt – berühmter, als es seiner Fläche (rund 6000 Quadratkilometer) oder der Höhe seiner Berge (bis zu 1.493 Meter) zu entsprechen scheint?

Ein Grund dafür ist das Nebeneinander von Natur und Kultur, von Wildheit und Zivilisation, von Ursprünglichkeit und Moderne – die Nachbarschaft von Naturschutzgebieten, Städten und Kunstmuseen, von Skipisten, Burg- und Klosterruinen, von Bollenhut-Tracht und Motorsägen-Kunst, von wilden Fastnachtsbräuchen und Hotels mit Seeblick. So entsteht eine Kombination, die ihresgleichen sucht. Und es dürfte mehr als nur ein Zufall sein, dass sowohl der erfolgreichste deutsche Kinofilm aller Zeiten (*Schwarzwaldmädel*) als auch die bis heute meistgesehene deutsche Fernsehserie (*Die Schwarzwaldklinik*) in der Region spielen.

Zweifellos: Es gibt andere sehenswerte Mittelgebirge. Allein schon innerhalb Deutschlands können mehrere von ihnen den Anspruch erheben, nicht nur bekannt und beliebt, sondern ebenfalls ausgesprochen facettenreich zu sein.

Zwar hat der Schwarzwald die höchsten Berge sämtlicher deutschen Mittelgebirge vorzuweisen; und geht man nach den Gästen aus dem In- und Ausland, dann liegt er mit Werten von mehr als 20 Millionen Übernachtungen pro Jahr an der Spitze. Doch zugegeben: Ein verlässlicher Maßstab für wahre Berühmtheit ist das noch nicht – da muss es mehr geben als nackte Zahlen. Am besten beschreiben lässt sich dieses *Mehr* als der *Mythos Schwarzwald*, der sich jeder Statistik entzieht, der allein in den Köpfen und Vorstellungen der Menschen existiert – vieler Menschen in aller Welt.

Naturgemäß ist dieser Mythos kaum zu greifen und schwer zu beschreiben: eine Art Mischung aus Schwarzwalduhr und Bollenhut, Heimatfilm und alten Sagen, Schwarzwaldhaus und Schwarzwälder Schinken, würdevollen Ruinen und reißenden Wasserfällen oder – nicht zuletzt – Gipfeln mit Panoramablick und mehr als hundertjährigen Bergbahnen.

Der Ruhm des *Schwarzwaldmädels*, einst Blockbuster in den Kinos, mag ebenso verblasst sein wie die Erinnerung an die *Schwarzwaldklinik* – oder erst recht an Berthold Auerbachs *Schwarzwälder Dorfgeschichten*, die den großen Mark Twain vor mehr als eineinhalb Jahrhunderten in ihren Bann zogen (während ein anderer amerikanischer Schriftsteller, Ernest Hemingway, vor allem von der Aussicht auf schmackhafte Forellen in die Region gelockt wurde). Und dennoch: Der Mythos lebt, und die Marke Schwarzwald hat sich als wandlungsfähig erwiesen. Die legendäre, immer wieder neu interpretierte Schwarzwälder Kuckucksuhr ist längst nicht das einzige, aber auch nicht das schlechteste Beispiel dafür. Nie war der Schwarzwald so angesagt wie heute.

Nun ist ein Mythos selten deckungsgleich mit der Wirklichkeit. Und man könnte darüber streiten, ob Berühmtheit an sich schon einen Wert darstellt. Doch zehrt der Mythos im Schwarzwald von einer ganz realen Substanz: einer unverwechselbaren regionalen Kultur, eingebettet in die schützenswerte Naturlandschaft des Gebirges. Gerade für die Menschen hier ist das wichtig – denn im Alltag nützt ein Mythos meist wenig. Aber die Verbundenheit mit den Wurzeln der Region, in der man lebt, kann nicht nur sinn- und identitätsstiftend sein, sondern auch ausgesprochen inspirierend: Wer zum Beispiel die handgefertigten Kuckucksuhren der Familie Haas in Schonach oder die kreative Kleidermode des Künstlers und Designers Jochen Scherzinger kennt, weiß, wovon die Rede ist.

Kurzum: Die Schwarzwald-Kultur ist lebendig – und das nicht nur in Hochglanzprospekten für Touristen, im Fernsehen oder im Museum. Die prägende Kraft der Vergangenheit ist an allen Ecken zu spüren. Auch eine nachhaltige Zukunftsplanung kann (und sollte) hier ansetzen. Der Schwarzwald ist einmalig – und nur aus seiner Geschichte heraus zu begreifen.

Eine kleine Geschichte des Schwarzwalds zu schreiben – und dabei der spannenden Frage nachzugehen, wie und warum er wurde, was er heute ist –, birgt Risiken und Nebenwirkungen. Wie bei jedem knapp gehaltenen Überblick fällt vieles unter den Tisch, was verdient hätte, erwähnt zu werden. Es entsteht zuweilen der Eindruck, dass alles Wichtige gesagt sei – wobei die Meinungen auseinandergehen, was denn nun wichtig ist. Der Versuch sei trotzdem gewagt.

Möglich war diese zusammenfassende Gesamtdarstellung, weil seit Jahrhunderten über den Schwarzwald geforscht und geschrieben wird: über die Geschichte einzelner Städte und Ortschaften, über Themen wie den Bergbau, den Tourismus oder den Bollenhut. Eine Auswahl wertvoller und vertiefender Publikationen findet sich im Anhang.

Vom Ödland zur römischen Provinz

Ein Gebirge entsteht

Alles begann mit einem folgenschweren Zusammenstoß: Als die Urkontinente Gondwana und Laurussia vor mehr als 300 Millionen Jahren aufeinanderprallten, wurde Gestein aus tieferen Schichten in immer neuen Schüben an die Erdoberfläche gepresst. Gewaltige Berge türmten sich auf, die gemeinsam das *variszische Hochgebirge* bildeten – es durchzog große Teile des heutigen Europas. Ein Überbleibsel dieser fernen erdgeschichtlichen Epoche ist das Grundgebirge des Schwarzwalds, das vorwiegend aus Gneis und Granit besteht. Vor allem im Süden der Region liegen diese harten und witterungsbeständigen Gesteine heute noch vielerorts offen zutage.

Das variszische Hochgebirge, das zeitweise wohl mehr als dreimal so hoch war wie der heutige Schwarzwald, wurde im Laufe der Jahrmillionen wieder größtenteils abgetragen – eine Folge stetiger Erosion. Das Grundgebirge des Schwarzwalds war nun Teil des *Mitteleuropäischen Beckens*, das von der heutigen Schweiz bis nach Schottland reichte. Vor etwa 250 Millionen Jahren begannen dort Flüsse große Mengen Sand abzulagern – der Ursprung des rötlichen Buntsandsteins, der heute vor allem im nördlichen Schwarzwald einen Großteil des Deckgebirges ausmacht und später als Material für spektakuläre Bauwerke diente – etwa für das Freiburger Münster.

Vor 240 Millionen Jahren wurde das *Mitteleuropäische Becken* von einem gewaltigen Meer überflutet – die Gesteinsformation, aus der sich später der Schwarzwald entwickeln sollte, lag nun auf dem Grund des Ozeans. Erst nach weiteren zehn Millionen Jahren begann sich das urzeitliche Meer wieder langsam zurückzuziehen. Überreste sind die heutigen Muschelkalk-Schichten – ein weiterer Bestandteil des Deckgebirges im Schwarzwald.

Rund 50 Millionen Jahre ist es her, seit eine langsame, aber endgültige Trennungsgeschichte ihren Lauf nahm: Schwarzwald und Vogesen, die bisher eine zusammenhängende Gesteinsmasse gebildet hatten, drifteten auseinander. Verursacht durch erneute heftige Bewegungen der Erdkruste, wölbten sich beide Gebirge höher und höher auf. Zwischen ihnen brach der Oberrheingraben immer tiefer ein. Doch erst deutlich später, vor etwa 15 Millionen Jahren, begann sich der Ur-Rhein seinen Weg durch die Ebene zwischen Schwarzwald und Vogesen zu bahnen.

Menschen, Mammuts, Wollnashörner

Bis die ersten Vertreter der Gattung Mensch in die Gegend kamen, flossen noch Unmengen Wasser den Rhein hinunter. Erst vor etwa 600.000 Jahren lebte der *Homo heidelbergensis* im heutigen Südwestdeutschland, vor etwa 200.000 Jahren die ersten *Neandertaler.* Vor ungefähr 40.000 Jahren erreichte *Homo sapiens,* der moderne Mensch, Mitteleuropa – anatomisch identisch mit uns Menschen von heute.

Steinzeithöhlen am Schwarzwaldrand

Altsteinzeitliche Jäger und Sammler dürften den Schwarzwald zumindest sporadisch durchstreift haben. In den Randbereichen des Gebirges ließen sie sich zeitweise auch nieder. So gibt es am Ölberg bei Gütighofen (Bollschweil), am Westrand des Südschwarzwalds gelegen, eine Reihe natürlicher Höhlen, in denen schon vor

35.000 Jahren Menschen ihr Quartier aufschlugen – Werkzeuge aus Feuerstein und zahlreiche Tierknochen lieferten den Beweis. Nicht nur boten die Höhlen Unterschlupf bei rauer Witterung; für die Jäger war der Ölberg auch ein idealer Aussichtspunkt, um die Rentier- oder Wildpferdherden, die durch das angrenzende Möhlintal zogen, von Weitem sichten zu können.

Schon in der Altsteinzeit bewohnt: Eine der Höhlen am Ölberg bei Gütighofen am südwestlichen Schwarzwaldrand.

Der Schwarzwald war damals bereits ein ansehnliches Mittelgebirge. Eines war er allerdings noch nicht: ein Wald. Tatsächlich handelte es sich bei dem Gebirge, das die Steinzeitmenschen vorfanden, um kahles, von Gletschern bedecktes Ödland. Als Homo sapiens seinen Fuß erstmals in die Region setzte, herrschte Eiszeit. In der Umgebung des Gebirges lebten Wollnashörner und Mammuts – einige ihrer Stoßzähne und Knochen sind noch heute zu besichtigen, zum Beispiel im Heimatmuseum Löffingen.

Nach der Eiszeit wachsen die Bäume

Dann, vor etwa 16.000 Jahren, fing es an zu tauen. Die Gletscher zogen sich zentimeterweise zurück und verschwanden schließlich ganz. Vor rund 12.000 Jahren war die Eiszeit endgültig vorbei. Doch die Spuren der Gletscher waren weiterhin zu sehen: Sie hatten im Laufe der Jahrtausende tiefe Täler ausgeschliffen. Und als sie schmolzen, ließen sie in Senken und Becken Gletscherseen zurück. Manche dieser sogenannten Karseen verlandeten später – andere setzen noch heute Touristen in Verzückung: etwa der Mummelsee im Norden oder der Feldsee weiter südlich, am Fuß des höchsten Schwarzwaldbergs.

Auch das Moor auf der Hochfläche um Kaltenbronn (Gernsbach) entstand, als die Eiszeit zu Ende ging: Wasser sammelte sich in Mulden und wurde von Tonschichten des Buntsandsteins am Versickern gehindert. Mit der Zeit entwickelte sich dort eine mehrere Meter dicke Torfschicht, in der vermutlich noch manche Moorleiche schlummert – das saure Milieu konserviert pflanzliche, tierische und menschliche Überreste.

Am Ende der Eiszeit entstanden: Der Feldsee im Hochschwarzwald.

Auf den aufgetauten Böden entstand zunächst eine riesige Grassteppe. Mit der Zeit begannen sich dort Sträucher auszubreiten, dann auch Birken und Kiefern – bis vor etwa 10.000 Jahren die mit Abstand häufigsten Baumarten im Schwarzwald. Im Laufe der Jahrhunderte und Jahrtausende wuchs überall auf den Bergen und in den Tälern ein Urwald, in dem

Elche, Hirsche, Auerochsen, Bären und Wölfe lebten. Noch vor 7.000 Jahren sah dieser Wald ganz anders aus als der Schwarzwald, den wir heute kennen. Der Anteil an Laubbäumen war sehr hoch, was reichhaltige Spuren von Blättern und Pollen in tieferen Bodenschichten beweisen. Kiefern und Birken waren inzwischen durch Eichen, Ulmen, Linden und Erlen zurückgedrängt worden.

Erst vor etwa 6.000 Jahren, als die Temperaturen durch Klimaschwankungen um bis zu drei Grad sanken, begann der Siegeszug der Tanne, während andere Baumarten seltener wurden. Und auch die Buche – zwar ein Laubbaum, aber ebenfalls eine Schattholzart – breitete sich aus. Der Wald, der zuvor sehr viel lichter und heller gewesen war, wurde nun dichter und dunkler – und machte seinem heutigen Namen Ehre. Seit etwa 2.500 Jahren ist auch die Fichte, heute die häufigste Baumart im Schwarzwald, in der Region heimisch. Sie war von Süden her eingewandert und hatte sich Meter für Meter ausgebreitet. Laubbäume mit Ausnahme der Buche überlebten fast nur in den feuchteren und helleren Tälern. Und auch die Buche hielt sich lediglich in Höhen von bis zu 800 Metern.

Das Mittelgebirge hatte – vom Wandel der Baumarten und späteren menschlichen Eingriffen abgesehen – im Wesentlichen die Gestalt angenommen, die es noch heute hat: mit seinen Bergen und Tälern, seinen Seen, Wasserfällen, Quellen, Bächen und Flüssen. Zwar haben die Fließgewässer des Schwarzwalds ihren Lauf während der Jahrtausende zum Teil deutlich verändert, doch mündeten sie schon damals in den Neckar, in den Rhein oder in die Donau. Die Breg, längster Quellfluss der Donau, entsprang schon nach der Eiszeit dort, wo Jahrtausende später die Stadt Furtwangen gegründet wurde – und so war auch bereits der Grund für den (mehr oder minder erbittert geführten) Streit zwischen Furtwangern und Donaueschingern gelegt, wo der wahre Ursprung der Donau liegt, die ab Donaueschingen ihren Namen trägt.

Besiedlung der Randzonen

Auch nach Ende der Eiszeit gab es im Umkreis des Schwarzwalds nicht mehr als wenige hundert Menschen, die auf Kleingruppen verteilt waren und zunächst weiterhin als Nomaden lebten. Meistens hielten sie sich in der Nähe von Seen oder Flüssen auf – doch selbst in die höchsten Lagen des Gebirges drangen die damaligen Jäger und Sammler bereits vor. 1887 kam bei Bauarbeiten im Bärental (Hochschwarzwald) eine steinzeitliche Pfeilspitze zutage, eine weitere 1926 am Feldberg. Und auf dem Nordwestkamm des Stübenwasens, 1.200 Meter über dem Meeresspiegel, wartete eine Feuersteinklinge viele Jahrtausende darauf, von Archäologen als steinzeitliches Artefakt klassifiziert zu werden.

Ein folgenreicher Umschwung begann vor etwa 6.500 Jahren: Die Menschen fingen an, sich dauerhaft niederzulassen, Ackerbau und Viehzucht zu betreiben. Dieser Übergang zur Jungsteinzeit war auch eine Folge der dichter gewordenen Wälder: Es wurde nun sehr viel schwieriger, wilden Viehherden über weite Strecken zu folgen. Um an größere Mengen Fleisch zu kommen, war es daher bequemer, selbst Nutztiere zu halten. Zudem ernährten sich die Menschen jetzt mehr als ihre Vorfahren von pflanzlicher Kost, meist von Getreidebrei.

Ein so grundlegender Wandel brauchte Zeit: Erst vor rund 3.500 Jahren scheinen nahezu alle Menschen, die im heutigen Südwestdeutschland lebten, sesshaft gewesen zu sein. Sie bauten Häuser, bestellten Getreidefelder und züchteten Schafe, Ziegen und Rinder. Der Wandel der Lebensweise erwies sich als dauerhaft – bis ins 20. Jahrhundert hinein waren die meisten Menschen in der Region Bauern. Da die Landwirtschaft mehr Personen als zuvor auf engem Raum ernähren konnte, wuchs die Bevölkerung stark. Und je mehr sie wuchs, desto knapper wurden wiederum die Flächen, die als Acker oder Viehweide taugten. Denn mit den damaligen landwirtschaftlichen Methoden lieferte ein Getreidefeld nur Nahrung für eine vergleichsweise begrenzte Zahl von

Menschen. Ins Innere des Schwarzwalds zog es die jungsteinzeitlichen Ackerbauern und Viehzüchter wohl trotzdem höchstens in Ausnahmefällen. Aber auf der Suche nach nutzbaren Flächen besiedelten sie zumindest die Randzonen des Gebirges, wo das Klima weniger rau und die Böden fruchtbarer waren als in den höheren Lagen. Zum Beispiel belegen Funde in Beffendorf, heute Ortsteil von Oberndorf am Neckar im Landkreis Rottweil, eine jungsteinzeitliche Siedlung vor etwa 4.000 bis 5.000 Jahren.

Von der Nähe des Waldes profitierten auch die Bewohner des Umlands: Er lieferte Holz und Steine gratis, ebenso wilden Honig, Beeren, Pilze oder Baumharz, das als natürlicher Klebstoff diente. Und die Menschen gingen weiterhin auf die Jagd, was nicht nur Pfeilspitzenfunde zeigen: Eine etwa 5.000 Jahre alte Axt, die in Unadingen (heute Ortsteil von Löffingen) gefunden wurde, diente ihrer Konstruktionsweise nach nicht zum Baumfällen, sondern als Schlagwaffe oder Wurfgeschoss.

Erstaunlicherweise wurde in der Jungsteinzeit sogar schon Bergbau betrieben. Die steinzeitlichen Bergleute bauten im Südschwarzwald – zum Beispiel bei Münstertal und Sulzburg – mit Steinhämmern und anderen Werkzeugen Hämatite ab. Dieses rötliche Gestein ist in zerriebener Form als Farbstoff geeignet, also zum Bemalen der Haut oder von Gegenständen. Einen dauerhaften Bergbaubetrieb oder gar unterirdische Stollen gab es in der Steinzeit aber nicht. Vielmehr suchten die Menschen die jeweiligen Stellen nur dann auf, wenn gerade Bedarf bestand, und trugen das Gestein lediglich dort ab, wo es offen zutage lag.

Die menschlichen Siedlungsflecken waren klein und selten. Je knapper aber der Platz für die wachsende Zahl von Menschen wurde, desto notwendiger war es, dem Wald Flächen abzutrotzen und auch tiefer ins Gebirge vorzudringen. Schon etwa 1.000 Jahre vor Beginn unserer Zeitrechnung nutzten die Menschen dazu eine radikale Methode: großflächige, systematische Brandrodungen. Im Schwarzwald sind sie zumindest im oberen Murgtal nachweisbar, etwa in der Gegend des heutigen Baiersbronn.

Inzwischen war die Bronzezeit angebrochen – es gab jetzt auch Werkzeuge und Schmuck aus Metall. Auf den gerodeten Flächen legten die Menschen Höfe oder kleinere Siedlungen, Viehweiden und vielleicht auch Getreidefelder an – so zum Beispiel in der Nähe des Schurmsees bei Forbach und des Huzenbacher Sees im heutigen Nationalpark Schwarzwald.

Geheimnisvolle Kulturbringer

Zu Beginn des 19. Jahrhunderts war ein altes Rätsel gelöst – zumindest teilweise: In den geheimnisvollen Erdwällen im Dreisamtal zwischen Freiburg und Kirchzarten erkannte man Spuren der einstigen, rund 2.000 Jahre alten Großsiedlung *Tarodunon*. Deren Name fand sich in einer Schrift des antiken Geographen Ptolemaios, zusammen mit einer halbwegs genauen Ortsangabe.

In Tarodunon lebten Menschen, die der ersten namentlich bekannten Bevölkerungsgruppe in der Schwarzwaldregion angehörten: Tarodunon war eine *keltische* Siedlung. Die Bezeichnung *Kelten* (lateinisch *Celtae*), deren Bedeutung unklar ist, taucht unter anderem in Caesars Bericht über den Gallischen Krieg im 1. Jahrhundert vor Christus auf. Sowohl links als auch rechts des Rheins lebten schon seit etwa 600 v. Chr. Menschen, die wir heute als Kelten bezeichnen. Wahrscheinlich waren sie unterschiedlicher Abstammung, und ganz sicher bildeten sie nie eine politische Ein-

Keltischer Glasschmuck vom Fundort Breisach-Hochstetten, heute Teil der Sammlung im Colombischlössle (Freiburg i. Br.).

heit. Was sie von anderen Gruppen unterschied, waren sprachliche und sonstige kulturelle Gemeinsamkeiten: Tote wurden in Hügelgräbern von teils gewaltigen Ausmaßen bestattet; Eisen und andere Metalle wurden kunstvoll zu Waffen, Werkzeugen, Geschirr oder Schmuck verarbeitet und auf charakteristische Weise verziert; sogar Glas stellten die Kelten schon her. Seit etwa 450 v. Chr. spricht man von der *Latène*-Kultur (benannt nach einem archäologischen Fundort in der französischen Schweiz). Diese war in großen Teilen Europas verbreitet – überall dort, wo es Kelten gab.

Obwohl die Kelten wahrscheinlich meistens auf einsam in der Landschaft stehenden Gehöften oder in kleinen Dörfern lebten, gründeten sie an Verkehrsknotenpunkten größere stadtartige Siedlungen wie Tarodunon. In solchen Siedlungen gab es Straßen, ebenso wie öffentliche Plätze und eine differenzierte Arbeitsteilung. Typisch und wahrscheinlich neu war auch eine sehr ausgeprägte soziale Hierarchie: Vorher hatten die Menschen meist in kleinen, verstreuten Gruppen von Selbstversorgern gelebt, die in der Regel keine komplexeren Organisationsstrukturen hervorbrachten, weil sie schlichtweg nicht notwendig waren – ohnehin bekam man nur eine Handvoll Menschen regelmäßig zu Gesicht. Je dichter aber die Besiedlung wurde und je stärker die Menschen auf Arbeitsteilung setzten, desto mehr bildeten sich Hierarchien heraus.

Eine Straße durchs Gebirge

Wie antike Schriftquellen verraten, war der Wald für die Kelten ein heiliger Ort. In ihren Kulten verehrten sie Bäume, insbesondere Eichen. Siedlungen im Inneren des Waldes gründeten sie zwar höchstens in Einzelfällen; aber auch und gerade im Hochschwarzwald, dem höchstgelegenen Teil des Gebirges mit teilweise alpinem Charakter, hinterließen die Kelten Spuren:

Bei Titisee-Neustadt entdeckten Archäologen einen Eisenbarren aus keltischer Zeit, vermutlich aus dem ersten vorchristlichen Jahrhundert.

Die erstaunliche Erklärung: Aller Wahrscheinlichkeit nach führte schon vor mehr als 2.000 Jahren ein bedeutender, gut ausgebauter Fernhandelsweg quer durch den Schwarzwald. Vermutlich verband er Tarodunon mit einer anderen keltischen Siedlung am östlichen Schwarzwaldrand, die auf der Gemarkung der heutigen Stadt Hüfingen lag, deren Name aber nicht überliefert ist. Es gibt eine Reihe von Indizien für die Straßen-Theorie. Beispielsweise fand man in Bräunlingen-Unterbränd, entlang des vermuteten Straßenverlaufs im östlichen Schwarzwald gelegen, Keramikscheiben aus keltischer Zeit. Diese wurden offenbar ebenso durch den Schwarzwald transportiert wie andere begehrte Güter, so zum Beispiel Wein und Olivenöl – aber auch Sklaven, die aus ihrer Heimat verschleppt und verkauft wurden.

Hunger nach Eisenerz

Besonders versiert waren die Kelten darin, Metall zu verarbeiten. Keltische Schmiede leisteten Erstaunliches. Entsprechend groß war der Bedarf an metallischen Rohstoffen. Silbererz gab es unter anderem am Schwarzwaldberg *Schauinsland* – wenige Kilometer von Tarodunon entfernt. Und einen anderen wertvollen Rohstoff nutzten die Kelten in noch größeren Mengen: Eisenerz. Im Schwarzwald herrschten ideale Bedingungen, um es abzubauen und zu verhütten.

Neben den reichhaltigen Erzlagerstätten war der scheinbar unerschöpfliche Holzvorrat des Waldes von unschätzbarem Vorteil. Denn zur Verhüttung mit Hilfe von Schmelzöfen, in denen man das Eisen von der Schlacke trennte, brauchte es riesige Mengen Brennholz, das zu Holzkohle verarbeitet wurde. Zu einem regelrechten Verhüttungszentrum – dem wahrscheinlich größten nördlich der Alpen – entwickelte sich die Gegend bei Neuenbürg im Nordschwarzwald, wo auch damals schon eine Siedlung existierte. Die Kelten betrieben dort Bergbau im großen Stil. Abgesehen hatten sie es auf Brauneisen und Manganerze, die von der Erdoberfläche aus abgetragen wurden – Stollengänge unter Tage gab es weiterhin nicht. Im näheren Umkreis Neuenbürgs waren schon vor 2.500 Jahren Öfen im Einsatz, die sich mit Hilfe von Blasebälgen auf Temperaturen von rund 1.150 Grad Celsius erhitzen ließen. Das Eisen wurde darin zwar nicht flüssig, aber weich genug, um es schmieden zu können.

Das Belchen-System

Die Kelten waren nicht nur gute Handwerker, sie besaßen auch erstaunliche astronomische Kenntnisse. Ein Beispiel dafür: das sogenannte *Belchen-System*, benannt nach den gleichnamigen Bergen im Schwarzwald, in den Vogesen und im Schweizer Jura. Dass alle diese Berge, die jeweils in Sichtweite voneinander liegen, bis heute den Namen Belchen (französisch: Ballon) tragen, dürfte kein Zufall sein. Die Bezeichnung könnte sich vom keltischen Sonnengott Belenus ableiten. Die Beziehungen zwischen den Belchen-Bergen, die – so die plausible Theorie – den keltischen Druiden bekannt waren, sind erstaunlich vielfältig. Steht man beispielsweise am Abend der Tag-und-Nacht-Gleiche am astronomischen Frühjahrs- und Herbstbeginn auf dem Gipfel des Schwarzwald-Belchen, sieht man die Sonne direkt hinter dem elsässischen Belchen, dem Ballon d'Alsace, untergehen. Durch Erkenntnisse wie diese waren die Kelten in der Lage, sich exakt im Verlauf des Jahres zu orientieren.

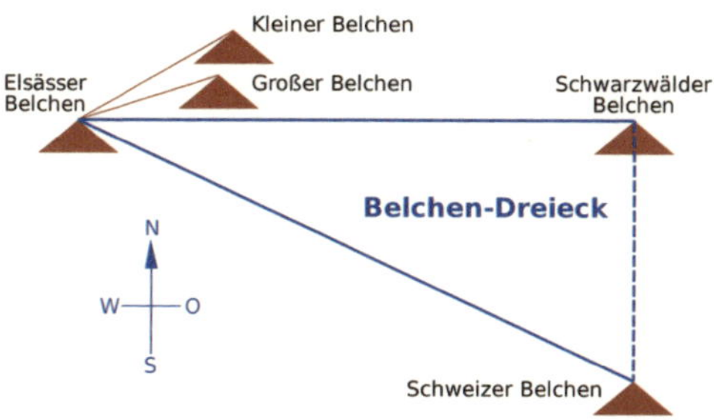

Das *Belchen-System* diente den Kelten höchstwahrscheinlich dazu, sich exakt im Jahr zu orientieren.

Ein Sensationsfund bringt Klarheit

Die mit Abstand größte keltische Siedlung der Region war Tarodunon. Doch es dauerte lange, bis Archäologen die Fläche dieser ersten Schwarzwald-Metropole genauer eingrenzen konnten. Die riesige Befestigungsanlage, die schon im 19. Jahrhundert identifiziert wurde, war zwar keltischen Ursprungs – sogar Spuren von Befestigungsmauern waren noch vorhanden. Allerdings fand sich nirgends auf dem rund 190 Hektar großen Areal der Beweis, dass dort dauerhaft Menschen gelebt hatten. Klarheit brachte 1987 ein Sensationsfund: Nicht weit entfernt, aber außerhalb des Festungsareals entdeckte man in der Nähe des heutigen Ortes Zarten die Überreste einer rund 14 Hektar großen Siedlung aus keltischer Zeit, die spätestens seit 150 v. Chr. von zeitweise bis zu 3.000 Menschen bewohnt war – großstädtische Dimensionen für damalige Verhältnisse.

Die Archäologen fanden Scherben von Keramik und Weinamphoren, die auf Handelskontakte bis zum Mittelmeer und einen beachtlichen Wohlstand in der Siedlung schließen lassen. Ebenso kamen Münzen und wertvoller Schmuck zum Vorschein, darunter auch gläserne Armringe, außerdem Gebrauchsgegenstände wie eine drehbare Handmühle zum Mahlen von Getreide.

Auf dem Gelände der keltischen Großsiedlung Tarodunon fanden Archäologen Gegenstände wie diese: Zange und Hammerkopf aus Eisen.

Stand der Forschung ist heute, dass das später entdeckte Areal die eigentliche Siedlung Tarodunon war. Die weit größere, früher entdeckte Verteidigungsanlage scheint erst später entstanden zu sein. Sie sollte wenn nicht als Siedlungsplatz, dann womöglich als sicherer Rückzugsort für die Bewohner von Tarodunon im Falle eines feindlichen Angriffs dienen. Vielleicht war auch geplant, die Siedlung in das befestigte Areal zu verlegen. Allerdings scheint es dazu nie gekommen zu sein. Denn spätestens um die Mitte des ersten vorchristlichen Jahrhunderts wurde Tarodunon verlassen, bevor die Festungsanlage vollendet war. Die Straßen und Bauwerke der einstigen Großsiedlung blieben menschenleer zurück.

Ob und warum die Kelten verschwanden

Allem Anschein nach wurde es für die gesamte keltische Bevölkerung rechts des Oberrheins ab dem 2. Jahrhundert v. Chr. ungemütlicher. Der Bau der Verteidigungsanlage bei Tarodunon ist nicht der einzige Hinweis darauf.

Weitere Indizien sind sogenannte Viereckschanzen, die typisch für die spätkeltische Zeit sind. Am Ostrand des Schwarzwalds wurden mehrere dieser Bauwerke nachgewiesen. Es handelte sich um viereckige Verteidigungsanlagen in der Ebene oder in leichter Hanglage, die in der Regel von einem Wall und einem mit Wasser gefüllten Graben umgeben waren. Überbleibsel von Viereckschanzen finden sich beispielsweise bei Oberndorf oder in Sulz am Neckar, wo Archäologen auch keltische Grabhügel entdeckten.

Am Rudersberg bei Calw am nordöstlichen Schwarzwaldrand ist zudem eine größere keltische Fliehburg nachgewiesen. Offenbar diente sie den Bewohnern umliegender Dörfer und Gehöfte als Zufluchtsort, wenn Feinde in Sicht kamen. Zwei Wälle umgaben die Anlage; der innere und größere der beiden hatte eine Höhe von bis zu sechs Metern.

Es deutet also Einiges darauf hin, dass die Bedrohung durch feindliche Übergriffe in spätkeltischer Zeit erheblich zunahm – und damit die Notwendigkeit, sich zu schützen. Nachgewiesen ist, dass nicht nur Tarodunon, sondern auch etliche andere keltische Siedlungen in der Region zwischen 100 und 50 v. Chr. aufgegeben wurden. Wahrscheinlich zogen sich die Bewohner auf die linke Rheinseite zurück, wo es weiterhin eine zahlenmäßig große keltische Bevölkerung gab.

Warum genau aber die Kelten – oder zumindest die meisten von ihnen – so plötzlich aus der Schwarzwaldregion verschwanden, ist bis heute ungeklärt.

Die naheliegendste Vermutung ist, dass die Kelten vor anrückenden Feinden flohen, die ihnen militärisch überlegen waren. Wenn diese Theorie stimmt, handelte es sich bei den Invasoren wahrscheinlich um kriegerische germanische Stämme, die damals – von Norden und Osten kommend – immer weiter expandierten.

Ebenso wie die Kelten waren auch die Germanen in etliche Stammesgemeinschaften gespalten, teilten aber kulturelle und sprachliche Gemeinsamkeiten. Als Krieger und Bauern wirkten sie im Vergleich zu den Kelten primitiv, gründeten beispielsweise keine größeren Siedlungen und verfügten nicht über komplexere Organisationsstrukturen – innerhalb der germanischen Stammesgemeinschaften gliederte sich die Gesellschaft in Familien

Was von den Kelten blieb

Obwohl die keltische Bevölkerung im und um den Schwarzwald stark dezimiert war und die größten Siedlungen aufgegeben wurden, waren die Kelten um 50 v. Chr. wahrscheinlich nicht ganz verschwunden. Dass zumindest ein Teil von ihnen blieb und sich im Laufe der Zeit mit den Germanen, die sich neu in der Region ansiedelten, vermischte, gilt heute als sehr wahrscheinlich. Eines von mehreren Indizien dafür ist, dass viele keltische Ortsnamen überlebt haben, gerade im Schwarzwald: Vom Belchen war bereits die Rede, aber auch die Flussnamen *Kinzig, Murg, Dreisam, Brigach* und *Breg* sind keltischen Ursprungs. *Tragisama*, der keltische Name für Dreisam, bedeutete so viel wie *die schnell Fließende*. Auch der Ortsname *Zarten* lässt bis heute eine entfernte Ähnlichkeit mit dem keltischen Wort *Tarodunon* erkennen. Wer hätte also all diese Namen weitergeben können – wenn nicht die Kelten selbst?

und Sippen. Militärisch waren die Germanen aber eine gefährliche Bedrohung für die Kelten.

Bekannt ist beispielsweise, dass die *Sueben*, ein germanischer Stamm, unter ihrem Heerführer Ariovist in den 70er Jahren des 1. Jahrhunderts v. Chr. bis zum Oberrhein zogen und ins linksrheinische Gallien einfielen. Erst 58 v. Chr. wurden sie von den Römern, die zu dieser Zeit Gallien eroberten, auf die rechte Rheinseite zurückgeschlagen. Die Sueben, von denen sich die Bezeichnung *Schwaben* ableitet, ließen sich unter anderem im heutigen Südwestdeutschland nieder.

Auf Expansionskurs: Die Römer erobern den Schwarzwald

Das Urteil des römischen Senators und Geschichtsschreibers Tacitus über Germanien war nicht allzu euphorisch: »Das Land zeigt zwar im Einzelnen einige Unterschiede; doch im Ganzen macht es mit seinen Wäldern einen schaurigen, mit seinen Sümpfen einen widerwärtigen Eindruck«, schrieb Tacitus um das Jahr 100 n. Chr. in seinem berühmten Werk *Germania.*

Schaurig und widerwärtig – vermutlich war das auch der erste Eindruck, den der Schwarzwald auf die Römer machte. Tacitus, der selbst nie vor Ort war und sich auf andere Quellen stützte, ging zumindest an einer Stelle ausdrücklich auf ihn ein: als das Gebirge, in dem die Donau entspringe. Unter Berufung auf die vermutlich weit ältere keltische Bezeichnung nannte er ihn *Abnoba mons* – Gebirge der Abnoba, der keltischen Waldgöttin; die Bezeichnung *silva nigra* (schwarzer Wald) kam erst später auf.

Bereits in den 50er Jahren des ersten Jahrhunderts vor Christus hatten römische Legionen unter Caesar das damalige Gallien bis zum Rhein erobert – der Fluss wurde zur Außengrenze des Römischen Reichs. Auf der anderen Seite befand sich die

Germania libera, das freie Germanien, zu dem also auch der Schwarzwald gehörte. Caesar wagte zwar eine kurze militärische Expedition auf die rechte Rheinseite, wozu er innerhalb weniger Tage eine Brücke über den Fluss bauen ließ. Doch danach stieß er auf ein schwer zu überwindendes Hindernis: die dichten und ausgedehnten Wälder. Caesar erwähnte in seinem Bericht über den Feldzug den schier endlosen, nur in etlichen Tagesmärschen zu durchquerenden *Herkynischen Wald* – offenbar ein Sammelbegriff, unter dem er den Schwarzwald und andere Waldgebiete östlich des Rheins zusammenfasste. Ein weiterer Vormarsch durch dieses Gebiet schien dem Feldherrn zu riskant. Gerade die Wälder boten den Germanen, die das Gelände besser kannten, ideale Rückzugsorte und die Möglichkeit, durchziehenden Römern aufzulauern.

Doch auf lange Sicht blieben die Römer auf Expansionskurs. Knapp 30 Jahre nach Caesars Tod, im Jahr 15 v. Chr., drangen sie erstmals bis zu den Donauquellen im Schwarzwald vor. Systematisch eroberten sie das Gebiet zwischen Rhein und Donau aber erst zwischen 40 und 50 n. Chr. Um das Jahr 85 entstand die neue Provinz Obergermanien (*Germania Superior*), die auch den Schwarzwald fast vollständig umfasste. Ab 120 n. Chr. war dann der gesamte Schwarzwald Teil des römischen Imperiums. Um die Provinz gegen Feinde zu verteidigen, begannen die Römer östlich des Schwarzwalds mit dem Bau des Limes – der befestigten Reichsgrenze, die anfangs nur aus einem Erdwall, später aus einem riesigen System von Palisaden und Wachtürmen bestand.

Die ersten Übernachtungsgäste

Der Schwarzwald selbst war für die Römer anfangs vor allem eines: ein Verkehrshindernis. Um Nachrichten zu übermitteln oder Truppen von der Oberrheinebene nach Osten zu verschieben, musste das Mittelgebirge entweder umständlich umgangen oder durchquert werden. Letzteres war die prinzipiell bessere Alternative, setzte aber eine Straße voraus, die größeren Truppentransporten standhielt. Die alte keltische Querstraße, die vom Dreisamtal aus nach Osten verlief, war beim Eintreffen der Römer nicht mehr in gutem Zustand.

Allerdings war gerade der Straßenbau ein Spezialgebiet der Römer. Ihr riesiges Reich, das auf seinem Höhepunkt den Großteil Europas sowie Teile Nordafrikas und Asiens umfasste, war von einem weitverzweigten Straßennetz durchzogen, über das sich von Rom aus jede Provinz und jede Stadt des Imperiums erreichen ließ. Vorrangig für militärische Zwecke gebaut, dienten die Römerstraßen auch für den Handelsverkehr. Mit Seitenstreifen waren sie meist fünf bis sieben Meter, mitunter bis zu siebzehn Meter breit. Sie ruhten auf einem soliden Fundament, waren teilweise gepflastert, häufiger mit Kies bedeckt und ließen sich auch mit schweren Pferdefuhrwerken befahren. Meilensteine an den Straßen dienten als Wegweiser.

Seit etwa 70 n. Chr. war die alte keltische Straße durch den Schwarzwald, nachdem sie von den Römern erweitert oder entlang der alten Trasse neu gebaut worden war, Teil des gewaltigen Straßennetzes. Doch das war den Römern nicht genug: Kurz darauf bauten sie weiter nördlich eine zweite wichtige Querstraße durch das Gebirge: die Kinzigtalstraße, die von Straßburg (*Argentorate*) durch den Schwarzwald bis Augsburg (*Augusta Vindelicum*) führte. Beim heutigen Offenburg kreuzte sie die Rheintalstraße, die entlang des Flusses in Nord-Süd-Richtung verlief. Nahe der Stelle, an der die Kinzigtalstraße den Schwarzwald an seinem Ostrand verließ, entstand 73 n. Chr. die römische Siedlung *Arae Flaviae* – das heutige Rottweil. Nach schnellem Wachstum war Arae Flaviae spätestens im frühen 2. Jahrhundert ein *municipium*, eine Stadt von besonderer Bedeutung. Bis heute reklamiert Rottweil daher stolz für sich, die *älteste Stadt Baden-Württembergs* zu sein. Ein besonders sehenswertes Relikt aus dem römischen Rottweil ist ein Mosaik, das den mythischen

Sänger Orpheus zeigt. Es ist heute das Prunkstück des Rottweiler Dominikanermuseums.

Dieses römische Orpheus-Mosaik ist heute im Dominikanermuseum Rottweil zu sehen.

An den römischen Straßen entwickelte sich eine umfangreiche Infrastruktur für Durchreisende. Auch die Schwarzwaldstraßen waren hier keine Ausnahme: Entlang der beiden Querstraßen durch das Gebirge dürfte eine ganze Reihe von Gutshöfen, Herbergen und Pferde-Umspannstationen entstanden sein. Denn mit ihren Fuhrwerken brauchten die Reisenden länger als einen Tag zur Durchquerung des Waldes.

So kamen also bereits in der Antike Übernachtungsgäste in den Schwarzwald. Unterkunft fanden sie wohl unter anderem im heutigen Haslach im Kinzigtal. Auf der Gemarkung der Stadt, über die vor fast 2.000 Jahren die Römerstraße verlief, fanden sich bei Ausgrabungen aufsehenerregende Artefakte – unter anderem ein römisches Grabrelief. Die Vermutung liegt nahe, dass die Römer hier eine Straßenstation betrieben, die zumindest von einigen wenigen Menschen dauerhaft bewohnt und bewirtschaftet war.

Die Römer bauen und baden

Den Schwarzwald zu durchqueren, war nicht ungefährlich. Räuber trieben ihr Unwesen und plünderten Reisende aus. Um der Gefahr Herr zu werden, stellten die Römer spezielle militärische Einheiten auf, die für Sicherheit sorgen sollten. Im heutigen Waldmössingen, einem Stadtteil von Schramberg, bauten die Römer ein Kastell mit meterdicken Mauern in unmittelbarer Nähe der Kinzigtalstraße. Rund 500 Soldaten könnten dort stationiert gewesen sein, um die Straße und das Hinterland des Limes zu sichern. Ein weiteres Kastell stand in Sulz am östlichen Schwarzwaldrand.

Immer intensiver wurde der Schwarzwald in den römischen Kulturkreis eingebunden. Und die römischen Hinterlassenschaften waren teilweise von Dauer – man denke an den Weinbau oder an die lateinische Schrift. Tatsächlich sind die ältesten schriftlichen Zeugnisse, die sich in der Schwarzwaldregion finden lassen, römischen Ursprungs – in Form eingravierter Buchstaben auf Steinen.

Je mehr die Römer ihre Herrschaft rechts des Rheins gesichert hatten, desto mehr legten sie auch Wert auf Annehmlichkeiten wie öffentliche Bäder, die fest zur römischen Alltagskultur gehörten. Als sie am Westrand des Nordschwarzwalds auf Thermalquellen stießen, deren Wasser Temperaturen von mehr als 60 Grad Celsius erreichte, zögerten die Römer nicht lange: Um das Jahr 75 n. Chr. gründeten sie eine stattliche Siedlung, die bald schon zu den wichtigsten der Region zählte, und nannten sie *Aquae* – der Ursprung der heutigen Stadt Baden-Baden. Überreste der ausgedehnten und luxuriös ausgestatteten römischen Badeanlagen, die dort vor fast 2.000 Jahren aus dem Boden gestampft wurden, finden sich heute noch unterhalb des Baden-Badener Marktplatzes.

Auf der Gemarkung der Stadt Haslach im Kinzigtal gefunden, deutet dieses römische Grabrelief auf eine frühe Besiedlung des Schwarzwalds hin.

Sowohl Aquae als auch Arae Flaviae wurden zum Mittelpunkt von Verwaltungsbezirken und erhielten ein repräsentatives Aussehen: Prächtige Steinbauten zeugten von der Bedeutung beider Siedlungen. Verglichen

Die Ruinen der römischen Badeanlagen in Baden-Baden sind bis heute erhalten.

mit Rom – damals schon eine Millionen-Metropole – waren es kleine Provinzörtchen. Und dennoch zählten beide zu den größten Ansiedlungen Germaniens und entwickelten sich bald auch zu Handelszentren. Entsprechend stieg der Wohlstand unter den bessergestellten Bewohnern. Wohlhabende Händler aus Aquae waren es wahrscheinlich auch, die einen Weihestein für Merkur, den römischen Gott des Handels stifteten – schließlich hatten sie allen Grund, ihn um Beistand und gute Renditen zu bitten. Der Stein überdauerte die Römerzeit auf dem Gipfel des Baden-Badener Hausbergs. Ursprünglich Großer Staufenberg genannt, trägt dieser heute, durch den Fund aus der Antike inspiriert, ebenfalls den Namen Merkur.

Im näheren und weiteren Umkreis der Siedlungen wurde intensive Landwirtschaft betrieben – die Einwohner mussten ernährt werden. Auf dem heutigen Baden-Badener Stadtgebiet wurden ganze Flächen gerodet, um Ackerland oder Viehweiden anzulegen. Überall in der Provinz Obergermanien entstanden nun landwirtschaftliche Großbetriebe, sogenannte *villae rusticae*. Einen solchen römischen Gutshof gab es beispielsweise am nördlichsten Ausläufer des Schwarzwalds bei Durlach. Die Überreste der dortigen villa rustica sind noch heute zu sehen. Erster Besitzer war ein Mann namens Flavius Sterius – ein Veteran des römischen Heeres. Dieser hatte, wie es zur Belohnung für langjährige Dienste üblich war, ein Stück Land erhalten, auf dem er starb und beerdigt wurde. Sein Grabstein aus dem 3. Jahrhundert wurde 1898 am Pfinz-Ufer gefunden.

Ein besonders großer und luxuriös ausgestatteter römischer Gutshof stand nicht weit von Rottweil entfernt, zwischen Fischbach und Niedereschach im Nordschwarzwald. Seine Grundmauern wurden im 20. Jahrhundert freigelegt. Der Hof bestand aus einem Herrenhaus und drei symmetrisch angeordneten Wirtschaftsgebäuden. Dazu kam eine Badeeinrichtung in unmittelbarer Nähe – das *Römerbad* wurde 1897 entdeckt und später restauriert.

Der Rohstoff Holz und die Anfänge der Flößerei

Mit der Zeit sahen die Römer den Schwarzwald nicht mehr nur als Hindernis. Sie schätzten ihn – und das vor allem als Rohstofflager: Wie vor ihnen die Kelten betrieben die Römer im Schwarzwald Bergbau, beispielsweise bei Sulzburg, wo es große Erzvorkommen gab. Auch das alte, von den Kelten erschlossene Neuenbürger Revier nutzten die Römer zum Abbau von Eisenerz. Intensiver Silber-Bergbau fand im Südschwarzwald statt – aus Silber wurden die römischen Münzen geprägt.

Der wichtigste Rohstoff, den der Schwarzwald zur Verfügung stellte, war aber das Holz. Die Römer brauchten es sowohl als Bau- wie auch als Brenn- und Heizmaterial. Allein der Holzbedarf der beheizten römischen Badeanlagen war enorm. Dass das Schwarzwald-Holz schon damals von Flößern ins Tal befördert wurde, ist sehr wahrscheinlich. Ein Indiz ist der sogenannte Neptunstein, der schon 1480 bei Ettlingen in der Alb gefunden wurde und als Replik erhalten ist. Er zeigt den römischen Gott Neptun, den Gott des Wassers. Der Inschrift zufolge war der Stein ein Geschenk an die örtlichen Schiffer oder Flößer. Vermutlich stammte das verschollene Original aus der Zeit um 150 n. Chr.

Für die Ewigkeit gemacht?

Das Zusammenleben innerhalb der römischen Provinz gestaltete sich lange Zeit weitgehend friedlich. Neue römische Siedler vermischten sich mit den Alteingesessenen oder lebten in Nachbarschaft mit ihnen. Die Abstammung spielte mit der Zeit eine immer geringere Rolle. Im Jahr 212 verlieh Kaiser Caracalla allen freien Bewohnern der Provinz das römische Bürgerrecht – Sklaven waren ausgenommen. Zuvor hatte man das Bürgerrecht entweder von den Eltern geerbt oder musste es sich durch einen 25-jährigen Dienst als Soldat der römischen Hilfstruppen sauer verdienen. Nur wer es besaß, durfte im Römischen Reich eine staatlich anerkannte Ehe eingehen, Land, Tiere und Sklaven besitzen, Verträge schließen, die Toga tragen oder sich für öffentliche Ämter bewerben. In den Genuss dieser Privilegien kamen nun auch zahlreiche Bewohner der Provinz, die germanischer oder keltischer Herkunft waren.

In mehr als eineinhalb Jahrhunderten war der Schwarzwald ein fester Bestandteil des Römischen Reichs mit seinen – so schätzt man – weit über 100 Millionen Einwohnern geworden. Das Imperium schien lange Zeit unbesiegbar, für die Ewigkeit gemacht. Dann aber drehte der Wind – und bald schon erinnerten nur noch Ruinen an die glanzvolle Römerzeit.

Aus *mons Abnoba* wird *saltu Svarzwald*

Die Alamannen kommen

Im dritten Jahrhundert unserer Zeitrechnung wurde der Ansturm auf den Limes heftiger. Das Römische Reich hatte seinen Zenit überschritten. Zu den äußeren Bedrohungen kamen innere Krisen. Zwar gelang es den Römern teilweise, germanische Stämme als Verbündete zu gewinnen, aber andere Germanen hörten nicht auf, die Grenze des Imperiums zu bedrohen. Immer wieder unternahmen sie am Oberrhein Vorstöße und Raubzüge auf römisches Gebiet – der Limes war keine sichere Barriere mehr. Das Leben in der römischen Provinz Obergermanien wurde nun ungemütlich und zunehmend lebensgefährlich.

Zunächst gelang es den Römern, die Eindringlinge zurückzuschlagen. Kaiser Caracalla soll 213 nach einem mehr oder minder erfolgreichen Feldzug gegen germanische Krieger persönlich nach Aquae (Baden-Baden) am Schwarzwaldrand gekommen sein, um sich im dortigen Bad von den Strapazen zu erholen. Doch Rom war in der Defensive. Und das Jahr 260 brachte das unwiderrufliche Ende der römischen Herrschaft rechts des Rheins: Zusammengewürfelte germanische Kriegerverbände, in ihrer eigenen Sprache als *Alamannen* bezeichnet (was vermutlich so viel bedeutete wie *alle Männer*), überwanden den Limes endgültig. Sie zwangen die Römer zum Rückzug auf die linke Rheinseite – dort dauerte die römische Herrschaft immerhin noch annähernd zwei Jahrhunderte.

Die Bewohner Obergermaniens verließen ihr Zuhause oft fluchtartig, um den Eindringlingen nicht in die Hände zu fallen.

Es wird aber vermutet, dass zumindest Teile der provinzialrömischen Bevölkerung beispielsweise in Tälern des mittleren Schwarzwalds – ungefähr in der Gegend von Gutach und Wolfach im Kinzigtal – Rückzugsgebiete fanden, in denen sie weitgehend unbehelligt weiterleben konnten. Unter anderem weisen darauf alte Flurnamen hin, die einen galloromanischen Ursprung vermuten lassen (galloromanische Dialekte hatten sich aus der lateinischen Sprache entwickelt). Beispielsweise dürfte die Bezeichnung *Bälmerstein* auf das galloromanische Wort *balma* (Fels) zurückgehen, der Flurname *Brüsch* auf das lateinische *bruscia* (Gestrüpp). Die Ortsnamen *Welschensteinach*, *Welschdorf* und *Welschbollenbach* bilden ein weiteres Indiz – denn *welsch* war eine im Deutschen lange Zeit übliche Bezeichnung für *römisch* beziehungsweise *romanisch. Welsche* waren demnach Siedler, die sich durch ihre Sprache oder Herkunft von den Alamannen unterschieden.

Nachdem die Macht der Römer gebrochen war, ließen sich die Alamannen Zeit damit, Siedlungen auf der rechten Rheinseite zu gründen. Seit dem 4. Jahrhundert stieg zwar die Anzahl der Dörfer und Gehöfte auf dem Gebiet der ehemaligen römischen Provinz, aber nur sehr allmählich. Vielleicht trauten die Alamannen dem eigenen Erfolg noch nicht recht – römische Gegenoffensiven waren weiterhin möglich: Noch im Jahr 368 drangen die Römer bei einem Feldzug zeitweise bis in das Gebiet östlich des Schwarzwalds vor, ohne sich dort jedoch halten zu können.

Frühe alamannische Höhensiedlungen, die es an mehreren Stellen des westlichen Schwarzwalds gab, hatten Festungscharakter: Ihre Spuren findet man heute noch auf dem Geißkopf bei Offenburg, dem Zähringer Burgberg bei Freiburg und dem Kügeleskopf bei Ortenberg. Es war kaum ein Zufall, dass diese schwer zu attackierenden Siedlungen gegenüber von römischen Stützpunkten auf der anderen Rheinseite lagen. Auf dem Gelände der Höhensiedlungen fanden Archäologen neben Schmuckstücken wie Ringen, Halsketten und Bernsteinperlen auch Lanzenspitzen,

Wurfäxte und andere Waffen in großer Zahl. Vermutlich waren es alamannische Fürsten oder Kleinkönige, die dort mit ihren Familien und ihrem Gefolge lebten. Wenn man die Grundfläche der Siedlungen berücksichtigt, war dort für wesentlich mehr Menschen Platz als in den späteren Ritterburgen des Hochmittelalters.

Alamannisches Großprojekt

Die im 4. Jahrhundert entstandene Höhensiedlung auf dem Zähringer Burgberg hatte eine Fläche von nicht weniger als viereinhalb Hektar. Die alamannischen Baumeister schufen auf dem Berg ein künstliches Plateau, wozu riesige Mengen an Steinen abgetragen wurden.

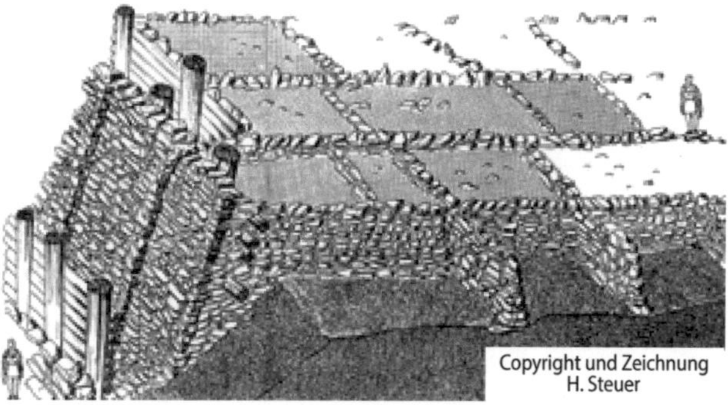

Rekonstruktionsversuch der frühalamannischen Wallanlage des Zähringer Burgbergs (nach H. Steuer).

Die Höhensiedlungen waren sogar groß genug, um neben den Wohngebäuden Felder zu bestellen und Kühe weiden zu lassen. Bodenproben, die auf dem Geißkopf genommen wurden, zeugen von einer extrem hohen Phosphatkonzentration auf dem Gelände der damaligen Siedlung – ein Hinweis auf Viehhaltung in größerem Maßstab. Die Bewohner waren demnach wohl weitgehend autark und nicht auf Bauern des Umlandes angewiesen.

Die Fürsten oder Kleinkönige, die in den Höhensiedlungen residierten, duldeten niemanden über sich. Zwar bildete

Kerbschnittschnalle aus der alamannischen Höhensiedlung auf dem Geißkopf (Berghaupten).

Alamannische Lanzenspitze (Fundort: Zähringer Burgberg bei Freiburg).

sich bei den Alamannen, die ursprünglich verschiedenen germanischen Stämmen angehörten, mit der Zeit ein Stammesbewusstsein heraus, doch hatten sie weiterhin keinen gemeinsamen König, und der Zusammenhalt blieb lose. Mitunter bekämpfte man sich gegenseitig und schloss sich meistens nur gegen gemeinsame Feinde zusammen.

»Sie hausen einzeln und gesondert«

Mit den Überbleibseln der römischen Herrschaft konnten die Alamannen nur bedingt etwas anfangen. Nachdem der Schwarzwald zwei Jahrhunderte lang Teil des *Imperium Romanum* mit seiner hochentwickelten Zivilisation gewesen war, wurde das Rad der Zeit nun ein Stück weit zurückgedreht. Die römischen Verwaltungsstrukturen waren den Alamannen fremd. Ihre Herrschaft beruhte auf persönlicher Loyalität zwischen den Kleinfürsten und ihren Gefolgsleuten. Geld benutzten sie nicht, und von Schriftzeichen machten sie höchstens spärlichen Gebrauch. Ihre Siedlungen überschritten – wie auch bei den anderen germanischen Stämmen üblich – nie eine gewisse Größe. »Die Städte selbst meiden sie wie mit Netzen umspannte Gräber«, berichtete der römische Historiker Ammianus Marcellinus über die Alamannen. Tacitus schrieb: »Sie hausen einzeln und gesondert, gerade wie ein Quell, eine Fläche, ein Gehölz ihnen zusagt. Ihre Dörfer legen sie nicht in unserer Weise an, dass die Gebäude verbunden sind und aneinanderstoßen: jeder umgibt sein Haus mit freiem Raum (…).«

Römische Städte wie Rottweil und Baden-Baden ließen die Alamannen verfallen – und blieben meist einfache Bauern, Handwerker und Krieger. Zumindest die Gutshöfe der Römer – die *villae rusticae* – führten sie teilweise weiter. Auch die Straßen, die die Römer hinterließen, wussten die Alamannen zu schätzen. Allerdings kann man davon ausgehen, dass ihre eigenen Kenntnisse im Straßenbau vergleichsweise bescheiden waren. Daher dürfte der Zustand der Schwarzwaldstraßen erheblich gelitten haben.

Der Wald hatte für die Alamannen – wie auch vor ihnen für die Kelten – eine religiöse Bedeutung. Dem spätantiken Geschichtsschreiber Agathias zufolge verehrten sie »Bäume und Flüsse« ebenso wie »Hügel und Klüfte«. Ihre Siedlungen gründeten sie in den meisten Fällen außerhalb des Waldes, recht häufig aber in den Randzonen des Gebirges. Eine alamannische Gründung des 5. Jahrhunderts ist zum Beispiel Gültlingen, heute Stadtteil von Wildberg im Landkreis Calw, wo bei

Alamannischer Spangenhelm und andere Fundstücke aus dem Gräberfeld von Gültlingen (Wildberg).

Ausgrabungen umfangreiche Überreste alamannischer Gräber zum Vorschein kamen; unter den zahlreichen Grabbeigaben sorgten ein Spangenhelm, ein Schwert mit goldenem Griff und eine Wurfaxt für besonderes Aufsehen.

Unadingen am südöstlichen Schwarzwaldrand, heute Stadtteil von Löffingen, geht auf dieselbe Zeit zurück. 1913 brach dort beim Pflügen ein Pferd in den Boden ein – unterhalb des Ackers entdeckte man eine alamannische Grabkammer. Auch auf dem Gebiet von Villingendorf am Ostrand des mittleren Schwarzwalds stieß man in den 1990er Jahren auf alamannische Gräber aus dem 5. bis 7. Jahrhundert – insgesamt mehr als 200. Einer der Männer war dort gemeinsam mit seinem Pferd beerdigt worden, während ein Kindergrab einen unbeschädigten Glockenbecher aus Glas enthielt. Begraben wurden die Toten stets mit den Füßen in Richtung Osten, also gen Sonnenaufgang.

Die Alamannia wird fränkische Provinz

Um das Jahr 500 trat die Geschichte Europas in ein neues Stadium ein: Der Niedergang des Römischen Reichs markiert das Ende der Antike. In der nun folgenden Epoche, dem Mittelalter, wurden neue Mächte nach oben gespült, die das Vakuum füllten. Die Alamannen mussten sich jetzt den Franken beugen – einem anderen germanischen Stamm, der einst mit den Römern kooperiert hatte und sich anschickte, nun selbst die Macht links und rechts des Rheins an sich zu reißen.

Die Alamannen unterlagen mehrmals gegen fränkische Heere, so erstmals 496 gegen Chlodwig, den König aller Franken. Zähneknirschend mussten die Alamannen die fränkische Oberhoheit anerkennen. Als Provinz des Frankenreichs genoss die *Alamannia* seit dem 6. Jahrhundert immerhin weitgehende Autonomie. Als Zwischeninstanz zwischen dem fränkischen König und den lokalen Machthabern gab es nun einen Herzog von Alamannien: anfangs wurde er von den Königen eingesetzt, später vererbte er sein Amt weiter.

Die *Alamannia* umfasste noch immer den Großteil des Schwarzwalds. Nur das Gebiet nördlich von Baden-Baden und Calw wurde seit dem 6. Jahrhundert direkt von den fränkischen Königen regiert und von Franken besiedelt.

An der Grenze: Alemannische und fränkische Dialekte

Die Dialekte im von Franken besiedelten Gebiet ordnen Sprachwissenschaftler – auch wenn der Übergang im Grenzgebiet fließend ist – bis heute den fränkischen Mundarten zu. Weiter südlich sind *alemannische* Dialekte verbreitet (in denen das *ei* zu *i* oder das *au* zu *u* wird, zum Beispiel *Huus* statt *Haus*).

Die befestigten alamannischen Höhensiedlungen wurden seit dem 6. Jahrhundert aufgegeben – die Römer waren inzwischen als äußere Bedrohung verschwunden. Die Menschen der Schwarzwaldregion lebten in der Regel in nur schwach befestigten Dörfern, die selten mehr als zehn Gehöfte oder 100 Bewohner umfassten. Die Gehöfte dieser Epoche bestanden in der Regel aus einem bis zu 20 Meter langen Haupthaus und diversen Nebengebäuden. Als Nutztiere hielt man Pferde, Rinder, Schafe, Ziegen, Schweine, Hühner, Gänse und Hunde.

Im 7. Jahrhundert war das gesamte Umland des Schwarzwalds einschließlich seiner Randzonen bereits dichter denn je besiedelt. Und auch danach stieg die Zahl der Weiler und Dörfer. Dornstetten im Nordschwarzwald ist zum Beispiel erstmals für das Jahr 767 bezeugt. Auch auf dem Gelände der ehemaligen keltischen Großsiedlung Tarodunon am südwestlichen Schwarzwaldrand fanden Archäologen alamannische Gräber aus dem 7. Jahrhundert – charakteristische Gürtelschnallen erlauben die zeitliche Einordnung. Allerdings war die Siedlung dort nun erheblich kleiner als in keltischer Zeit.

Alamannische Gold-Scheibenfibel mit Edelsteineinlagen, 7. Jahrhundert (Fundort: Gräberfeld von Donaueschingen).

Es gab zwar zunächst noch keinen erblichen Adel, aber eine Führungsschicht mächtiger Personen, die wichtige Ämter im Auftrag des Königs oder Herzogs ausübten. Spätestens seit dem 8. Jahrhundert gelang es den Inhabern solcher Ämter, die Macht ihrer Familien zu festigen – um den Schwarzwald herum entstand ebenso wie im übrigen Frankenreich der Erbadel, der die kommenden Jahrhunderte prägen sollte.

Freie Bauern gab es nun immer seltener. Wer nicht zum Heeresdienst verpflichtet sein wollte, weil die Arbeitskraft der Männer in der Landwirtschaft schwer entbehrlich war, musste sich in die Leibeigenschaft fügen und einem meist adligen Grundherrn unterordnen. Der Bauer konnte das Land, das ihm nun nicht mehr gehörte, zwar weiter bewirtschaften, musste aber Abgaben leisten und andere Pflichten erfüllen.

Wie der bittere Schritt in die Leibeigenschaft besiegelt wurde, belegt zum Beispiel eine Urkunde aus dem Jahr 838: In Bachheim am südöstlichen Schwarzwaldrand übertrug der freie Bauer Arnulf seinen Besitz an die Kirche St. Martin zu Löffingen. Dieser Fall ist auch beispielhaft für eine weitere Umwälzung des Frühmittelalters: Neben den Adel war die christliche Kirche als Machtfaktor getreten.

Trudperts Mission

Der Überlieferung nach kam der Heilige Trudpert – ein Missionar, der aus Irland stammte – im Schwarzwald auf gewaltsame Weise ums Leben. Sein Todesjahr ist nicht mehr genau zu ermitteln, es könnte das Jahr 607 gewesen sein. Realität und Mythos sind nur schwer zu trennen, aber plausibel sind folgende Bestandteile der Heiligen-Legende: Trudpert, der adliger Herkunft war, zählte zu den glühenden Anhängern des Christentums – der Religion, die im Römischen Reich lange unterdrückt worden war, bis sie seit dem 4. Jahrhundert ihren Siegeszug durch Europa antrat. Der mächtige Bischof von Rom, damals schon Papst und Oberhaupt der römisch-katholischen Kirche, erwählte Trudpert um das Jahr 605 für eine schwierige Aufgabe: Er schickte ihn nach Alamannien, um dort den christlichen Glauben zu verbreiten. Im Schwarzwald begann Trudpert ein Stück Land urbar zu machen und errichtete eine kleine Mönchszelle im Münstertal. Unterstützt wurde er von einem frommen Grafen, der ihm nicht nur das Land, sondern auch einige Knechte zur Verfügung stellte, die Trudpert beim Bau einer Kirche inmitten des Waldes helfen sollten. Doch zwei dieser Knechte ermordeten den Missionar, bevor das Werk vollendet war – die Tatwaffe war eine Axt. Der fromme Graf sorgte für Trudperts Bestattung. Als der Steinsarkophag 643 wieder geöffnet wurde und man die Leiche – so die Legende – vollkommen unverwest vorfand, sah man darin ein göttliches Zeichen. Trudpert wurde zum Märtyrer und Heiligen erklärt. Der Ort, an dem er im Schwarzwald gelebt hatte und gestorben war, wurde zum Ziel von Wallfahrern, und im 9. Jahrhundert entstand dort ein Benediktiner-Kloster, das den Namen St. Trudpert erhielt.

Im Schwarzwald war das Christentum zu Trudperts Zeiten noch ein zartes Pflänzchen. Zwar hatte sich der fränkische König Chlodwig schon um das Jahr 500 taufen lassen, allerdings machten er und seine Nachfolger zunächst wenig Anstalten, den neuen Glauben auch ihren Untertanen aufzuzwingen. Die Alamannen praktizierten im 6. Jahrhundert weiterhin ihre alten religiösen Kulte und verehrten Götter wie Wodan und Donar, den Namensgeber des Donnerstags. Doch besonders seit Anfang des 7. Jahrhunderts machten sich immer mehr christliche Missionare wie Trudpert, Columban oder Gallus auf den Weg nach Alamannien. Ihr Ziel: alle Menschen zum Christentum zu bekehren.

Im Zeichen des Kreuzes

Die Gemeinde Schopfloch zeigt das 1896 gefundene Goldblattkreuz in ihrem Wappen.

Auch wenn die Missionierung, wie Trudperts Schicksal zeigt, nicht reibungslos ablief, trug sie doch Früchte. Anfangs war das Christentum noch die Religion der adligen Elite. Mit der Zeit aber erfasste es die ganze Bevölkerung. Anhand von Grabfunden kann man nachvollziehen, wie sich christliche Bestattungsriten nach und nach durchsetzten. Die vorher üblichen Beigaben in heidnischen Grabhügeln oder Gräberfeldern – bei Männern häufig Waffen, bei Frauen Schmuck und alltägliche Gebrauchsgegenstände – wurden seltener.

Ein wahrscheinlich christliches Grab aus dem 7. Jahrhundert fand man zum Beispiel in Berghausen (Pfinztal). Ein anderes, das 1896 bei Oberiflingen (Schopfloch) am nordöstlichen Schwarzwaldrand entdeckt wurde, stammt aus derselben Zeit. Es enthielt als Beigabe ein knapp drei Zentimeter breites Goldblattkreuz. Dieser Fund war seinerzeit eine Sensation. Und bis heute ist das Kreuz im Schopflocher Ortswappen verewigt.

Die frühen Kirchengebäude, die es während des 7. Jahrhunderts im Schwarzwald gab, ähnelten mit ihrer schlichten Holzbauweise meist noch gewöhnlichen Wohnhäusern. Aber bald entstanden die ersten Steinkirchen der Region, zum Beispiel St. Martin in Dunningen bei Rottweil: Eine ältere Holzkirche wurde dort um das Jahr 700 durch einen Steinbau ersetzt. Wie in zahlreichen anderen Fällen wurde die Kirche allerdings später derart stark verändert und überbaut, dass vom ursprünglichen Gemäuer fast nichts mehr vorhanden ist.

Selbst die frühromanische St. Candidus-Kirche in Kentheim (heute Ortsteil von Bad Teinach-Zavelstein), eines der ältesten erhaltenen Kirchengebäude Süddeutschlands, entstand in ihrer heutigen Gestalt erst im 11. Jahrhundert – auch hier, im Nagoldtal des nördlichen Schwarzwalds, hatte es einen hölzernen Vorgän-

Über 1000 Jahre alt: Die heutige evangelische Pfarrkirche St. Cyriak in Sulzburg.

gerbau gegeben.

Noch etwas früheren Datums sind Teile der heutigen evangelischen Pfarrkirche St. Cyriak in Sulzburg am Westrand des Gebirges. Das sehenswerte, dreischiffige Gebäude wurde ab etwa 990 im Auftrag des Grafen Birchtilo gebaut und 993 geweiht. Der dazugehörige Kirchturm entstand kurz nach der Jahrtausendwende – er ist heute der älteste der gesamten Schwarzwaldregion.

Ebenso wie viele andere frühe Gotteshäuser war St. Cyriak in der Anfangszeit eine sogenannte Eigenkirche – eine Kirche in Privatbesitz, die meist einer Adelsfamilie gehörte. Die Eigentümer nutzten ihre Kirchen nicht nur für Gottesdienste, sondern auch als exklusive Grablegen für Familienangehörige. Dass zumindest größere Ortschaften ihre eigene Kirche und ihren eigenen Pfarrer hatten, wurde erst nach und nach üblich. St. Candidus beispielsweise, anfangs in klösterlichem Besitz, diente seit dem 13. Jahrhundert als Pfarrkirche für Kentheim und umliegende Dörfer.

Kulturelle Brückenköpfe: Die frühen Klöster

Zu den frühen Klöstern in der Schwarzwaldregion zählten neben St. Trudpert das Kloster Schuttern bei Lahr (ca. 603 gegründet), das Kloster Gengenbach im unteren Kinzigtal (ca. 727) und das Kloster Hirsau im Nagoldtal (838), später folgten weitere wie in Waldkirch (926) und Sulzburg (993). Waldkirch war eines der vergleichsweise seltenen Frauenklöster. Gegründet wurde es von dem damaligen

Herzog Burkhard und dessen Frau Reginlind. Auch die Klöster waren in ihrer Anfangszeit noch sehr schlicht gestaltet: meistens waren es nur kleine Mönchszellen in einfachen Behelfsbauten. Selbst das später so bedeutende, mächtige und reiche Kloster St. Blasien im Schwarzwald ging auf eine kleine Mönchszelle an der Alb zurück, die bereits im 9. Jahrhundert existierte. Schon damals wurde in der *Albzelle* angeblich eine Reliquie des Heiligen Blasius von Sebaste aufbewahrt – nach ihm wurde das Kloster später benannt.

Zwar war das Römische Reich untergegangen, aber mit Hilfe der Klöster überlebten Teile der römischen Kultur: In der von Rom aus beherrschten Kirche wurde die lateinische Sprache lebendig gehalten. Sie ermöglichte es den Mönchen, antike Schriften zu lesen, abzuschreiben, zu verbreiten und an die Nachwelt weiterzugeben.

Während die meisten Menschen dieser Zeit weder lesen noch schreiben konnten, gab es in den Klöstern bereits Schulen, und die Mönche führten Buch über wichtige Ereignisse und Rechtsverhältnisse – nicht zuletzt über ihre eigenen Besitztümer.

Der Schwarzwald bekommt seinen Namen

So ist es auch das Urkundenbuch eines Klosters, des Klosters St. Gallen in der heutigen Schweiz, in dem 868 erstmals der althochdeutsche Name des von den Römern noch *Abnoba mons* genannten Gebirges dokumentiert ist: In dem ansonsten lateinisch verfassten Text findet sich die Ortsangabe *saltu Svarzwald (Waldgebirge Schwarzwald).*

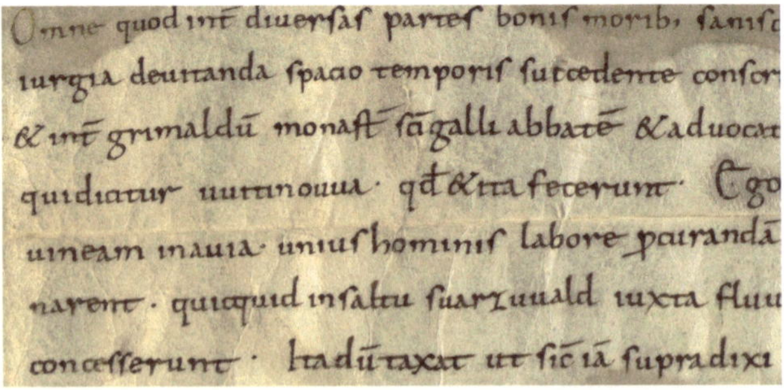

Die Besiedlung wird dichter

Seit dem 9. Jahrhundert gehörte der Schwarzwald samt seinem Umland zum ostfränkischen Königreich, aus dem sich das spätere Deutschland entwickelte – das fränkische Großreich war unter den Enkeln Karls des Großen aufgeteilt worden. Erster ostfränkischer König war Ludwig, genannt *der Deutsche*, dessen Nachfolger meistens auch den Kaisertitel annahmen. Als Ludwig 873 in offenbar großer Eile von Metz über Straßburg zu einer Versammlung in Regensburg reiste, durchquerte er höchstwahrscheinlich auch den Schwarzwald. Denn von Straßburg aus verlief die alte römische Kinzigtalstraße, die noch immer in Gebrauch war, in östlicher Richtung durch das Gebirge. Am Ostrand verließ sie den Schwarzwald bei der alten, längst verfallenen Römerstadt Rottweil, für die jetzt eine neue Blütezeit anbrach: Eine eigentliche Stadt gab es zwar nicht mehr, seit dem 8. Jahrhundert aber einen stattlichen Königshof – ein Gut in königlichem Besitz, das zur Unterbringung und Verpflegung durchreisender Monarchen mitsamt ihrem Gefolge diente. Neben dem Königshof entwickelte sich unmittelbar nördlich der römischen Ruinen eine neue, anfangs noch kleine Siedlung. Rottweil – im Frühmittelalter *Rotuvilla* genannt – avancierte erneut zu einem der wichtigsten Orte der Region.

Im 9. und 10. Jahrhundert nahm die Zahl der Siedlungen allgemein deutlich zu, das Bevölkerungswachstum ging weiter. Im Schwarzwald waren zumindest die fruchtbaren Täler entlang der größeren Flüsse schon relativ dicht besiedelt. Die heutigen Ortsnamen weisen noch häufig auf die Entstehungszeit einer Siedlung hin: Ortsnamen mit der Endung *-ingen* sind besonders alt und gehen bis auf das 5., 6. oder frühe 7. Jahrhundert zurück – Beispiele sind Löffingen und Reiselfingen, Gültlingen und Effringen. Die Endungen *-heim* (seit dem späteren 7. Jahrhundert), *-hausen* und *-hofen* (8./9. Jahrhundert) verweisen auf spätere Gründungen im Frühmittelalter. Beispiele aus der Randzone des Schwarzwalds sind die heutigen Löffinger Ortsteile Bachheim, Dittishausen und Seppenhofen, deren Alter durch die dortigen alamannischen Gräber bestätigt ist. Meistens noch jüngeren Datums sind Ortsnamen mit Endungen wie *-wald* und *-bach*. Schönwald, Oberharmersbach, Schapbach und Oberreichenbach sind beispielsweise erst ab dem Hochmittelalter (nach 1050) nachweisbar, Blasiwald, Griesbach und Forbach sogar erst im Spätmittelalter (nach 1250).

Jenseits des Muschelkalks

Es gibt aber Ausnahmen: Rötenbach im Südschwarzwald wurde schon 819 erstmals erwähnt. Und gerade diese Gründung hat besondere historische Bedeutung. Denn Rötenbach (heute Ortsteil von Friedenweiler) war eine der ersten Siedlungen jenseits der sogenannten Buntsandstein-Grenze – einer natürlichen Barriere, die Siedler bis dahin nur selten überschritten hatten. Wo das Deckgebirge aus Buntsandstein bestand, war die Erde weniger fruchtbar als insbesondere die Muschelkalk-Böden, die beispielsweise in der Übergangszone zwischen dem Südschwarzwald und der Baar-Hochebene zu finden sind. Die Landwirtschaft brachte dort weniger Ertrag. Und um ganze Siedlungen zu gründen, waren die Voraussetzungen entsprechend schlechter.

Doch wieder einmal war es das Wachstum der Bevölkerung, das die Menschen zwang, nach neuen nutzbaren Flächen Ausschau zu halten. Hilfreich waren dabei Fortschritte der Landwirtschaft: Die Dreifelderwirtschaft, die sich jetzt durchzusetzen be-

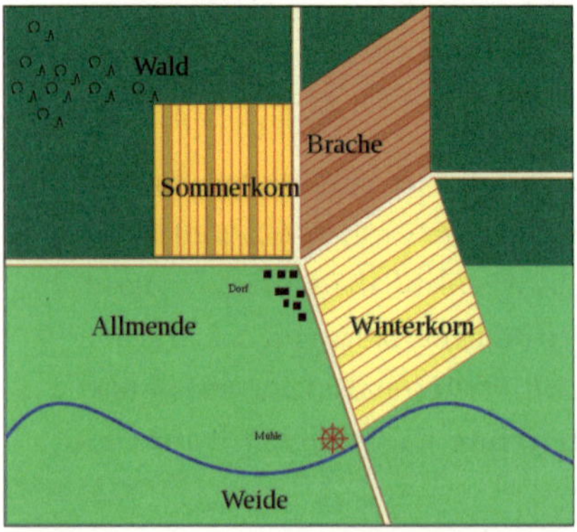

Schematische Darstellung der Dreifelderwirtschaft.

gann, war produktiver und funktionierte auch auf den braunerdigen, teilweise versandeten Böden des Buntsandsteins. Die Bauern ließen abwechselnd ein Drittel der Ackerfläche brachliegen, wodurch sich der Boden regenerieren konnte, bebauten ein zweites Drittel mit Sommergetreide und das letzte Drittel mit Wintergetreide, das schon im Herbst vor dem Erntejahr gesät werden musste. Allerdings war der Platzbedarf der Dreifelderwirtschaft groß. Die Verwandlung der Natur in eine von Feldern und Weiden geprägte Kulturlandschaft erlebte einen Schub. Immer mehr zog es die Menschen in die Wildnis, immer größere Flächen wurden gerodet – und der Urwald schrumpfte.

Auch als Warenlager wurde der Schwarzwald jetzt wieder intensiv genutzt. Neben dem Holz hatte man es vor allem auf Eisen-, Blei- und Silbererze abgesehen. Nachdem es seit Ende der Römerzeit mehrere Jahrhunderte lang kaum noch Bergbau im Schwarzwald gegeben hatte, erlebten die alten Reviere nun eine Renaissance. Zum Beispiel in der Gegend von Neuenbürg: Bei den dortigen, schon den Kelten bekannten Erzlagerstätten arbeiteten spätestens seit dem 8. Jahrhundert wieder Bergleute. Und auch die Verhüttung des Eisenerzes fand in unmittelbarer Nähe statt, wie Ausgrabungen bewiesen haben. Im Südschwarzwald gab es ebenfalls einen Aufschwung des Bergbaus: Im Münstertal – ganz in der Nähe des heutigen Besucherbergwerks Teufelsgrund – wurden spätestens im 10. Jahrhundert Blei und Silber abgebaut.

Die älteste Höhenburg des Schwarzwalds

Die Bodenschätze waren ein Grund dafür, dass das Interesse der Mächtigen am Schwarzwald stieg. Ohnehin begannen seit dem 11. Jahrhundert immer mehr Adlige, ihre Wohn- und Herrschaftssitze auf exponierte Höhenlagen inmitten des Waldes zu verlegen. Eines der frühesten Beispiele: die Burg Falkenstein, deren Ruine noch heute in der Nähe von Schramberg zu finden ist.

Sie stand im Zentrum eines hochpolitischen Dramas, das sich 1030 im Schwarzwald abspielte: Der schwäbische Herzog Ernst II., der sich mächtige Feinde gemacht hatte, verschanzte sich auf der Flucht vor Gefolgsleuten des Bischofs von Konstanz auf der Burg. Allerdings vergeblich: Letztendlich wurde er von seinen Verfolgern gestellt und, gerade erst etwa 20-jährig, erschlagen.

Erbaut worden war die Burg Falkenstein wahrscheinlich erst kurze Zeit vorher. Sie gilt heute als älteste Höhenburg des Schwarzwalds und gab ihren Bewohnern, den Herren von Falkenstein, den Namen. Die Adelsfamilie der Falkensteiner stammte ursprünglich von der Baar, beteiligte sich aber am sogenannten *Zug in den Schwarzwald*: Während die umliegenden Territorien schon verteilt waren, ließ sich im Gebirge noch Land in Besitz nehmen – und die dortigen Bodenschätze kamen als Anreiz dazu.

Die Burg Falkenstein bei Schramberg – hier schon als Ruine – auf einem Holzstich aus dem Jahr 1897.

Der Schwarzwald im Zentrum des Geschehens

Die Zähringer und der Burgen-Boom

Es war eine Adelsfamilie mit glänzender Zukunft, die im 11. Jahrhundert oberhalb des Dörfchens Zähringen am westlichen Schwarzwaldrand ihre Burg errichtete. Auch die Angehörigen dieser Familie nannten sich nun – wie es unter Adligen immer üblicher wurde – nach ihrem Wohnsitz: dem Zähringer Burgberg. Unter ihrem neuen Namen machten die Zähringer eine steile Karriere: Mit königlicher Genehmigung durften sie sich seit 1098 Herzöge nennen, was ihren herausgehobenen Status unterstrich.

Die Zähringer Burg ist – ebenso wie die Burg Falkenstein – eines von etlichen Beispielen für den Burgen-Boom des Hochmittelalters. Die Burg war sowohl das Zentrum als auch ein Symbol der Adelsherrschaft. Gerade in den Randzonen des Schwarzwalds waren Höhenburgen seit dem 11. Jahrhundert eine bald schon alltägliche Erscheinung – nicht auf Berggipfeln, sondern meist auf Bergspornen oder auf Felsnasen gelegen, mit weiter Sicht über das Umland.

Nachdem die Adligen zuvor noch häufig in gewöhnlichen Siedlungen gelebt hatten, demonstrierte der Umzug auf eine Höhenburg ihre herausgehobene Stellung, ihre Herrschaft über Ländereien mitsamt der dort lebenden, leibeigenen Bauern.

Besonders viele Burgen entstanden im *westlichen* Schwarzwald, an der Grenze zur Oberrheinebene. Denn als zentrale Verkehrsader war der Rhein von unschätzbarem Wert. Der Fluss machte es möglich, Handel über weite Strecken zu betreiben – zum Beispiel mit Holz oder Erzen. Den Schiffsverkehr auf dem Rhein zu kontrollieren, bedeutete Macht und Prestige und brachte zudem finanzielle Vorteile: Der Adel lebte auch von Zöllen, die er durchreisenden Händlern abverlangte. Kein anderer Fluss hatte eine vergleichbare Bedeutung für die Region – erst recht nicht die mehr als doppelt so lange Donau, die immerhin ihren Ursprung im Schwarzwald hat. Erstens ist die Donau in der Nähe ihrer Quellen eher noch ein Flüsschen; zweitens wendet sie sich vom Schwarzwald aus in direkter Linie nach Osten, während Hoch- und Oberrhein das Gebirge auf einer Strecke von nicht weniger als 200 Kilometern umfließen.

Bekannte Beispiele für mittelalterliche Herrschaftssitze im Schwarzwald sind die Burg Rötteln im äußersten Süden des Gebirges, die Hochburg bei Emmendingen, die Burg Badenweiler oberhalb des gleichnamigen Ortes, die Burgen Zavelstein, Ortenberg, Steinegg oder – im Innern des Gebirges gelegen – Althornberg im mittleren und die Burg Tannenfels im nördlichen Schwarzwald.

Bis heute sehenswert: Ruine der Burg Rötteln bei Lörrach.

Die Markgrafen von Baden und ihre Burg

Besonders groß und aufwändig gebaut ist die Burg, deren Ruine bis heute auf dem Battert bei Baden-Baden thront: die Burg Hohenbaden. Errichtet wurde sie seit Beginn des 12. Jahrhunderts im Auftrag eines Verwandten der Zähringer, Hermann II., der sich spätestens seit 1112 Markgraf von Baden nannte und der Stammvater des Hauses Baden ist. Ebenso wie die Zähringer gehörten die Badener im Hochmittelalter zu den mächtigsten Adelsfamilien in Südwestdeutschland.
Trotz ihrer aufwändigen Bauweise bilden die Burgen einen deutlichen Kontrast zu den späteren, prunkvoll ausstaffierten fürstlichen Residenzschlössern. Die meisten Burgen waren recht eng. Sie boten Platz für den Burgherrn selbst, seine Familie, einige Dutzend Gefolgsleute und Bedienstete.

Die wahrhaft exklusive und gut geschützte Wohnlage der Höhenburgen – teilweise an drei Seiten von steil abfallenden Felsen umgeben – hatte vor allem militärische Vorteile. Das war wichtig in einer Zeit, in der blutige Adelsfehden an der Tagesordnung waren. Die adligen Burgherren waren zugleich Krieger, die dem König als gepanzerte, mit Lanze und Schwert bewaffnete Reiter zur Seite stehen mussten – in der Epoche des Burgen-Booms entstand auch das Rittertum.

Ein Minnesänger aus dem Schwarzwald

Bruno von Hornberg, Freiherr auf der gleichnamigen Burg im mittleren Schwarzwald, machte um 1300 als Minnesänger von sich reden: Mehrere seiner Lieder sind im hier abgebildeten Codex Manesse überliefert.

Bruno von Hornberg als Minnesänger.

Die Ruine der Burg Zähringen auf einer Darstellung des 19. Jahrhunderts.

Ständige Verteidigungsbereitschaft gehörte zum Alltag in einer Burg. Letztlich war die Gefahr durch Blitzschlag, Erdbeben, Felsabbrüche oder Feuer zwar größer als die Wahrscheinlichkeit einer feindlichen Eroberung; aber auch diese war nicht ausgeschlossen: Beispielsweise zerstörten die Zähringer 1121 die Burg Wiesneck im Südschwarzwald, die den verfeindeten Grafen von Haigerloch-Wiesneck gehörte. Später – im ausgehenden 13. Jahrhundert – wurde auch die Zähringer Burg verwüstet. Die Zähringer selbst aber waren zu diesem Zeitpunkt bereits von der Bildfläche verschwunden: 1218 starb das lange Zeit so mächtige Geschlecht in männlicher Linie aus.

Stützpunkte in der Wildnis

In der Epoche, in der immer mehr Adlige ihren Herrschaftsmittelpunkt auf die Höhenburgen verlegten, rückte der Schwarzwald mehr denn je ins Zentrum des politischen, aber auch des wirtschaftlichen und kulturellen Geschehens. Eine wichtige Rolle spielten dabei die Klöster. Martin Gerbert, im 18. Jahrhundert Chronist des Schwarzwalds, betonte die Verdienste der Mönche bei der Kultivierung des »schreckenerregende[n]« , kaum zu durchdringenden Urwalds. Als Abt von St. Blasien war Gerbert zwar nicht unvoreingenommen, doch tatsächlich expandierten die Schwarzwald-Klöster in bislang unzugängliche Gebiete. Die

Mönche, die sich (wie Jahrhunderte vor ihnen der Heilige Trudpert und andere Pioniere) in das raue Gebirge wagten, waren beseelt von dem Streben nach einem einfachen, gottesfürchtigen Leben. Sie schafften etwas, was in früherer Zeit unmöglich oder zumindest sinnlos erschienen wäre: kulturelle und wirtschaftliche Stützpunkte in der Wildnis zu errichten.

Im Nordschwarzwald waren es die Benediktiner-Klöster Hirsau und Alpirsbach, die besonderen Anteil an der Zähmung des Urwalds hatten. Waldflächen wurden gerodet und als Viehweiden genutzt, Böden urbar gemacht, Siedlungen gegründet. Die gefällten Baumstämme dienten als einträgliches Handelsgut.

Hirsau, nahe der Burg Calw gelegen, war zugleich auch das erste Schwarzwald-Kloster mit weit überregionaler Ausstrahlung. Seine Wurzeln reichen bis ins Frühmittelalter zurück, doch war es zunächst noch klein und unbedeutend gewesen – etwa seit dem Jahr 1000 stand es zeitweise sogar gänzlich leer. Der steile Aufstieg des Klosters begann in der Mitte des 11. Jahrhunderts: 1049 ermunterte der damalige Papst Leo IX. seinen Neffen, den Grafen Adalbert von Calw, dem Kloster neues Leben einzuhauchen. Und obwohl Adalbert sich anfangs sträubte, beherzigte er letztlich – bestärkt von seiner Frau Wildruda – die päpstliche Weisung: In den Jahren darauf beschenkte er das Kloster Hirsau mit größeren Ländereien.

Das »schwäbische Cluny« im Schwarzwald

Der enorme Einfluss, den Hirsau seit dem späten 11. Jahrhundert besaß, hatte aber einen weiteren, noch wichtigeren Grund: Hirsau profilierte sich damals als bedeutendstes Reformkloster im deutschsprachigen Raum. Es war eine Zeit, in der sich – ausgehend vom französischen Kloster Cluny – Reformideen im Benediktiner-Orden durchzusetzen begannen. Die Reformer wollten das Mönchtum erneuern und strebten zurück zu den Idealen des Ordensgründers Benedikt von Nursia: Auf äußeren Glanz und

Noch heute ist in Hirsau (Calw) ein größerer Teil der Klostergemäuer erhalten.

Reichtum sollte verzichtet, von Ämterkauf und anderen moralischen Übeln Abstand genommen werden. Armut und Demut galten als gottesfürchtig.

Während der 1080er Jahre entstand im südlichen Schwarzwald ein Kloster, das Cluny als Priorat (eine Art Zweigstelle) unterstand: St. Ulrich bei Bollschweil. Gründungsfigur und erster Prior war Ulrich von Zell, der vorher als Mönch in Cluny gewesen war. Zu seinen engsten Vertrauten zählte wiederum der Hirsauer Abt Wilhelm – beide kannten sich seit ihrer Jugend. Wilhelm ließ sich von den Berichten seines Freundes über das Leben in Cluny inspirieren und übernahm wichtige Elemente der *Cluniazensischen Reform* für sein eigenes Kloster. Hirsau wurde bald schon zum eigentlichen Reformzentrum östlich des Rheins, zum »schwäbischen Cluny« und Vorbild für zahlreiche andere Klöster – es war nicht das letzte Mal, dass sich französische Einflüsse im grenznah gelegenen Schwarzwald besonders früh bemerkbar machten.

Die Hirsauer Mönche widmeten sich ganz dem Gebet, der Arbeit und der Gelehrsamkeit. Vorbildcharakter für andere Klöster hatte Hirsau auch durch das selbstbewusste und erfolgreiche Auftreten gegenüber dem Adel – 1075 verloren die Grafen von Calw ihren Einfluss auf die Ernennung des Hirsauer Abtes. Durch die Autorität und den Einfluss Hirsaus rückte der Schwarzwald erstmals in den Brennpunkt des geistig-kulturellen Geschehens. Und der neue, seit 1082 errichtete Hirsauer Klosterbau war damals der größte weit und breit.

Der Adel und die Klöster: Eine ambivalente Symbiose

Es gab zwar im Hochmittelalter zahlreiche Konflikte und Machtkämpfe zwischen weltlichen und kirchlichen Autoritäten, andererseits hatten die damaligen Adligen eine Reihe von Gründen, Klöster zu fördern oder neu zu stiften: Erstens diente es dem Prestige und dem Seelenheil des adligen Gönners. Echte Frömmigkeit war häufig ein Motiv, zumindest eines neben anderen. Graf Adalbert von Zollern, einer der Mitbegründer des 1095 entstandenen Klosters Alpirsbach, entschloss sich 1099 sogar, selbst als einfacher Mönch in das Kloster einzutreten, das er vorher reich beschenkt hatte – er verbrachte den Rest seines Lebens dort.

Außerdem profitierten auch die Adligen davon, wenn Klöster die Wildnis kultivierten. Wo man als Ritter zuvor nur über Urwald geherrscht hatte, dessen praktischer Wert sehr begrenzt war, entstanden mit Hilfe der Klöster intensiv bewirtschaftete Flächen, die entsprechende Erträge einbrachten. Die Klostervögte – adlige Schutzherren, die für die Sicherheit der Klöster garantierten – waren am Gewinn beteiligt.

Auch die Zähringer wussten die Vorzüge der Klöster zu schätzen: 1093 gründeten sie die Benediktiner-Abtei St. Peter im Schwarzwald, die sie zu ihrer Familiengrablege machten – vier Herzöge von Zähringen wurden dort bestattet, ebenso ihre engen Familienangehörigen. Außerdem übernahmen die Zähringer 1125 die Kontrolle über St. Blasien. Die dortigen Mönche besaßen das vom König verliehene Recht auf freie Vogtwahl und entschieden sich für die mächtigen Zähringer. St. Blasien entwickelte sich von der ursprünglich kleinen Mönchszelle an der Alb zum angesehensten und einflussreichsten Kloster des südlichen Schwarzwalds. Im 11. Jahrhundert erhielt es erstmals ein Gebäude aus Stein und machte sich ebenfalls einen Namen als Reformkloster. Mit der Zeit unterstanden St. Blasien etliche kleinere Prioratsklöster in der näheren und weiteren Umgebung.

Für die Urbarmachung des Süd- beziehungsweise Hochschwarzwalds spielte St. Blasien im Hochmittelalter eine zentrale Rolle – beispielsweise in der Gegend des höchsten Schwarzwaldgipfels, der 1125 erstmals unter dem Namen *Feldperc* erwähnt ist. Um den Berg herum wurden Waldflächen gerodet und auch besiedelt – ein Beispiel ist der Ort Menzenschwand, heute Teil der Stadt St. Blasien, der im 12. Jahrhundert entstanden sein dürfte. Die Endung *-schwand*, die zum Beispiel auch im Ortsnamen *Höchenschwand* (Hochschwarzwald) anzutreffen ist, weist auf die Gründungsgeschichte hin – denn das mittelhochdeutsche Wort *schwanden* bedeutete *roden*. Selbst der Gipfelbereich des Feldbergs diente damals schon als Viehweide. Mit der Zeit waren es nicht mehr die Mönche selbst, die Bäume fällten, Vieh hüteten und Felder bestellten. So warb das Kloster St. Blasien im 13. Jahrhundert Siedler aus Tirol an, die die Wildnis im Bernauer Tal kultivierten – und damit zu abgabenpflichtigen Untertanen des Klosters wurden.

Die Gewinne sprudeln: Zurück zu den Wurzeln?

Auch im Bergbau war manches Kloster sehr aktiv. St. Blasien zum Beispiel machte stattliche Gewinne mit dem Abbau von Silbererz. Und zum wachsenden Reichtum der Klöster trug zuweilen auch der Weinbau bei, der – auf die Römer zurückgehend – bis heute in der Vorbergzone des Schwarzwalds zu Hause ist. Für das Kloster Gengenbach, das zahlreiche Rebberge besaß, war der Wein sogar eine der wichtigsten Einnahmequellen.

Der Reichtum vieler Klöster stand allerdings zunehmend im Widerspruch zu den Reformgedanken, die sich seit dem 11. Jahrhundert verbreitet hatten – schließlich galt das einfache Leben ohne äußeren Wohlstand als Ideal. In St. Blasien und etlichen anderen Klöstern sah die Realität mit der Zeit ganz anders aus – sie waren Machtinstanzen, die ihren Status selbstbewusst zur Schau stellten, und herrschten auf ihrem Territorium ebenso wie die adligen Ritter über leibeigene Bauern.

Auch deshalb gab es immer wieder neue Anläufe, zu den klösterlichen Idealen zurückzukehren. Seit dem frühen 12. Jahrhundert setzte sich der neu entstandene Zisterzienser-Orden an die Spitze der Reformbewegung. Das Kloster Herrenalb im Nordschwarzwald wurde 1149 als Zisterzienser-Abtei gegründet, um 1158 auch das Kloster Tennenbach bei Emmendingen. Die dortigen Mönche kultivierten Land in eigener harter Arbeit.

Ein weiterer Mönchsorden, der zeitweise für Reformen stand, waren die Prämonstratenser. In den 1190er Jahren gründeten sie das Kloster Allerheiligen bei Oppenau im mittleren Schwarzwald, dessen Ruine bis heute erhalten ist. Noch radikaler war – zumindest am Anfang – der im 13. Jahrhundert als Gemeinschaft wandernder Bettelmönche entstandene Franziskaner-Orden: Seine Anhänger wollten wie Jesus in völliger Armut leben. Bald entstanden aber auch Klöster des Ordens – so um 1277 das Kloster Kniebis im nördlichen Schwarzwald. Dieses lag an einer wichtigen, im Mittelalter neu entstandenen Querstraße von Straßburg nach Ulm, die über einen Bergrücken beim heutigen Freudenstadt führte – den Kniebis. Allerdings blieb die Geschichte der dortigen Franziskaner eine eher kurze Episode: 1341 schlossen sie sich dem Benediktiner-Orden an – die Gründe dafür sind unklar. Längeren Bestand hatte das 1268 gegründete Franziskanerkloster Villingen am südöstlichen Schwarzwaldrand – es wurde erst 1797 nach mehr als einem halben Jahrtausend aufgehoben.

Man könnte eine Reihe weiterer Klöster quer durch den Schwarzwald aufzählen, die auf das Mittelalter zurückgehen –

zum Beispiel das Nonnenkloster Frauenalb an der Alb im Nordschwarzwald; im südlichen Schwarzwald die Augustiner-Abtei St. Märgen oder das Benediktiner-Kloster St. Georgen. Letzteres wurde schon im späten 11. Jahrhundert an der Brigach-Quelle gegründet – annähernd 1.000 Meter über dem Meeresspiegel, an der Wasserscheide zwischen Rhein und Donau.

Trotz des Armutsideals erweiterten mehrere Schwarzwald-Klöster ihre Besitzungen im Spätmittelalter (ca. 1250 bis 1500) erheblich. St. Blasien ist das Paradebeispiel: Die Abtei beherrschte um 1500 einen beträchtlichen Teil des Südschwarzwalds. Die Äbte St. Blasiens und anderer mächtiger Klöster befanden sich auf Augenhöhe mit weltlichen Machthabern und stiegen zum Teil gar zu *Fürstäbten* auf. Zu den sogenannten Reichsabteien zählten im Schwarzwald neben St. Blasien auch Gengenbach, Herrenalb und Schuttern – das einst so bedeutende Hirsau hatte inzwischen an Einfluss verloren.

Allgemein waren die Machtverhältnisse seit dem 13. Jahrhundert neu sortiert worden. Als es zwischen 1245 und 1273 vorübergehend keinen allgemein akzeptierten König mehr gab, stieg die Macht der untergeordneten Ebene: Im deutschen Südwesten zählten die Markgrafen von Baden, die ihren Machtschwerpunkt im nördlichen Schwarzwald hatten, zu den Profiteuren, im Südschwarzwald das Haus Habsburg, das ab 1273 sogar etliche Könige und Kaiser stellte. Außerdem stiegen bislang eher unbedeutende Geschlechter wie die Geroldsecker, die Fürstenberger oder auch die Grafen von Württemberg zu mächtigen Adelshäusern mit Besitztümern im Schwarzwald auf.

Die Landkarte füllt sich

Das starke Bevölkerungswachstum des Hochmittelalters machte es notwendig, immer neue Flächen landwirtschaftlich zu nutzen und daher auch den Schwarzwald – gefördert von den adligen oder geistlichen Grundherren – dichter zu besiedeln. Im Jahr 1300 war die Landkarte des Schwarzwalds bereits größtenteils komplett – die meisten Orte, die heute dort zu finden sind, existierten also schon damals. Teilweise entstanden in der einstigen Wildnis Weiler oder Dörfer, in anderen Fällen – wenn das Land wegen der rauen Witterung und den ertragsarmen Böden nicht genug für ein ganzes Dorf hergab – lediglich sogenannte *Zinken*: Einzelhöfe in einiger Entfernung zueinander. Typisch für Teile des Nordschwarzwalds waren die sogenannten *Waldhufendörfer* – zum Beispiel Schömberg, Neuweiler und Dobel im heutigen Landkreis Calw: Entlang eines Weges oder einer Straße standen die Höfe hier in relativ dichter Reihe nebeneinander und gegenüber. Die zugehörigen Ackergrundstücke – etwa eine Hufe, das heißt rund 24 Hektar groß – erstreckten sich als langgezogene, kilometerlange Streifen von der Rückseite der Höfe bis zum Waldrand.

Wenn die Siedler Glück hatten, durften sie im Einverständnis mit den adligen oder kirchlichen Grundherren Holz in begrenzter Menge im Wald schlagen oder in den nahegelegenen Gewässern fischen. Selbstverständlich war das aber nicht. Und die Jagd auf größere Tiere wie Hirsche und Wildschweine war in der Regel ein exklusives Privileg des Adels.

Auch im Schwarzwald ein Erfolgsmodell: Die Stadt

Zumindest im Randbereich des Schwarzwalds entstanden – viele Jahrhunderte, nachdem die alten Römerstädte verfallen waren – im Hochmittelalter neue Städte. Ihr Aufblühen seit dem 12. Jahrhundert war ein weiteres Merkmal der Epoche, und ein äußerst zukunftsträchtiges. Die Städte wurden mehr und mehr zum Motor der wirtschaftlichen Entwicklung. Zum Teil entwickelten sie sich aus ursprünglich kleinen Siedlungen, die immer mehr wuchsen und städtischen Charakter annahmen. Pforzheim beispielsweise, am nördlichen Rand des Schwarzwalds gelegen, wurde

1067 erstmals urkundlich erwähnt, bestand als Siedlung aber, wie archäologische Funde beweisen, schon deutlich früher. Größere Siedlungen und sogar Städte konnten auch im Umkreis von Klöstern entstehen. Ein Beispiel aus dem mittleren Schwarzwald ist der Klosterort Gengenbach in Nachbarschaft der gleichnamigen Abtei, der 1231 erstmals als Stadt (*oppidum*) bezeichnet wurde. Das Kloster selbst hatte den Aufbau der Siedlung auf abteieigenem Gelände gefördert.

Das in römischer Zeit so bedeutende Rottweil war im Frühmittelalter trotz des dortigen Königshofs keine wirkliche Stadt mehr gewesen, sondern nur eine kleinere Siedlung. Doch im Hochmittelalter wuchs diese stark und galt schon 1095 wieder als Stadt. Baden-Baden, lange Zeit in der Bedeutungslosigkeit versunken, war 1046 Standort eines Marktes und durfte sich seit 1288 Stadt nennen. Ganz in der Nähe des alten römischen Tempelbezirks stand jetzt die Pfarrkirche St. Peter und Paul.

Konrad I. von Zähringen verleiht Freiburg die Stadtrechte (Glasmalerei von Fritz Geiges, 1899).

Manche Städte entstanden dagegen mehr oder weniger aus dem Nichts. Ein Meilenstein war 1120 die Gründung der Stadt Freiburg im Breisgau durch die Zähringer, die als Förderer des Städtewesens am Puls der Zeit waren – und zudem für die passende Infrastruktur sorgten: Unter ihrer Regie wurde die sogenannte Wagensteige als befestigte Straße durch den Schwarzwald gebaut, um Freiburg mit der östlich des Gebirges gelegenen Zähringerstadt Villingen zu verbinden, ganz im Sinne eines möglichst reibungslosen (Handels-)Verkehrs.

Bald darauf kam eine Straße durch das Höllental als Verbindung zwischen Freiburg und Donaueschingen dazu. Freiburg stand idealtypisch für eine neue Art von Stadt: planmäßig errichtet an einem perfekten Standort. Die Freiburger profitierten zum einen von den rege genutzten Verkehrswegen der Oberrheinebene, zum anderen von den natürlichen Ressourcen des Schwarzwalds.

Schwarzwald-Metropole: Freiburg im Aufschwung

Besonders der Bergbau trug zum Reichtum der Stadt Freiburg bei. Und allgemein war er im Schwarzwald im Aufwind: Bei Sulzburg hatte sich schon seit dem 10. Jahrhundert eine Siedlung entwickelt, in der die Bergleute mit ihren Familien lebten. Auch bei Todtnau und Schönau im Südschwarzwald entstanden Bergwerke. Doch gerade für die Reviere des Freiburger Umlands war die Nähe der Stadt mit ihren zahlungskräftigen Bürgern seit dem frühen 12. Jahrhundert ein besonderer Standortvorteil.

Wichtig für den Silberbergbau war besonders der annähernd 1.300 Meter hohe Schauinsland bei Freiburg. Auch aus dem nahegelegenen Münstertal kam seit dem 13. Jahrhundert ein Teil des Silbers, aus dem in Freiburg mit fürstlicher Genehmigung Münzen geprägt wurden. Schon damals gab es in der Stadt eine Reihe von Bergbauunternehmern. Zwar waren eigentlich nur die Stadtherren – nach dem Aussterben der Zähringer die Grafen von Freiburg – zum Abbau der Bodenschätze befugt, sie verpachteten ihre althergebrachten Rechte aber bereitwillig und erhielten finanzielle Abgaben als Gegenleistung. Dem neuartigen Typus des bürgerlichen, kapitalistisch denkenden Unternehmers gehörte die Zukunft. Erfolgreiche Bürger waren bald reicher als mancher Graf – dennoch herrschte zwischen ihnen und den Adligen weniger ein Konkurrenzverhältnis als eine Symbiose: Der Adel förderte den Aufstieg der Städte und profitierte im Gegenzug erheblich von deren Blüte.

Bürgerliche Freiheit: Die Städte werden selbstbewusster

Überall im Schwarzwald, auch im Inneren des Gebirges, entstanden seit dem 13. Jahrhundert Städte oder wurden Dörfer zu Städten erhoben. Graf Heinrich I. von Fürstenberg war es wahrscheinlich, der in der Nähe des Titisees im Hochschwarzwald um 1250 Neustadt gründete. Zur selben Zeit erhielt Schopfheim am Südrand des Schwarzwalds die Stadtrechte. Auch Gernsbach wurde spätestens 1243 zur Stadt erhoben, Calw um 1256, Dornstetten 1270, Lahr 1278 und der bedeutende Markt- und Zollort Neuenbürg im Nordschwarzwald 1361.

Zavelstein: Ein Weiler wird zur Stadt

Sogar Zavelstein, lange nur ein kleiner Weiler neben der dortigen Burg, durfte sich seit dem 14. Jahrhundert Stadt nennen. Der Legende nach geschah dies aus Dankbarkeit des württembergischen Grafen Eberhard II., der sich 1367 mit seinem Sohn vor feindlichen Rittern, die ihn bei einem Aufenthalt im nahegelegenen Wildbad überfallen hatten, auf die Burg Zavelstein retten konnte. Zavelstein blieb bis zur Gemeindereform 1975 die kleinste Stadt des deutschen Südwestens.

Die Stadtbürger genossen im Mittelalter deutlich mehr Freiheiten als ihre Vorfahren, die meistens noch leibeigene Bauern gewesen waren. Selbst wenn die Stadtbewohner – wie etwa in Gernsbach – formal noch Leibeigene blieben, durften sie ohne Zustimmung ihres Stadtherrn heiraten und waren von zahlreichen Abgaben befreit.

Seit dem 13. Jahrhundert verbesserte sich der Status der Städte und ihrer Bewohner zunehmend, und sie wurden immer unabhängiger von den adligen Stadtherren. Reichsstädte wie Rottweil, die nur den König über sich hatten, blieben zwar die Ausnahme – Offenburg erhielt 1240 diesen Status, im 14. Jahrhundert auch Gengenbach und Zell am Harmersbach im mittleren Schwarzwald; doch in vielen anderen Fällen hielt sich der Stadtherr freiwillig immer mehr aus den Angelegenheiten *seiner* Stadt heraus. Solange es dem wirtschaftlichen Erfolg (und damit auch ihm selbst) dienlich war, billigte er bürgerliche Freiheiten oft gerne zu. Neustadt im Schwarzwald beispielsweise gehörte zwar zum Machtbereich der Fürstenberger, diese aber gewährten den Stadtbürgern seit dem späten 13. Jahrhundert die fast unbeschränkte Nutzung des umliegenden Waldes. Lediglich zu Abgaben waren die Bürger verpflichtet: Die Gegenleistung für das Recht auf Fischerei in der Gutach bestand zum Beispiel in 350 Fischen, die jährlich abzuliefern waren. Ähnlich waren die Regelungen in den fürstenbergischen Städten Haslach im Kinzigtal und Vöhrenbach.

Besondere Eigenständigkeit genossen die württembergischen Städte: Sie durften sich schon im Spätmittelalter im Wesentlichen selbst verwalten. Besonders die Amtsstädte, die in Württemberg zu Zentren von Verwaltungsbezirken wurden, erlangten eine mächtige Stellung – Calw zum Beispiel hatte bereits 1420 diesen Status.

Ein Labor der Moderne waren die Städte auch deshalb, weil sich dort schon frühe Formen der Demokratie entwickelten. Denn

Laut dieser Urkunde aus dem Jahr 1447 durfte in Neustadt (Schwarzwald) ein regelmäßiger Markt abgehalten werden.

die Stadträte, die sich seit dem Hochmittelalter als Gremien mit großem Einfluss etablierten, wurden per Wahl bestimmt. Ebenso traten gewählte Bürgermeister immer häufiger an die Stelle der Vögte oder Schultheißen, die noch der Landesherr in ihr Amt eingesetzt hatte.

Stilisierte Darstellung von Calw im Spätmittelalter (Kupferstich aus dem 18. Jahrhundert).

Das neue Selbstbewusstsein und die wachsende Stärke der Städte spiegelten sich in prächtigen Bauten wie Kirchen, Toren, Rat- und Bürgerhäusern. Ein Beispiel ist das *Alte Rathaus* in Rottweil, das aus dem 14. Jahrhundert stammt, ein anderes der *Basler Hof* in Freiburg (spätes 15. Jahrhundert) oder das bereits um 1250 erbaute Freiburger Schwabentor. Auch den Weiterbau des Freiburger Münsters, von den Zähringern begonnen, nahmen die Bürger bald aus eigener Tasche in die Hand. Freiburg, inzwischen Teil des von den Habsburgern regierten Vorderösterreichs, war seit 1457 sogar Sitz der ersten Hochschule und bis heute bestehenden Universität in unmittelbarer Nähe des Schwarzwalds. Auch militärisch waren die Städte immer besser in der Lage, sich ohne einen fürstlichen Beschützer zu verteidigen. Mit ihren Stadtmauern waren sie gut befestigt und meistens nicht ohne eine längere Belagerung einzunehmen.

Der Einfluss der Klöster beginnt zu schwinden

Während der Einfluss der Städte stieg, hatte die Bedeutung der Klöster im 13. Jahrhundert ihren Zenit überschritten. Als Bertold V., der letzte Zähringer, 1218 starb, wurde er nicht wie seine Vorfahren im Kloster St. Peter beigesetzt, sondern in der Pfarrkirche von Freiburg, der Vorläuferin des Freiburger Münsters – eine symbolträchtige Neuerung. Und kein Einzelfall: Die badischen Markgrafen fanden ab 1391 nicht mehr im Kloster Lichtenthal, sondern in der Baden-Badener Stiftskirche ihre letzte Ruhe. Seit 1479 diente Baden-Baden auch als offizielle Residenzstadt. Der Markgraf zog mit seinem Hofstaat ins Neue Schloss oberhalb des Marktplatzes.

Stadtansicht Baden-Badens mit Neuem Schloss (16. Jahrhundert).

Nicht nur durch den Status einer markgräflichen Residenz gewann Baden-Baden im Spätmittelalter an Bedeutung. Die Stadt wurde auch zu einer frühen Keimzelle des Schwarzwald-Tourismus. Als Markgraf Jakob I. von Baden 1431 einen alten Zollstreit mit der Stadt Straßburg beigelegt hatte, strömten wieder – wie schon zur Römerzeit – etliche Badegäste aus der nahegelegenen linksrheinischen Metropole nach Baden-Baden. Allerdings nutzten sie nicht die längst verfallenen römischen Badeanlagen. Im frühen 15. Jahrhundert gab es in der Stadt eine Reihe von Badeherbergen – beispielsweise den *Engel*, der 1393 erstmals bezeugt wurde. Die Kurgäste badeten in der Regel in hölzernen Bütten, die

Badebetrieb im Spätmittelalter: Illustration aus einem Buch von Hans Foltz (um 1480).

in den Herbergen bereitstanden. Ebenso diente das Thermalwasser zu Trink- oder Inhalationskuren.

Als Kur- und Badeort hatte Baden-Baden schon damals Konkurrenz – auch innerhalb der Region: etwa das *Wildbad* oder das Thermalbad in Liebenzell, beide im Nordschwarzwald gelegen. Auch sie sind bereits für das Spätmittelalter urkundlich belegt. Und zumindest das Wildbad ist wahrscheinlich noch weit älter: Archäologischen Untersuchungen zufolge wurde die dortige Thermalquelle schon im 12. Jahrhundert genutzt. Und um 1500 war das heutige Bad Wildbad längst über die Region hinaus bekannt – mancher Mark- oder Pfalzgraf hatte hier logiert. Etwas später zählte sogar Kaiser Karl V. zu den prominenten blaublütigen Badegästen.

Der Umsatz steigt: Die »Waldgewerbe«

Das Spätmittelalter brachte zuerst einmal einen weiteren wirtschaftlichen Aufschwung. Verschiedene Gewerbe, die im Schwarzwald verbreitet waren, erlebten einen regelrechten Boom – etwa das der Köhler, die in ihren Kohlenmeilern Holz zu Holzkohle verschwelten; das der Zeidler, die den Honig von Waldbienen sammelten; oder das der Harzer, die Streifen in Baumrinden ritzten und das austretende Harz in Behältern auffingen.

Klebriges Geschäft: Baumharz als Handelsware

Geschmolzen und gereinigt, wurde Baumharz unter anderem zum Abdichten im Schiffbau oder von Bierbrauern zum Verpichen der Fässer verwendet. Etwa in der Gegend von Baiersbronn gab es Dörfer, deren Einwohner jährlich Hunderte Zentner Harz in den Handel brachten, meist nach Straßburg.

Das Holzgewerbe bekam ebenfalls Auftrieb – unterstützt durch eine technische Innovation: An vielen Stellen des Schwarzwalds entstanden seit dem 14. Jahrhundert wassergetriebene Sägemühlen, die oft im Besitz von Adligen, Klöstern oder Städten waren. Es handelte sich um eine Weiterentwicklung der älteren Getreidemühlen. Durch die Übertragung der Wasserkraft von einem Wasserrad auf die mechanische Säge konnten Baumstämme akkurat und schneller denn je in Bretter zersägt werden. Eine aus dem Mittelalter stammende Sägemühle, die bis heute erhalten ist, ist die Mönchhof-Sägemühle an der Waldach im nordöstlichen Schwarzwald. Sie ist erstmals für das Jahr 1435 bezeugt.

Neu war im Spätmittelalter auch die Herstellung von Papier in speziellen Papiermühlen. Als Schreibmaterial hatte vorher vor allem Pergament gedient, das aus Tierhäuten hergestellt wurde. Aber seit Johannes Gutenberg um 1450 den modernen Buchdruck erfunden hatte, war das kostengünstig herstellbare Papier in immer größeren Mengen gefragt. Als Rohstoff dienten damals größtenteils Textilabfälle, die von Lumpensammlern beschafft wurden. Die Papiermacher weichten die Lumpen ein, zerkleinerten sie in einem wassergetriebenen Stampfwerk und verarbeiteten den so entstehenden Brei zu Papier, indem sie ihn mit Hilfe von Sieben aus einer Bütte schöpften und trocknen ließen. Die vermutlich älteste Papiermühle der Region stand spätestens 1462 am Rand des nördlichen Schwarzwalds: Es war die *Buhlsche Mühle* im Albtal bei Ettlingen.

Darstellung von Glasmachern in Georg Agricolas Standardwerk über Berg- und Hüttenwesen (1556).

Auf Wanderschaft: Die Waldglashütten

Einen noch größeren Boom erlebte im Spätmittelalter die Glasproduktion. Die frühen mittelalterlichen Glashütten wurden oft von Klöstern betrieben. Diese hatten Zugang zu antiken Schriften, in denen die Methoden der Glasherstellung dokumentiert waren. Aber auch der Adel entdeckte das Glas bald als einträgliches Geschäft.

Der Schwarzwald war auch für dieses Gewerbe ein idealer Standort. Die sogenannten Waldglashütten nutzten den Holzreichtum der Wälder als Brennstoff für ihre Schmelzöfen und um Asche herzustellen – einen wichtigen Bestandteil des Glases. Aus dem Buntsandstein des Schwarzwalds ließ sich Quarzsand gewinnen – eine weitere notwendige Zutat. Der Nachteil: Quarzsand aus dem Schwarzwald ist sehr eisenhaltig, was zu einer deutlichen Grünfärbung des *Waldglases* führte. Doch das störte damals noch kaum jemanden. Die fertigen Glasprodukte – neben Fensterscheiben häufig auch Trinkgläser und Flaschen in verschiedenster Größe und Form – wurden von Glashändlern zu Fuß in mit Stroh gepolsterten Körben abtransportiert.

Die Glashütten des Schwarzwalds waren meist *Wanderglashütten*, die so lange an einer bestimmten Stelle betrieben wurden, wie es Holz in der Nähe gab. Zum Beispiel fanden sich auf dem Hirschkopf bei Baiersbronn Überreste von Glashüttenplätzen, die jeweils etwa eineinhalb Kilometer voneinander entfernt lagen. Da der Holztransport mühsam war, war es am einfachsten, die ganze Glasmachersiedlung zu verlegen, wenn die Bäume der näheren Umgebung abgeholzt waren.

Ein regelrechtes Zentrum der Glasmacherei gab es seit dem 14. Jahrhundert auf dem Schöllkopf bei Dornstetten im Nordschwarzwald. Zahlreiche weitere Glashütten waren über die gesamte Region verteilt. Eine von ihnen stand in Gersbach am Südrand des Gebirges – dort informiert heute das 2008 eröffnete *Waldglaszentrum* über das alte Gewerbe.

Unter Tage: Neue Wege im Bergbau

Auch der Bergbau florierte im Spätmittelalter mehr denn je, zunehmend auch unter der Erde: Untertagebau wurde seit dem 13. Jahrhundert beispielsweise bei Bollschweil betrieben. Die dortigen Stollen am Birkenberg waren in der Regel nicht höher als einen Meter – die Bergleute arbeiteten mit ihren Schlägeln auf engstem Raum. In Bergwerken des Glottertals, des Schauinslands, des Suggentals und bei Todtnauberg gab es im 13. Jahrhundert schon ein Entwässerungssystem mit weitverzweigten Gräben. Das war auch notwendig, denn das Grundwasser wurde sonst oftmals schon in wenigen Metern Tiefe zu einem unüberwindlichen Hindernis.

Neben den frühen Bergbauzentren gab es nun bedeutende Reviere bei St. Blasien und im Kinzigtal, weiter nördlich die Reviere von Bulach, im Christophstal beim heutigen Freudenstadt oder die Grube Königswart im Murgtal. Die Bergbauunternehmer des Spätmittelalters – etwa die Freiburger Bürgerfamilie Snewlin, die im 14. Jahrhundert zu den einflussreichsten der Stadt gehörte – gewannen weiter an Reichtum und Ansehen. Wie wichtig der Bergbau gerade für Freiburg im Spätmittelalter war, demonstrieren mehrere Bergbau-Motive an Fenstern des Freiburger Münsters, die von Bergbauunternehmern gestiftet worden sind. Beispielsweise zeigt das berühmte, nach der Stifterfamilie benannte *Tulenhauptfenster* einen Bergmann der Schauinsland-Grube *Dieselmuot*.

Das Tulenhauptfenster des Freiburger Münsters zeigt einen Bergmann im Schauinsland-Revier.

Eine innovative Epoche

Auch mit Blick auf die Landwirtschaft war das Spätmittelalter innovativ. Höchstwahrscheinlich gehen die beiden Schwarzwald-typischen Rinderrassen, das Hinterwälder und das Vorderwälder Rind, als gezielte Züchtungen auf diese Epoche zurück. Die robusten und langlebigen Rinder waren ideal an die rauen Bergweiden des Schwarzwalds angepasst. Das kleinere, am Kreuzbein nur rund 130 Zentimeter hohe Hinterwälder Rind war vor allem im Südschwarzwald, das etwas größere Vorderwälder Rind auch im mittleren Schwarzwald verbreitet.

Die Neuzüchtung fiel in eine Zeit, in der die Landwirtschaft expandierte, um die wachsende Bevölkerung zu ernähren. Neue Viehweiden wurden im Spätmittelalter gerade auf den Hochflächen des Schwarzwalds geschaffen. Auch die vermeintlich natürlichen Grindenlandschaften, wie man sie heute zum Bei-

Die Schwarzwald-typischen Hinterwälder Rinder (hier am Belchen im Hochschwarzwald) sind seit dem Spätmittelalter in der Region zu Hause.

spiel im Nationalpark Schwarzwald findet, waren ursprünglich Weiden. Diese weiten Heideflächen, die ihre eigene Flora und Fauna aufweisen, entstanden durch wiederholte Brandrodungen ab dem 14. Jahrhundert. Und sogar auf dem Feldberg wurde die Viehwirtschaft noch intensiver. Der Gipfelbereich eignete sich trotz seiner Höhe für die Anlage größerer Viehweiden, da er von den Gletschermassen der Eiszeit rundgeschliffen war und vergleichsweise flach abfiel. Die dortigen Weideflächen waren die höchstgelegenen in Deutschland jenseits der Alpen.

Ein prominentes Kind des ausgehenden Mittelalters ist außerdem das Schwarzwaldhaus. In seiner grundlegenden, typischen Bauweise wurde es seit dem 15. Jahrhundert nur noch wenig verändert. Und es ist kein Zufall, dass diese Bauweise aufkam, als Rodung und Besiedlung des Schwarzwalds immer weiter voranschritten. Gerade jetzt stieg der Bedarf nach einem Haustyp, der den Anforderungen des Geländes und der Witterung im Gebirge gerecht wurde. Ebenso wie die Schwarzwälder Rinderrassen war das Schwarzwaldhaus für widriges Klima und steile Lagen ideal geeignet: Das fast bis zum Boden reichende, mit Stroh oder Holzschindeln gedeckte Walmdach war ausgesprochen stabil und windbeständig, spendete im Sommer Schatten und dämmte die Wärme im Winter. Es diente zudem als Heuboden für die Ernte.

Beim ältesten Typ des Schwarzwaldhauses, dem sogenannten *Heidenhaus* (das nicht, wie früher vermutet, auf vorchristliche Zeiten zurückgeht), befanden sich unter demselben Dach nicht nur Küche, Wohnstube und Schlafzimmer, sondern auch die Ställe – allerdings in getrennten Räumen und Stockwerken. Der Rauch aus der Küche wurde nicht über einen Schornstein abgeleitet, sondern zog in die darüberliegende Rauchkammer, wo er rohen Schinken, Speck und Würste konservierte und ihnen – zusammen mit Wacholder und anderen Gewürzen – ein typisches Aroma verlieh. Dass der Schwarzwälder Räucherschinken als regionale Spezialität berühmt wurde, ist somit auch der Funktionsweise des Schwarzwaldhauses geschuldet. Wie robust und beständig diese Hausform ist, beweisen jahrhundertealte Exemplare wie der 1424 erbaute Klausenhof – seit den 1980er Jahren das Glanzstück des gleichnamigen Freilichtmuseums in Herrischried (Südschwarzwald).

Eine Erfindung anderer Art, die ebenfalls auf das Spätmittelalter zurückgeht, ist die schwäbisch-alemannische Fastnacht, die im Schwarzwald mehrere Hochburgen hat. In Gengenbach beispielsweise ist sie erstmals für das Jahr 1286 bezeugt, in Rottweil 1310. Da Fleisch, Eier und Milchprodukte in der Fastenzeit vor Ostern verboten waren, vertilgte man die Restbestände vorher noch auf rauschenden Festen. Seit dem 15. Jahrhundert war es üblich, sich an Fastnacht zu verkleiden. Der Narr wurde schon jetzt zur Leitfigur im fastnächtlichen Treiben, und Verstöße gegen die öffentliche Ordnung waren in dieser ausschweifendsten Zeit des Jahres eher die Regel als die Ausnahme. 1499 errichteten Gengenbacher Narren trotz eines offiziellen Verbots einen Narrenbaum und veranstalteten einen Straßenzug, auf den sich die heutige Gengenbacher Straßenfastnacht beruft.

Hunger, Seuchen und Gewalt

Bei allen Fortschritten und Neuerungen war das Spätmittelalter auch eine von Krisen gebeutelte Epoche. Das Klima kühlte vorübergehend merklich ab, was die Erträge der Landwirtschaft sinken ließ – viele Menschen starben während wiederkehrender Hungersnöte.

Dazu kamen verheerende Seuchen. Während der Pestwelle, die von 1348 bis 1350 durch Europa rollte, kam auch im Schwarzwald mindestens ein Drittel der Bevölkerung ums Leben. Mancherorts wurde die Einwohnerschaft derart stark dezimiert, dass ganze Ortschaften aufgegeben und als *Wüstungen* zurückgelassen wurden. Einzelhöfe in größerem Abstand zueinander traten teilweise an die Stelle zusammenhängender Siedlungen. Auch die Bergbaustadt Prinzbach im mittleren Schwarzwald fiel womöglich der Pest zum Opfer: Durch den Silberbergbau aufgestiegen, war die einstmals prosperierende Stadt um 1400 kaum noch bewohnt. An derselben Stelle befand sich später nur noch ein kleines, gleichnamiges Dorf – heute ein Ortsteil von Biberach (Baden).

Die Unruhe und die Angst, die mit der Pest einhergingen, entluden sich auch in Gewalt gegenüber Sündenböcken. Die wahren Ursachen der Seuche (durch Rattenflöhe übertragene Bakterien) waren damals unbekannt. Häufig hieß es, die Juden hätten die Brunnen vergiftet und so die Epidemie ausgelöst. So gestand in Offenburg ein Jude namens Süßkind die angebliche Brunnenvergiftung unter schwerer Folter – und lieferte damit den Vorwand, die Juden der Stadt zu enteignen und ihre Häuser niederzubrennen.

Das Holz wird erstmals knapp

Nach dem wirtschaftlichen Boom zeigte sich spätestens im 15. Jahrhundert zum ersten Mal ein ernstes Nachhaltigkeits-Defizit: Besonders für die Glasproduktion mit ihrem enormen Holzbedarf waren inzwischen riesige Waldflächen gerodet worden. Vielerorts wurde bereits das Holz knapp – ein Problem, das sich im 16. Jahrhundert noch verschärfte und zum Verschwinden vieler Glashütten und der dazugehörigen Siedlungen führte. Die Obrigkeit zeigte sich immer weniger geneigt, neue Glashütten zu genehmigen, um den Raubbau nicht noch weiter zu befeuern. Auch auf dem Schöllkopf bei Dornstetten, lange Zeit florierendes Zentrum der Glasmacherei, ging die Blüte nach rund zwei Jahrhunderten zu Ende. Letztmals ist die Glasmachersiedlung dort für das Jahr 1521 belegt.

Das Rittertum als Auslaufmodell

In der Krise war am Ende des Mittelalters auch das Rittertum. Das Aufkommen der Feuerwaffen zwang zu neuen Formen der Kriegsführung, und die Ritterheere hatten bald ebenso ausgedient wie die Höhenburgen, die Kanonen nicht standhielten. Vor allem der niedere Adel hatte finanziell nun häufig zu kämpfen, weil die ritterliche Kriegsbeute in Zeiten der Söldnerheere wegfiel. Ein Phänomen dieser Epoche waren deshalb die Raubritter, die einen größeren Teil ihres Lebensunterhalts durch schnöden Straßenraub oder Plünderungen bestritten. Ein Vertreter dieser Spezies war Hans von Rechberg: Seinen Besitz im mittleren Schwarzwald konnte er durch Gewalt, List und erfolgreiche Geschäfte beträchtlich erweitern. Noch in den 1450er Jahren ließ er die Burg Hohenschramberg als Zentrum seiner Herrschaft errichten. 1464 kam Rechberg auf einem seiner Raubzüge ums Leben.

Nach und nach wurden die Burgen auf den Schwarzwaldhöhen verlassen – die meisten Adligen zogen im 15. und 16. Jahrhundert in modernere, repräsentative Gebäude in der Ebene. Vom Umzug der badischen Markgrafen in ihr neues Baden-Badener Schloss war bereits die Rede. Die alte Burg Hohenbaden und etliche andere Höhenburgen verfielen zu Ruinen oder dienten gar als Steinbrüche. So wurden die Reste der Burg Calw im 17. Jahrhundert vollständig abgetragen. Anderen Burgen blieb dieses traurige Schicksal erspart – und lange Zeit später erlebten sie eine unverhoffte Renaissance: Seit dem 19. Jahrhundert wurden die altehrwürdigen Ruinen von Romantikern umschwärmt und manche sogar (noch etwas später) von geschäftstüchtigen Gastronomen entdeckt. So zum Beispiel die Burg Windeck bei Bühl: Nachdem die Herren von Windeck in ihr Bühler Stadtschlösschen (das heutige Gasthaus *Badischer Hof*) übergesiedelt waren, fiel die Burg zunächst in einen rund 400-jährigen Dornröschenschlaf. Dann aber, im 20. Jahrhundert, wurde sie zur Kulisse eines Sternerestaurants.

Gefürchteter Raubritter aus dem Schwarzwald: Hans von Rechberg.

Zeit der Reformatoren, Kaufleute und Söldner

An der Epochenschwelle

Spätestens mit der Kirchenspaltung – gemeinhin bekannt als *Reformation* – endete das Mittelalter und begann die Neuzeit. Was 1517 mit Martin Luthers Thesen ins Rollen kam, schlug in den folgenden Jahrzehnten auch im Schwarzwald große Wellen. Doch noch bevor die Reformation ihren eigentlichen Siegeszug antrat, erschütterte ein anderes Großereignis, das ebenfalls mit Luthers Wirken zusammenhing, besonders den süddeutschen Raum: der Bauernkrieg.

Schon länger hatten die Bauern darunter gelitten, dass der Adel seine Privilegien Schritt für Schritt ausdehnte – auf ihre Kosten. Um 1500 zeigten die adligen Herrschaften eine wahrhafte Regulierungswut. Die Bauern durften zum Teil noch nicht einmal ihr eigenes Brot backen. Selbst das Karten- und Würfelspiel bedurfte mancherorts, so in der Herrschaft Triberg, der obrigkeitlichen Genehmigung. Und sogar kleine Tiere wie Marder oder Singvögel durften immer seltener gejagt werden. So empörten sich beispielsweise die Bauern von Lenzkirch, dass ihr traditionelles Jagdrecht durch die Grafen von Fürstenberg rechtswidrig eingeschränkt worden sei. Von alters her hätten sie jegliches Wild gejagt – »nur vom Hochwild hätten sie dem Herrn die vier Läufe, vom Bären die rechte Tatze, von der Sau den Kopf« abgeliefert.

Schon im 15. und beginnenden 16. Jahrhundert hatte es eine Reihe von kleineren Bauernaufständen gegeben: Seit den 1490er

Jahren war die sogenannte *Bundschuh*-Bewegung links und rechts des Oberrheins immer wieder durch Unruhen aufgefallen. Der Bundschuh war der einfache lederne Schnürschuh der Bauern und wurde zum Symbol der gesamten Bewegung. Deren berühmtester Vertreter war Joß Fritz: Der Sozialrebell trat, damals etwa 30-jährig, erstmals 1502 in Erscheinung – als Organisator eines Bundschuh-Aufstands in seinem Heimatort Untergrombach bei Bruchsal. Der Aufstand scheiterte, aber Joß Fritz konnte fliehen und untertauchen. Um das Jahr 1510, inzwischen verheiratet, erschien er in Lehen bei Freiburg auf der Bildfläche. Im Breisgau und offenbar auch im Glottertal im Schwarzwald scharte er erneut eine größere Zahl von Gleichgesinnten um sich, plante im Verborgenen den Aufruhr.

Die Ziele waren tatsächlich revolutionär: Die Verschwörer wollten keinen weltlichen und geistlichen Herrn mehr über sich anerkennen außer Kaiser und Papst. Sowohl der regionale Adel als auch die Bischöfe und Klöster sollten entmachtet werden – freie Städte und freie Bauern waren die Vision. Die Erfolgsaussichten dieser radikalen Forderungen waren zweifellos gering. Ohnehin wurde die Verschwörung 1513 durch Verrat aufgedeckt, bevor Joß Fritz und seine Mitstreiter losschlagen konnten. Fritz konnte den Verfolgern erneut entkommen, diesmal in die Schweiz. Viele andere Verschwörer wurden aber gefasst und manche von ihnen noch im Herbst 1513 hingerichtet.

1514 machte vor allem im Herzogtum Württemberg der *Arme Konrad* von sich reden. Es handelte sich um einen Zusammenschluss von Bauern, Handwerkern und Stadtbürgern, die – weit weniger radikal als die Bundschuh-Bewegung – gegen neue Steuern revoltierten. Der Aufstand verlief relativ unblutig, aber in vielen Orten übernahmen die Rebellen vorübergehend das Regiment. Der württembergische Herzog Ulrich sah sich immerhin zu einem Kompromiss genötigt, um die Lage zu beruhigen: Er garantierte für die Zukunft, keine Steuern mehr ohne Zustimmung der Städte und der Geistlichkeit zu erheben; das gleiche galt für

Kriegserklärungen. Den Bauern nützte das wenig. Manche von ihnen kämpften weiter. Aber allein standen sie auf verlorenem Posten: Sie wurden besiegt, viele von ihnen gefoltert und eingekerkert, ihre Anführer zum Tode verurteilt.

Das Signal zum Aufruhr

Nachdem es einige Jahre ruhig geblieben war, gab die beginnende Reformation den Bauern neuen Auftrieb. Als Luther von der »Freiheit eines Christenmenschen« sprach, fühlten sie sich zum Widerstand gegen die verhasste Obrigkeit ermuntert. Luther hatte das zwar nicht beabsichtigt – er meinte lediglich die Freiheit des Glaubens und lehnte jeglichen Aufruhr ab; aber die Rebellion entwickelte eine große Eigendynamik, und auch Luthers wütende Reaktionen – gipfelnd in der Aufforderung, die Aufständischen »wie einen tollen Hund« zu erschlagen – konnten sie nicht mehr stoppen.

1524 begannen die Bauern, sich zu größeren Verbänden (damals als *Haufen* bezeichnet) zusammenzuschließen. Notfalls mit Gewalt wollten sie das Recht erkämpfen, im Wald zu jagen und Holz zu schlagen, in Bächen und Flüssen zu fischen. Zudem forderten sie die Einschränkung von Frondiensten, die sie unentgeltlich zu leisten hatten, und teilweise auch die Rückgabe von ehemaligem Gemeindeland. Denn häufig hatten sich adlige Herren Teile der Allmende – also des gemeinschaftlichen Landbesitzes der Gemeindebürger, das zum Beispiel als Viehweide diente – ohne Rechtsgrundlage angeeignet.

Vorerst wurde noch verhandelt. Mehrere Tausend Bauern hatten sich zwar bereits bewaffnet, doch wollten sie den offenen Konflikt, wenn möglich, vermeiden. Gewalt gab es in dieser ersten Phase nur in Ausnahmefällen, allerdings auch im Schwarzwald: Schon am 23. Juni 1524 erhoben sich die Bauern im Wutachtal gegen ihren Grundherrn. Auch in Stühlingen am südlichen

Schwarzwaldrand begehrten die Bauern auf, angeführt von dem charismatischen Redner Hans Müller aus Bulgenbach. Anlass war angeblich, dass die Landgräfin von Stühlingen mitten in der Erntezeit von ihren Untertanen verlangt hatte, Schneckenhäuser zu sammeln, weil sie Garn darauf wickeln wollte.

Ihre Forderungen verbreiteten die Bauern auch in Flugschriften wie dieser (Frühjahr 1525).

Dieser und andere Konflikte blieben noch räumlich begrenzt. Als die Bauern aber keine andere Möglichkeit mehr sahen, brach 1525 in großen Teilen Süddeutschlands der bisher größte Bauernaufstand los, der nicht umsonst als *Deutscher Bauernkrieg* in die Geschichte eingegangen ist. Eine Quelle behauptet, dass sogar Joß Fritz, mittlerweile mit grauem Bart und weit über 50 Jahre alt, wieder unter den Aufständischen war.

Siege und Niederlage des »Schwarzwälder Haufens«

Zunächst hatten die Bauern Oberwasser. Die adligen und kirchlichen Machthaber, gegen die sich ihr Zorn richtete, waren von der Wucht des Aufstands überrascht. Bauernheere zogen durchs Land, eroberten und plünderten Burgen, Klöster und Schlösser und steckten sie in Brand. Am oberen Neckar avancierte Thomas Mayer vom Vogelsberg zum Anführer der gewaltbereiten Bauern – sie besetzten Dornstetten im Nordschwarzwald und eroberten am 28. April 1525 Schloss Glatt, kurz darauf Sulz am Neckar. Auch das Kloster Herrenalb wurde geplündert – mit zerrissenen Urkunden aus der dortigen Bibliothek schmückten die Aufständischen ihre Hüte.

Weiter südlich wurde die Burg Wiesneck bei Freiburg von Bauern gestürmt und das Kloster Tennenbach bei Emmendingen zerstört. Das gleiche Schicksal ereilte St. Trudpert und die mächtige Benediktiner-Abtei St. Blasien im Hochschwarzwald. Am 9. Mai 1525 nahm der sogenannte *Schwarzwälder Haufen*, ein Bauernheer unter der Führung Hans Müllers, die Stadt Triberg ein und legte Feuer im dortigen Schloss.

Den Karpfen sei Dank?

Das Kloster St. Georgen blieb vom Schwarzwälder Haufen verschont. Angeblich ließen sich die Bauern besänftigen, als die Mönche ihnen mit einem Wagen voll Wein und Karpfen aus dem Klosterweiher entgegeneilten.

Immer mehr Mitstreiter schlossen sich dem weiterziehenden Bauernheer an – es bestand inzwischen aus etwa 12.000 Mann. Selbst die stolze Stadt Freiburg musste sich der Übermacht des *Schwarzwälder Haufens* beugen: Am 24. Mai zogen die Bauern nach mehrtägiger Belagerung in die Stadt ein – und standen damit auf dem Höhepunkt ihres militärischen Erfolgs.

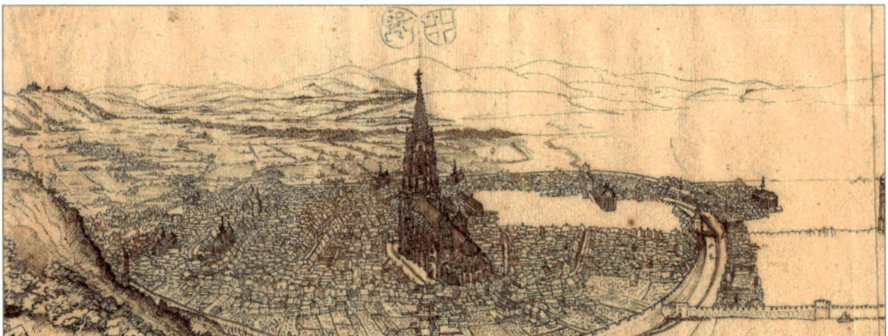

Im Mai 1525 eroberte der *Schwarzwälder Haufen* die Stadt Freiburg (hier auf einer Federzeichnung um 1580).

Doch schon am 12. Mai waren die württembergischen Bauern in einer Schlacht bei Böblingen durch ein Fürstenheer geschlagen worden, und zwischen dem 16. und dem 20. Mai hatten auch die elsässischen Bauern entscheidende Niederlagen erlitten. Dem siegreichen Bauernheer im Breisgau drohte somit von allen Seiten Gefahr. Es kam, wie es wohl kommen musste: Der *Schwarzwälder Haufen* scheiterte beim Versuch, auch Villingen einzunehmen und unterlag Anfang Juli gegen die Truppen Vorderösterreichs und seiner Verbündeten. Kurz darauf war der Aufstand in ganz Süddeutschland niedergeschlagen, die Anführer tot oder gefangen. Thomas Mayer wurde in Tübingen hingerichtet, Hans Müllers öffentliche Enthauptung folgte am 12. August 1525 in Laufenburg.

Der Bauernkrieg war damit vorbei. Doch er haftete fest im kollektiven Gedächtnis: auch als Mahnung an die Mächtigen, ihre Macht nicht zu überreizen. Etwa in der Markgrafschaft Baden wurde der Rechtsstatus der Leibeigenen nach dem Bauernkrieg deutlich verbessert: Zum Beispiel mussten Hochzeiten nicht mehr vom Grundherrn genehmigt werden. Seit den 1550er Jahren hatten Bauern im gesamten Reich das Recht, in Fällen von Willkür und Machtmissbrauch gegen ihren Grund- und Landesherrn Klage vor dem Reichskammergericht einzureichen – ein Anwalt wurde ihnen kostenfrei zur Verfügung gestellt. Diese Neuerung, von der relativ häufig Gebrauch gemacht wurde, trug mit dazu bei, dass Bauernaufstände seltener wurden.

Gespalten: Katholiken und Protestanten im Schwarzwald

Die größte Umwälzung des Jahrhunderts, die Reformation, hatte aber nach Ende des Bauernkriegs gerade erst begonnen. Während sich die Fürsten im Kampf gegen die aufständischen Bauern einig waren, war ihre Haltung zu Luthers Thesen höchst verschieden. Auch in der Schwarzwaldregion gab es bald die ersten lutherischen Gemeinden. So trat die Stadt Gengenbach 1525 zumindest vorübergehend zum Protestantismus über. Und in Rottweil gab es in den späten 1520er Jahren heftige Auseinandersetzungen zwischen Befürwortern und Gegnern der Reformation. Letztlich wurden die Lutheraner aus Rottweil ausgewiesen und mussten Zuflucht in protestantischen Städten suchen, unter anderem in Gengenbach.

Höchst folgenreich für den württembergischen Teil des Schwarzwalds war 1534 die Entscheidung des Herzogs Ulrich, die Reformation in ganz Württemberg einzuführen – sämtliche Untertanen mussten die Konfession wechseln. Den Schwarzwald durchzog von da ab eine Trennlinie zwischen Katholiken und Protestanten. Zum Beispiel wurde das Amt Hornberg, das zu Württemberg gehörte, zur protestantischen Insel in einer nach wie vor katholischen Umgebung. In Tennenbronn im mittleren Schwarzwald (heute Ortsteil von Schramberg) teilte die konfessionelle Grenze sogar eine Ortschaft – denn die eine Hälfte der Gemeinde gehörte zu Württemberg, die andere zu Vorderösterreich, das von den erzkatholischen Habsburgern regiert wurde.

In Baden war die Sache kompliziert. 1535 wurde die Markgrafschaft unter den Brüdern Bernhard und Ernst in die Herrschaften Baden-Baden und Baden-Durlach geteilt. Während Baden-Baden katholisch blieb, trat Baden-Durlach 1556 zur Reformation über. Betroffen war davon das Kernterritorium um das heutige Karlsruhe mit Anteilen am Nordschwarzwald; aber auch das Markgräflerland im Süden, das ebenfalls in den Schwarzwald hineinragte, gehörte zu Baden-Durlach.

Ganz besonders einschneidend war die Reformation für die Klöster – Mönche und Ordensschwestern waren in der lutherischen Kirche nicht mehr vorgesehen. So wurden im württembergischen Teil des Schwarzwalds traditionsreiche Abteien wie Hirsau, Herrenalb und Alpirsbach aufgehoben und zu Schulen umgestaltet.

Die Mönche aus St. Georgen im Schwarzwald widersetzten sich der Reformation durch wiederholte Proteste und erlebten ein Wechselbad der Gefühle: Anfang Januar 1536 mussten sie ihr Kloster in dichtem Schneetreiben fluchtartig verlassen – sie wichen zuerst in die katholische Reichsstadt Rottweil aus, dann ins vorderösterreichische Villingen. 1548 konnten sie zwar zeitweilig

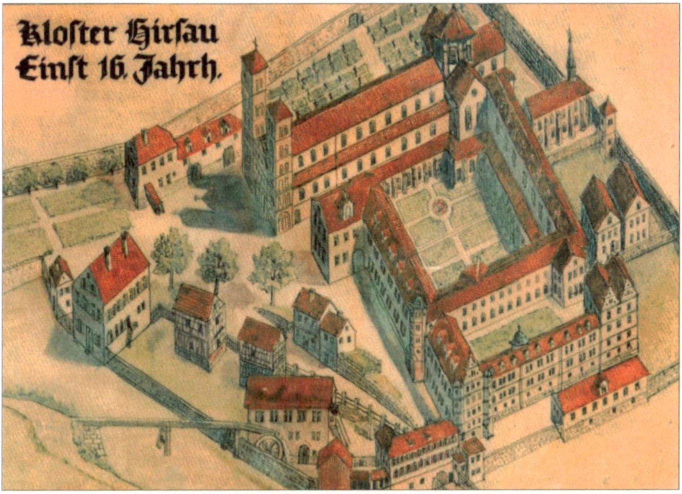

Auch das altehrwürdige Kloster Hirsau (hier eine Rekonstruktion von J. Luz) wurde infolge der Reformation zur Schule umgenutzt.

wieder zurückkehren, weil Herzog Ulrich im *Schmalkaldischen Krieg* eine schwere Niederlage gegen die katholischen Fürsten erlitten hatte und gezwungen wurde, die Reformation rückgängig zu machen. Aber 1556, als Ulrichs Sohn und Nachfolger die lutherische Konfession zum zweiten Mal einführte, mussten die St. Georgener Mönche endgültig weichen – sie ließen sich nun dauerhaft in Villingen nieder.

Fürstliche Planwirtschaft

Das sogenannte *konfessionelle Zeitalter* brachte – trotz der teils kriegerischen Konflikte zwischen Katholiken und Protestanten – viel Neues und Zukunftsträchtiges hervor. In Württemberg beispielsweise wurde die Verwaltung des gesamten Herzogtums grundlegend modernisiert. Herzog Christoph, der heute noch durch das Hornberger Schießen bekannt ist (die Bürger von Hornberg wollten ihn der Legende nach durch Kanonenschüsse freudig begrüßen, hatten bei seinem Eintreffen aber schon sämtliches Pulver verschossen), betrieb eine wegweisende Politik: Wie in anderen Fürstentümern dieser Zeit bildete sich durch neugeschaffene staatliche Behörden erstmals eine flächendeckende Verwaltung heraus, die alle Bereiche des öffentlichen Lebens und besonders die wirtschaftliche Entwicklung lenkte.

Zugleich wurden die adligen Vasallen der Landesfürsten, die Freiherren und Grafen, schleichend entmachtet – zum Beispiel verloren sie ihre Eigenschaft als Gerichtsherren. Immer stärker stützte sich der Fürst auf das städtische Bürgertum und dessen wirtschaftlichen Erfolg. Wenn die Wirtschaft florierte, profitierte der Fürst durch Steuern und Zölle, die nun mit Hilfe eines Heeres von Staatsbeamten eingetrieben wurden.

Ein gutes Beispiel für die zielgerichtete Politik Württembergs ist Freudenstadt im östlichen Schwarzwald, das – am Reißbrett entworfen – 1599 von Herzog Friedrich I. gegründet wurde. Baumeister dieser modernen Planstadt war Heinrich Schickhardt, der »schwäbische Leonardo da Vinci«. Freudenstadt war als neue Residenz des Herzogs angelegt, etwa 3.500 Einwohner sollten hier wohnen können – ausgesprochen viel für damalige Verhältnisse. Durch seine Lage in der Nähe eines Bergbaureviers hatte Freudenstadt einen günstigen Standort; die im Bergbau erwirtschafteten Bodenschätze konnten der Stadt direkt zugutekommen – ähnlich, wie es in Freiburg seit Jahrhunderten der Fall war. An der Straße gelegen, die über den Kniebis durch den Schwarzwald ins Rheintal führte, sollte die neue Residenz auch den Anspruch auf eine künftige Expansion des Herzogtums Württemberg in Richtung Westen zum Ausdruck bringen.

Urheber der Planstadt Freudenstadt:
Heinrich Schickhardt (Holzschnitt von 1844/45).

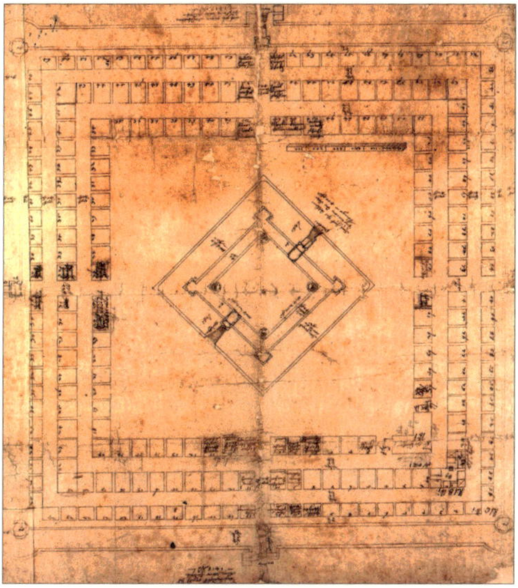

Dreizeilenplan Freudenstadts (1599).

Nach Schickhardts Plänen glich die quadratische Stadtanlage einem Mühlespiel mit dem fürstlichen Residenzschloss in der Mitte. Das Schloss allerdings wurde nie gebaut, weil es am Geld fehlte. Stattdessen wurde aus dem Schlossplatz in der Stadtmitte ein außergewöhnlich großer Marktplatz – und Freudenstadt zu einem bedeutenden Handelszentrum. Bald schon siedelten sich hier evangelische Glaubensflüchtlinge aus dem Reich der katholischen Habsburger an. Sie kamen aus der Steiermark, aus Kärnten und Krain (heute Slowenien) und trieben den Aufschwung der Stadt voran. Als Willkommensgeschenk erhielten sie in Freudenstadt einen kostenlosen Bauplatz und ein Darlehen.

Steigende Renditen: Frühkapitalismus im Schwarzwald

Wie vorgesehen, sorgten besonders die Bergbaureviere der Umgebung für eine frühe wirtschaftliche Blüte Freudenstadts. Überhaupt erlebte der Bergbau damals einen weiteren Aufschwung.

Von finanzkräftigen Investoren angeheuert und den Fürsten gefördert, zogen ganze Scharen von Bergleuten, oft aus weit entfernten Regionen stammend, in die Reviere des Schwarzwalds und ließen sich allein oder mit ihren Familien – oftmals nur vorübergehend – in den jeweiligen Bergbausiedlungen nieder. Die Arbeit im Berg wurde von Männern erledigt, Frauen und Kinder leisteten Hilfsarbeiten über Tage – auch bei der Verhüttung der abgebauten Metalle. Die Bergleute glichen bereits frühindustriellen Arbeitern. Sie leisteten Arbeit gegen Lohn. Sogar Schichtarbeit war in den damaligen Bergwerken schon üblich. Gearbeitet wurde dort fast rund um die Uhr.

Ein anderes Beispiel für das moderne, vom Landesherrn gestützte Unternehmertum dieser Zeit ist die *Zeughandlungs-Compagnie* im württembergischen Calw, die im 17. Jahrhundert ein staatlich garantiertes Textil-Monopol in der Region aufbaute. Es handelte sich um einen Zusammenschluss von Tuchmachern und Färbern zu einer Handelsgesellschaft für Wollstoffe. Die Vertreter des Unternehmens brachten es zu erheblichem Reichtum, der sich in prächtigen Giebelhäusern niederschlug.

Noch weit bedeutender als das Textilgewerbe war im Schwarzwald aber die Flößerei – und auch hier hatten die Fürsten ihre Finger im Spiel. Das Flößen war die beste Methode, das Holz aus dem Schwarzwald in die Ebene zu bringen. Denn ein engmaschig ausgebautes Wegenetz, das für den Transport mit Fuhrwerken geeignet gewesen wäre, gab es noch nicht. In früherer Zeit waren die Baumstämme oftmals einzeln über die Gewässer befördert worden, indem man sie flussabwärts treiben ließ – die sogenannte *Trift*. Um die Stämme mit Flößen transportieren zu

Lukrativ, aber gefährlich: Die Flößerei im Schwarzwald

Die Baumstämme wurden in Form von gesägten Balken und Brettern zu einem mehrgliedrigen Floß verbunden, das auf einer

rasanten, für die Flößer höchst anstrengenden und zudem lebensgefährlichen Fahrt über die wilden Gebirgsbäche und

> -flüsse ins Tal befördert wurde. Dort angekommen, band man die Flöße zu noch größeren, teilweise mehrere hundert Meter langen schwimmenden Plattformen zusammen und verschiffte sie weiter über Rhein oder Neckar.

können, mussten die Fließgewässer des Schwarzwalds erst durch zeitaufwändige Knochenarbeit schiffbar gemacht werden: Steine und Felsen wurden weggeschafft und stellenweise Stauanlagen gebaut, um Floßfahrten auch bei niedrigem Wasserstand zu ermöglichen. Die Murg zum Beispiel war erst seit Mitte des 18. Jahrhunderts für größere Flöße erschlossen.

Per Floß wurden zwar auch andere Waren aus dem Schwarzwald transportiert – etwa Holzkohle und Harz –, vor allem aber die Baumstämme selbst, die als Bau- und Brennholz für die überall wachsende Bevölkerung gefragt waren. Am Ziel angekommen, wurden die Flöße auseinandergebaut und das Holz verkauft.

Jakob Kast und die Murgschifferschaft

Schon im Spätmittelalter waren an verschiedenen Orten des Schwarzwalds die Flößerzünfte entstanden, auch *Schifferschaften* genannt – in Wolfach beispielsweise um 1470. Besonders die Murgschifferschaft in Gernsbach, die erstmals 1481 belegt ist und deren Schifferordnung 1488 schriftlich fixiert wurde, nahm in der *Frühen Neuzeit* einen atemberaubenden Aufschwung. Entscheidend war auch hier staatliches Eingreifen: 1587 machte der badische Markgraf Philipp II. den erfahrenen Hördener Murgschiffer Jakob Kast (1550–1615) per Vertrag zum Monopolisten – die anderen Floßunternehmer auf der Murg waren ab jetzt nur noch Kasts Zulieferer.

Anfangs teilte sich Kast, im Schwarzwald der erste Großunternehmer seines Gewerbes, den beträchtlichen Reingewinn mit dem Landesherrn. Ab 1594 – nachdem er den verschwenderischen Markgrafen Eduard Fortunat wiederholt durch großzügige, zins-

1617/ 18 im Auftrag von Johann Jakob Kast erbaut: Das Alte Rathaus in Gernsbach.

lose Darlehen unterstützt hatte – durfte Kast sämtliche Gewinne behalten. Der gewiefte Geschäftsmann verkaufte Holz in riesigen Mengen bis an den Niederrhein und brachte es zu gewaltigem Reichtum. Als er 1615 starb, hinterließ er seinen beiden Söhnen ein florierendes Unternehmen. Sein Sohn Johann Jakob Kast ließ am Gernsbacher Marktplatz 1617/18 ein prunkvolles, palastartiges Wohnhaus erbauen. Das heutige *Alte Rathaus* ist eine bekannte Sehenswürdigkeit geblieben – als eines der bemerkenswertesten Wohngebäude der süddeutschen Renaissance.

Die Schattenseite der boomenden Holzwirtschaft war der Raubbau an den natürlichen Ressourcen – der Baumbestand des Schwarzwalds schrumpfte im 16. und 17. Jahrhundert erheblich. Allerdings schien der Vorrat noch immer groß genug – vorerst.

Zunächst einmal brachte die Symbiose von fürstlicher Macht und bürgerlichem Unternehmertum eine beachtliche wirtschaftliche Blüte. Allerdings endete diese fast von heute auf morgen – durch einen europäischen Großkonflikt, der wie eine Urgewalt über die Menschen kam und gerade in Deutschland für mehrere Jahrhunderte als der schrecklichste aller Kriege in Erinnerung blieb.

Der Dreißigjährige Krieg

Die Gegensätze zwischen den christlichen Konfessionen waren *ein*, wenn auch nicht der einzige Grund für den Ausbruch des

Dreißigjährigen Krieges (1618–1648). Zumindest in den früheren Abschnitten dieses Konflikts waren es Katholiken und Protestanten verschiedener Nationalitäten, die sich – überwiegend auf deutschem Boden – bekämpften. Erst später griff das katholische Frankreich aus machtpolitischen Gründen auf Seiten der Protestanten ein. Der Schwarzwald war durch die unmittelbare Nähe zu Frankreich auch jetzt wieder hochgradig betroffen.

Die erste Phase des Krieges spielte sich noch fernab der Region ab. Aber 1632, mit dem Einmarsch protestantischer schwedischer Truppen, kam der Krieg in den Schwarzwald – und das mit voller Wucht. Schwedische und württembergische Soldaten zogen von Freiburg aus plündernd durch das Gebirge. Auch die schwedischen Truppen bestanden größtenteils aus deutschen Söldnern, die fortlaufend rekrutiert wurden – oftmals »mehr Kinder als Mann, die kummerlich die Musketen tragen« , wie der Villinger Abt Georg Gaisser sie beschrieb.

Als die Soldaten am 23. September 1632 Neustadt im Schwarzwald erreichten, nahmen sie dort alles Essbare mit, ebenso Pferde und Heu. Unter den Neustädtern gab es erste Todesopfer. Im Mai 1638 wurde die Stadt ein zweites Mal heimgesucht – die Übeltäter waren dieses Mal Söldner des Herzogs Bernhard von Sachsen-Weimar, der im Dienste Frankreichs stand. Georg Gaisser notierte dazu: »Neustadt im Schwarzwald wird mit den benachbarten Tälern völlig ausgeplündert. Der Ortspfarrer Adam Wehinger wird gefangen genommen, verwundet, auf den Rücken gelegt, mit Wasser den Mund vollgepumpt und dann durch die mit den Füßen auf ihm trampelnden Soldaten aufs grausamste getötet.«

Furtwangen wurde während des Krieges dreimal ausgeraubt – mal von schwedischen, mal von französischen Soldaten. Baden-Baden erlebte allein in den Jahren 1642 bis 1644 drei Invasionen durch französische und hessische Truppen. »Wie ein wilder Bergbach überfluteten die Plünderer die Stadt« , schrieb dazu ein Chronist. Freiburg blieb ebenso wenig verschont wie Rottweil oder Calw. Das noch junge, aufstrebende Freudenstadt wurde 1634 durch kaiserli-

Die beiden Landsknechte im eroberten Dorf: Radierung von Hans Ulrich Franck (um 1650).

che Truppen in Brand gesteckt, und 1635 brach unter den wenigen verbliebenen Einwohnern die Pest aus.

Für die Schwarzwaldstädte und -dörfer, die an häufig genutzten Durchgangsstraßen lagen, verkehrte sich der Vorteil dieser Lage in einen lebensgefährlichen Nachteil. Denn wo Straßen waren, zog regelmäßig Militär durch – und Militär bedeutete Gefahr für Besitz, Leib und Leben. Auch neutrale Händler konnten auf den Verkehrswegen nicht mehr sicher reisen. Im Januar 1634 wurden vierzehn schweizerische Kaufleute aus Basel und St. Gallen, die in gänzlich unkriegerischer Absicht durch den Schwarzwald ritten, in der Nähe von Neustadt von kaiserlichen Soldaten ausgeraubt und neun von ihnen ermordet.

Schwer zu durchdringende Waldgebiete konnten immerhin Schutz bieten. In Neustadt beispielsweise organisierten die Bürger einen Warndienst: Wenn sich potenzielle Plünderer näherten, wurden Hab und Gut in vorbereitete Verstecke gebracht. Auch die Menschen selbst flüchteten regelmäßig in den Wald, wenn Soldaten anrückten. Aber Gefahr konnte überall drohen: Als sich die Bürger von Haslach im Februar 1643 vor Marodeuren im Wald versteckten, wurden dort angeblich zwei Kinder von ausgehungerten Wölfen gefressen.

Auch zur Gegenwehr waren die Schwarzwaldbewohner bereit, wenn die Feinde nicht allzu zahlreich waren. Als Einheimische hatten sie die Ortskenntnis auf ihrer Seite. Als zum Beispiel die schwedischen Truppen durch den Hochschwarzwald zogen, fanden sie den Weg am Thurnerpass bei St. Märgen mit Baumstämmen und Felsbrocken versperrt. Und als die Soldaten das Vieh auf dem Feldberg in ihre Gewalt brachten, wurde es ihnen von bewaffneten Bauern, die in der Nähe lauerten, umgehend wieder abgenommen.

Weltliteratur: der Simplicissimus am Mummelsee

Ein plastisch-schauriges, doch zugleich auch bemerkenswert humoristisches Bild der Zeit vermittelt der erste bedeutende Roman in deutscher Sprache, Hans Jakob Christoffel von Grimmelshausens *Simplicissimus* (1668) – und das weit über die Darstellung von Tatsachen hinaus: Simplicius Simplicissimus, der Held des Romans, besucht im Krieg unter anderem den Mummelsee im Schwarzwald. Er begegnet dort geheimnisvollen Wesen, die ihn in die Tiefe des Sees bis zum Mittelpunkt der Erde geleiten, von wo er (nach anregenden Diskussionen mit dem Mummelsee-König) wieder wohlbehalten zurückkehrt. Der Schwarzwald spielt bei Grimmelshausen auch deshalb eine prominente Rolle, weil der Dichter selbst in der Region lebte – er starb 1676 in Renchen. Es kommen zum Beispiel die Bäder von Griesbach und

Am Mummelsee erinnert heute ein Gedenkstein an Hans Jakob Christoffel von Grimmelshausen, den »Dichter des abenteuerlichen Simplicius Simplicissimus«.

Peterstal im mittleren Schwarzwald gleich mehrfach in Grimmelshausens Werken vor: Auch Simplicius Simplicissimus genießt inmitten des Krieges die Freuden des Badebetriebs – »Kurzweil, Spielen, Fressen und Saufen« bezeichnet er dort als seine »allergrößte Arbeit«.

Dass es derartige Reste von Sorglosigkeit selbst in den letzten Kriegsjahren tatsächlich noch gab, zeigt ein Bericht des württembergischen Hofarztes Johannes Leporinus aus dem Jahr 1642. Leporinus hatte das Teinacher Bad im Schwarzwald besucht und lobte die Wirkung des Heilwassers in höchsten Tönen – von den Schatten des Krieges keine Spur.

Nahezu entvölkert: die Kriegsbilanz im Schwarzwald

Trotz solcher Wohlfühlinseln, die immer seltener wurden, brachte der Krieg unvorstellbares Leid, besonders für die einfachen Menschen. Auch wo gerade nicht geplündert, gemordet, vergewaltigt und gebrandschatzt wurde, litten die Menschen unter der Pest und anderen Seuchen sowie unter kriegsbedingtem Mangel – die

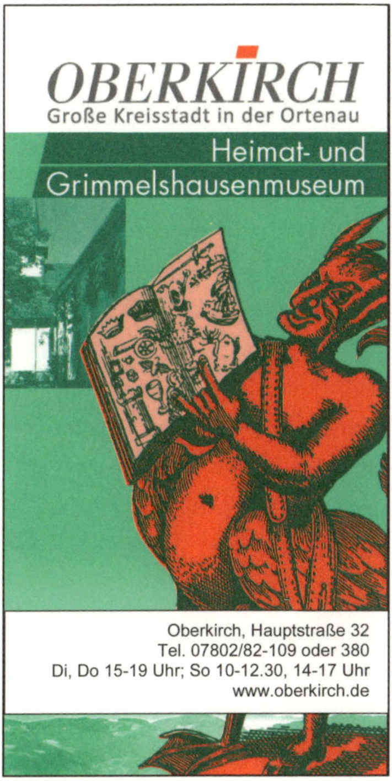

Angst ging um, buchstäblich verhungern zu müssen. Entwürdigende Szenen waren an der Tagesordnung. Beispielsweise beobachtete der Pastor von Calw während der schweren Hungersnot des Winters 1635 eine Frau, die ebenso wie ein Hund und ein Rabe am rohen Fleisch eines toten Pferdes nagte.

Eine verbreitete Reaktion der Bevölkerung auf die Nöte des Krieges war die Flucht in den Glauben. 1644 und 1645 sollen sich bei Triberg im Schwarzwald Wunder ereignet haben – der Ursprung der Triberger Marienwallfahrt. Unter anderem wurde, so die Überlieferung, ein junges Mädchen geheilt, nachdem es im Auftrag einer geheimnisvollen Stimme ein heruntergefallenes Marienbild wieder aufgehoben hatte.

Eine andere Reaktion war die grausame Verfolgung von Sündenböcken, die man für Leid, Not und Übel verantwortlich machte. Daher brachte der Krieg auch eine Welle der Hexenverfolgung mit sich. Den Beschuldigten – in der Mehrzahl Frauen, aber auch Männer waren darunter – wurde vorgeworfen, sich mit dem Teufel eingelassen und Schadenzauber betrieben, beispielsweise das Wetter manipuliert oder Krankheiten herbeigehext zu haben.

Neu war das zwar nicht – und auch im Schwarzwald hatte es lange vorher schon aufsehenerregende Hexen-Urteile gegeben: Zum Beispiel wurde 1533 in Oberndorf am Neckar eine Magd als

Hexe hingerichtet, weil sie angeblich einen Stadtbrand in Schiltach im mittleren Schwarzwald verursacht hatte. Dass sich die Verurteilte zum fraglichen Zeitpunkt im fast 40 Kilometer entfernten Oberndorf aufgehalten hatte, half ihr nichts – die Begründung für das Urteil: Die Missetäterin sei auf einer Ofengabel fliegend nach Schiltach gelangt.

Doch in der Kriegszeit verschärfte sich die Verfolgung noch erheblich. Allein in Baden-Baden wurden zwischen 1627 und 1631 mindestens 82 Frauen und 12 Männer wegen Hexerei angeklagt, die meisten von ihnen endeten auf dem Scheiterhaufen. Seltene Widerstandskraft zeigte Anna Weinhag aus Baden-Baden, die 52 Stunden schwerster Folter ertrug, ohne das geforderte Geständnis abzulegen. Sie wurde freigelassen, hatte durch die Tortur aber bleibende Schäden erlitten, angefangen mit Quetschungen und Verrenkungen.

Die Gesamtbilanz des Dreißigjährigen Krieges war verheerend. Die fortwährenden, fast schon alltäglichen Grausamkeiten, das Morden und Plündern, die Seuchen und der Hunger hatten Spuren hinterlassen. Beim Waffenstillstand 1648 war die Bevölkerung erheblich dezimiert. In Freiburg, wo man in der Not selbst Katzen und Hunde verspeist hatte, überlebte nur etwa ein Viertel der Bürger den Krieg. Freudenstadt – das einstmals blühende Handelszentrum am nordöstlichen Rand des Gebirges – war bei Kriegsende nahezu menschenleer, eine Geisterstadt. Ganze Dörfer im Schwarzwald waren entvölkert, Höfe verlassen.

Sackgassen und Neuanfänge

Die Zeiten bleiben kriegerisch

Nach dem Friedensschluss von 1648 kam der Wiederaufbau nur schleppend in Gang. In Freudenstadt waren die Trümmer der 1634 zerstörten Gebäude noch Jahrzehnte nach Kriegsende nicht vollständig weggeräumt. Der Bevölkerungsrückgang war im Schwarzwald erst nach mehr als einem halben Jahrhundert wieder aufgeholt. Und der Mangel an Arbeitskräften ließ sich oftmals nur durch massive Zuwanderung in den Griff bekommen – Zehntausende Einwanderer kamen aus der Schweiz in die Region, viele weitere aus Tirol. Ihre Nachfahren leben bis heute im Schwarzwald.

Auch die folgende Epoche gestaltete sich bei weitem nicht immer friedlich. Frankreich war die neue Hegemonialmacht in Europa – bewundert und gefürchtet zugleich. Besonders unter dem *Sonnenkönig* Ludwig XIV. gab es immer wieder Feldzüge und Expansionsversuche Frankreichs in Richtung Osten. Für den Schwarzwald war die Nähe zur französischen Grenze daher zumindest in Kriegszeiten bedrohlich: Im *Holländischen Krieg*, im *Pfälzischen* und *Spanischen Erbfolgekrieg* wurde Südwestdeutschland mehrfach von feindlichen Truppen heimgesucht – die durchziehenden Heere verwüsteten Pforzheim, Ettlingen, Baden-Baden und Offenburg ebenso wie Lahr und andere Städte entlang des Schwarzwalds. Freiburg wurde 1677 nicht nur von französischen Truppen besetzt, sondern zudem annektiert – bis zum Frieden von Rijswijk 1697 war die Breisgau-Metropole eine französische Stadt, ebenso das nahegelegene Kirchzarten am Schwarzwaldrand.

Aber auch an abgelegeneren Orten waren die Menschen nicht

sicher vor Eroberung und Zerstörung. 1692, im Pfälzischen Erbfolgekrieg, marschierten französische Truppen nagoldaufwärts in den Schwarzwald. Zunächst wurde die Hirsauer Klosterschule geplündert und in Brand gesteckt, ebenso das benachbarte Schloss der württembergischen Herzöge. Calw widerfuhr kurz darauf das gleiche Schicksal. Von dort aus zogen die Soldaten in das Städtchen Zavelstein, dem es nicht besser erging. Die Zavelsteiner selbst mussten das Reisig in ihren Häusern stapeln, bevor das Feuer entzündet wurde. Manchmal folgten Katastrophen dieser Art dicht aufeinander: So wurde der 700-Seelen-Ort Haslach im Kinzigtal während des Spanischen Erbfolgekriegs erst ausgeplündert, im Jahr darauf dann fast vollständig niedergebrannt.

Angesichts der häufigen Invasionen lag es nahe, die Verteidigungsstellungen am Rhein effektiver zu gestalten – und hierbei auch den Schwarzwald als natürliche Barriere zu nutzen. Unter dem Markgrafen Ludwig Wilhelm von Baden-Baden (wegen seiner Erfolge im Großen Türkenkrieg auch *Türkenlouis* genannt) wurde dieses Projekt in Angriff genommen. Ludwig Wilhelm war durch den Kaiser zum Oberbefehlshaber der alliierten deutschen Truppen am Oberrhein ernannt worden. Unter seiner Regie entstand in den 1690er Jahren auf den Schwarzwaldhöhen eine durchgängige Befestigungslinie in nord-südlicher Richtung, die sogenannten *Barockschanzen*. Bestehend aus Wall, Graben, Türmen und Blockhäusern für die militärische Besatzung, integrierten diese auch ältere Anlagen, die es schon seit dem Mittelalter gegeben hatte.

Gebaut wurden die Schanzen meistens als Erdwälle (im Kinzigtal sind sie teilweise noch erhalten), auf denen man hölzerne Palisaden errichtete – eine Rekonstruktion ist heute in Schopfheim-Gersbach im Südschwarzwald zu sehen. Seltener bestanden die Wälle aus Steinen. Die Linie begann bei Säckingen nahe der Schweizer Grenze und erstreckte sich auf einer Gesamtlänge von rund 200 Kilometern durch das Gebirge. Für die kräftezehrenden Arbeiten, die zum Bau einer solchen Anlage notwendig waren, wurden die Bewohner der Region zwangsverpflichtet.

Rekonstruktion einer barocken Sechseckschanze mit Wachturm bei Gersbach, Südschwarzwald.

Die *Barockschanzen* blieben im Schwarzwald nicht das einzige Projekt dieser Art: Herzog Karl Alexander von Württemberg ließ beispielsweise wenige Jahrzehnte später, im Jahr 1734, am Kniebis im Nordschwarzwald eine ältere Verteidigungslinie erneuern und zur Festung ausbauen. Seitdem trägt die Anlage, die ebenfalls teilweise erhalten ist, den Namen *Alexanderschanze*.

Schlösser und Klöster der Barock-Epoche

Trotz der regelmäßig wiederkehrenden Kriege war das 18. Jahrhundert auch eine Epoche neuer kultureller Blüte – anfangs noch im Zeichen des üppig-prunkvollen Spätbarock mit seinen Zwiebeltürmen, Engelsfiguren und goldglänzenden Ornamenten. Niederschlag fand dieser Stil nicht zuletzt in den neuen fürstlichen Residenzen: Das 18. Jahrhundert war die Zeit der Schlösser. Häufig waren diese am Vorbild Versailles orientiert, dem Sitz der französischen Könige.

Mehrere Schlösser entstanden in nächster Umgebung des Schwarzwalds. So errichteten die Fürsten von Fürstenberg zu Beginn der 1720er Jahre ihr barockes Residenzschloss in Donaueschingen. Die Markgrafen von Baden-Durlach machten die 1715 gegründete Stadt Karlsruhe zum neuen Zentrum ihrer Herrschaft und bauten dort ebenfalls ein Schloss im zeittypischen Stil. Ihre Verwandten, die Markgrafen von Baden-Baden, wählten zum selben Zweck Rastatt, wo im frühen 18. Jahrhundert gleich zwei neue Schlösser entstanden: das Schloss Rastatt als Residenz in zentraler Lage und das außerhalb gelegene Schloss Favorite, das der vergnüglichen Freizeitgestaltung der fürstlichen Familie und ihrer Gäste diente. Die Stadt Baden-Baden verlor durch den Umzug der Markgrafen nach Rastatt ihre bisherige politische Bedeutung als Zentrum der Markgrafschaft; auch der dortige Badebetrieb kam in eine Krise – viele Kurgäste gingen jetzt lieber in die Schwarzwald-Bäder Peterstal oder Griesbach.

Auch für die Neubauten der Schwarzwaldklöster St. Peter, St. Trudpert, St. Ulrich und Frauenalb war der Barockstil prägend – sie alle trugen die Handschrift des aus Vorarlberg stammenden Baumeisters Peter Thumb (1681–1766), der ab dem frühen 18. Jahrhundert für Dutzende sehenswerte (Kirchen-)Bauwerke in Süddeutschland, im Elsass und der Schweiz verantwortlich war.

Auch im Einflussgebiet des Klosters St. Blasien standen die Zeichen auf Barock: Das Schloss zu Bonndorf im Schwarzwald, 1592 bis 1595 durch die Grafen von Mörsberg erbaut, wurde – inzwischen unter der Herrschaft St. Blasiens stehend – seit 1723 zu einem barocken Landschlösschen umgebaut. Im neuen, prunkvolleren Gewand repräsentierte es die Macht und den Reichtum des bedeutenden Schwarzwaldklosters.

Der »Schwarzwälder Dom« und die Ideen der Aufklärung

In St. Blasien selbst entstanden von 1728 bis 1742 neue, ebenfalls barocke Klostergebäude. Doch am 23. Juli 1768 zerstörte ein verheerender Brand einen Großteil der Anlage. Der französische Architekt Pierre Michel d'Ixnard – ein Grenzgänger, der lange

Zeit in Deutschland lebte – übernahm den Wiederaufbau. Seine Klosterkirche, das Herzstück der Anlage, spiegelte nun bereits einen anderen Geist wider: Mit ihren einfachen und klaren Formen stand die Kirche, die als *Dom von St. Blasien* oder *Schwarzwälder Dom* berühmt wurde, exemplarisch für die Ideale der Aufklärung. Diese schlugen sich im bewusst schlichteren, frühklassizistischen Baustil nieder, den der französische Architekt in den deutschen Südwesten brachte.

Besonders aufsehenerregend am neuen Dom von St. Blasien war sein gewaltiges Kuppeldach. Doch das gesamte Gebäude war ein Kunstwerk. Der Schriftsteller Christoph Friedrich Nicolai schrieb 1781, zwei Jahre vor der offiziellen Weihe: »Reine ungestörte Empfindung des Erhabenen erfüllt das Gemüt, wenn man die Kirche betritt«. Und er fügte hinzu: »Hier ist reiche Architektur ohne Verkröpfung, ohne Schnirkel, ohne alle Vergoldung und andere überhäufte oder komplizierte Ziraten.«

Der *Schwarzwälder Dom* von St. Blasien.

Dass d'Ixnard den Auftrag erhielt, der Klosterkirche ihr neues Gesicht zu geben, war dem damaligen Fürstabt Martin Gerbert geschuldet – zugleich Autor der ersten Geschichte des Schwarzwalds. Gerbert, obwohl tiefreligiös, hatte Sympathien für den rationalen, aufklärerischen Geist der Epoche. Die Aufklärung war die geistige Strömung, die der menschlichen Vernunft zum Durchbruch verhelfen und sie zum Motor des Fortschritts machen wollte. Vorurteilen wurde der Kampf angesagt, Toleranz und Menschenrechte waren zentrale Forderungen.

Die Ideale dieser Zeit manifestierten sich auf verschiedene Weise – zum Beispiel dadurch, dass Hexenprozesse selten wurden und schließlich, im letzten Viertel des 18. Jahrhunderts, gänzlich aufhörten – übrig blieben steinerne Zeugen wie der *Triberger Galgen* im Schwarzwald: das 1721 errichtete Gerüst, das bis heute an seinem Platz steht, hatte bis in die 1770er Jahre zur Hinrichtung angeblicher Hexen gedient. Um 1800 erschienen die früheren Hexenprozesse ebenso barbarisch und widersinnig wie die grausamen Foltermethoden vergangener Jahrhunderte. Im 18. und frühen 19. Jahrhundert wurde jegliche Art von Folter in immer mehr Fürstentümern verboten – in Baden-Durlach 1767, in Württemberg 1809.

Die Ideen der Aufklärung waren international und hatten einen völkerverbindenden Charakter. Dass ein Franzose den Dom von St. Blasien baute, ist – bei allen Kriegen zwischen deutschen und französischen Heeren – typisch für die Epoche. Gerade in gebildeten Kreisen herrschte ein grenzüberschreitender Geist.

Die Salpeterer wehren sich

In der Sphäre der Politik waren die Grenzen aber weiterhin feste Tatsachen. Typisch für Deutschland und damit auch für den Schwarzwald blieb die Kleinstaaterei. Zwar wurden die beiden badischen Markgrafschaften 1771 wiedervereinigt, da der letzte Markgraf von Baden-Baden keinen männlichen Nachkommen hatte, aber die Region zeigte sich dennoch als politischer Flickenteppich. Größeren Herrschaften wie Baden, Württemberg, Fürstenberg und dem habsburgischen Vorderösterreich standen neben geistlichen Territorien wie St. Blasien und kleinen weltlichen Fürstentümern auch freie Reichsstädte wie Zell am Harmersbach gegenüber. Der Schwarzwald war somit von etlichen Grenzlinien durchzogen. Zum Beispiel markiert der 1722 aufgestellte *Dreifürstenstein* im Nordschwarzwald bis heute den damaligen Grenzverlauf zwischen Württemberg, Baden und dem Fürstbistum Straßburg, das ebenfalls Besitz im Schwarzwald hatte.

Eine seltene Besonderheit gab es bis weit ins 18. Jahrhundert hinein im Hotzenwald, einem Teil des südlichen Schwarzwalds: Hier lebten noch freie Bauern, die sich selbst verwalteten, die ihre Amtsträger durch Wahlen bestimmten und sich nur dem König beziehungsweise Kaiser verpflichtet fühlten. Entsprechend empfindlich reagierten sie, als das Kloster St. Blasien sie zu Untertanen machen wollte. 1727 weigerten sie sich, dem neuen Abt das eingeforderte Treuegelöbnis zu leisten. Der Kaiser schlug sich auf die Seite des Klosters – es gab Verhaftungen, und einige der Rebellen wurden nach Ungarn verbannt. Dauerhaft beigelegt war der Konflikt aber nicht, sondern er schwelte weiter.

1738 gab es einen Vorschlag zur Güte: Die Freiheit der Hotzenwälder Bauern sollte bestätigt werden – allerdings nur gegen eine einmalige hohe Geldzahlung. Die *Salpeterer*, wie die Aufständischen oftmals genannt wurden (ihr erster Wortführer Johann Albiez war Salpeter-Sieder gewesen), sahen auch dies als unrechtmäßig an. Manche von ihnen griffen zu den Waffen. Die Lage eskalierte: Militär rückte an, viele Aufständische wurden festgenommen und die Rädelsführer hingerichtet. Seit der Jahrhundertmitte ebbten die Unruhen dann weitgehend ab. Die Hotzenwälder fielen zwar auch später noch durch ihren Stolz und ihre kritische Haltung gegenüber der Obrigkeit auf, doch ihre Autonomie hatten sie endgültig verloren.

Räuber im Schwarzwald

Von Vorteil war die Kleinstaaterei für umherziehende Diebe und Räuber, die auch im Schwarzwald ihr Unwesen trieben. Wurden sie in einem der zahlreichen Fürstentümer verfolgt, war die nächste Grenze meist nicht weit. Ludwig Rellstab, Autor der im 18. Jahrhundert angesiedelten Novelle *Die Räuber im Schwarzwalde*, ließ eine seiner Figuren ausrufen: »Der Schwarzwald war ein so sicheres Gebirg, daß man Tag und Nacht mit Tonnen Goldes darin hätte reisen können. Jetzt giebt es hier eine Menge Gesindel, gegen das man nicht genug auf der Hut sein kann.«

Der prominenteste Räuber aus dem Schwarzwald war Jakob Reinhard, genannt *Hannikel*. 1742 geboren, führte dieser seit den 1770er Jahren eine Bande von mehreren Dutzend Outlaws an, die in Südwestdeutschland und der Schweiz unzählige Diebstähle und Raubüberfälle verübten. Zeitweise hielten sich Hannikel und seine Komplizen im Nordschwarzwald versteckt. Beispielsweise schlugen sie 1785/86 ihr Winterlager in Ebershardt bei Nagold auf – im Januar 1786 marschierten sie von hier aus nach Eltingen (heute Leonberg), wo sie bei Nacht das evangelische Pfarrhaus ausraubten.

Tagsüber blieben die Räuber meistens im Schutz des Waldes. Nach etlichen Beutezügen, bei denen Hannikels Bande meist sehr brutal vorging und auch vor Mord nicht zurückschreckte, wurde der Räuberhauptmann gefangen und am 17. Juli 1787 ebenso wie drei seiner Gefährten in Sulz am Neckar hingerichtet – rund 12.000 Schaulustige sahen zu.

Der gefürchtete Räuberhauptmann: Jakob Reinhard alias Hannikel (Porträt von ca. 1787).

Hannikels Nachleben

Wie etliche andere bekannte Räuber hatte auch Hannikel Sympathien im einfachen Volk genossen. Schließlich waren seine Opfer meist wohlhabende Bürger gewesen, deren Unglück manchen armen Schlucker mit heimlicher Genugtuung erfüllte. Der Räuberhauptmann wurde trotz seiner Schandtaten als Rächer der Entrechteten verklärt. Selbst im 21. Jahrhundert lebt Hannikel weiter: unter anderem als Figur der schwäbisch-alemannischen Fastnacht. Verewigt wurde er außerdem in einer Reihe von Romanen und Novellen – zuletzt in dem 2012 erschienenen, auf Recherchen in den historischen Quellen beruhenden Roman *Räuberleben* von Lukas Hartmann: Hannikel spielt hier die Hauptrolle.

Produktiver denn je: Die Erträge steigen

Das 18. Jahrhundert brachte im Schwarzwald beachtliche Fortschritte: zum Beispiel in der Landwirtschaft. Eine der wichtigsten Neuerungen war die Kartoffel, die – aus Südamerika importiert – seit etwa 1700 in der Region angebaut wurde. Für das vergleichsweise raue Klima des Mittelgebirges war sie wie geschaffen.

Auch nutzten die Schwarzwaldbauern jetzt erstmals den Kehr- beziehungsweise Bergpflug. Die bislang verwendeten, älteren Modelle konnten die Erdschollen nur in eine Richtung wenden. Gerade in steilem Gelände war das ein großer Nachteil: Weil man parallel zum Hang pflügen musste, waren zeitaufwändige Rückfahrten notwendig, bevor die nächste Bahn gepflügt werden konnte. Der Kehrpflug hingegen pflügte beidseitig – und die Zeitersparnis im Gebirge war enorm.

Gewerbe, die im Schwarzwald traditionell verwurzelt waren, erlebten zur gleichen Zeit einen neuen Aufschwung. Beispielsweise gab es seit dem späten 17. Jahrhundert eine Welle von Glashütten-Gründungen. Eine ältere, seit 1634 betriebene Glashütte am Feldberg wurde in den 1680er Jahren an eine andere nahegelegene Stelle verlegt, da sich der Holzbedarf dort besser decken ließ. Neben dem

Dorf *Altglashütten* entstand so der Ort *Neuglashütten* – beide gehören heute zur Gemeinde Feldberg. Das Dorf Schönmünzach, heute Ortsteil von Baiersbronn, geht auf einen 1733 entstandenen Betrieb zurück, der vor allem Fensterglas produzierte – der Ort trug lange den Namen *Glashütte*. Die benachbarte, 1758 begründete Glashütte Buhlbach spezialisierte sich auf Hohlglas, stellte zum Beispiel Trinkgläser und später vor allem Flaschen her.

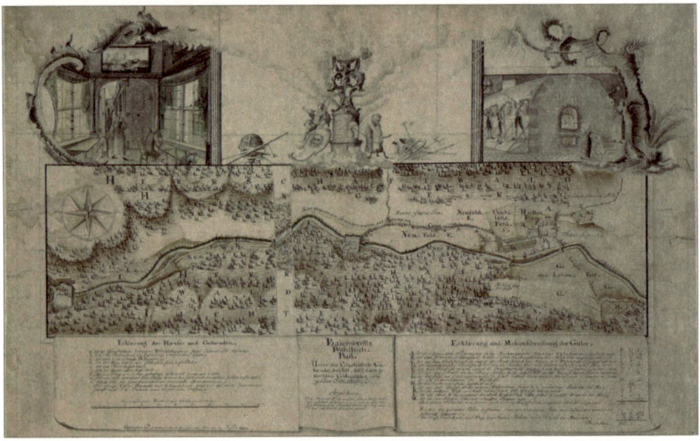

Plan und Darstellung der Glashütte Buhlbach (1790).

Allgemein ging der Trend seit dem 18. Jahrhundert zu größeren, ortsfesten Glashütten mit zahlreichen Mitarbeitern. Der Holzbedarf war nach wie vor enorm und steigerte sich weiter, aber die Transportmöglichkeiten hatten sich verbessert – die Wege waren inzwischen komfortabler ausgebaut, und auch die kleineren Bäche des Schwarzwalds wurden zunehmend flößbar gemacht, um das Holz kosten- und zeitsparend befördern zu können.

Auch andere Zutaten des Glases legten nun weitere Strecken zurück: Die neuen Glashütten verwendeten meist nicht mehr Quarzsand aus regionalem Buntsandstein, sondern ließen zum Beispiel Granitsand anliefern, mit dem sich die lange Zeit übliche Grünfärbung des Glases vermeiden ließ. Statt gewöhnlicher Pflanzenasche als Flussmittel wurde nun in der Regel die aufwändiger hergestellte, durch Auslaugen und Sieden weiterverarbeitete Pottasche verwendet – diese bezogen die Glasmacher meistens von Bauern der Umgebung, die sich als nebenberufliche Aschenbrenner oder Pottaschesieder ein Zubrot verdienten.

An der Schwelle zum Industriezeitalter

Die florierende Wirtschaft war hungrig nach Rohstoffen. Vorübergehend brach im Schwarzwald sogar ein kurzlebiger Goldrausch aus: Aufgrund einer schriftlichen Quelle aus dem 16. Jahrhundert vermutete man natürliche Goldlagerstätten, die tatsächlich aber nicht existierten – alle Anstrengungen erwiesen sich letztlich als unrentabel.

Dagegen waren Eisenerz und andere Rohstoffe im Schwarzwald in umso größerer Menge zu finden. Und nach längerer Krise boomte der Bergbau wieder. Beispielsweise im Neuenbürger Revier: Seit etwa 1720 wurde hier auch erstmals Untertagebau betrieben. Um 1770 erhielt bei Neuenbürg die *Grube Frischglück*, das heutige Besucherbergwerk, ihren Namen.

Verhüttet und teilweise weiterverarbeitet wurde das Erz meist in unmittelbarer Nachbarschaft der Bergwerke. Auch hiervon gibt es Spuren in den heutigen Ortsnamen: Das Erz aus *Eisenbach* im Hochschwarzwald, wo es seit dem Mittelalter Bergbau gab, wurde beispielsweise im nahegelegenen *Hammereisenbach* (heute Ortsteil von Vöhrenbach) verhüttet und geschmiedet.

Die Wasserkraft der Schwarzwaldflüsse und -bäche machte sogar Betriebe möglich, die bereits mehr oder minder industriellen Charakter hatten. So gab es in Christophstal am Forbach, einem Zufluss der Murg, ein anfangs noch kleines Eisenwerk, das – bei Freudenstadt und in der Nähe mehrerer Bergwerke gelegen – zur Keimzelle eines wachsenden württembergischen Staatsbetriebs wurde. Schon in den 1760er Jahren war dort ein knapp sieben Meter hoher Hochofen im Einsatz, der mehr als eine Tonne Roheisen pro Tag produzierte, ebenso ein wasserkraftbetriebenes Hammerwerk.

Um 1800 waren die Werke des Unternehmens, das zum größten Hüttenbetrieb Württembergs avancierte, so weitläufig entlang des Flusses verteilt, dass es eineinhalb Stunden dauerte, sie alle zu bereisen. 1808 wurde der Betrieb deshalb aufgespalten – der neuere Betriebsteil bei Baiersbronn erhielt den Namen Friedrichstal zu Ehren des damaligen württembergischen Königs.

Der Schwarzwald ohne Bäume?

Da der Bedarf an Holz als Bau- und Brennstoff stetig stieg, wurden immer größere Waldflächen gerodet. Entsprechend florierte das Holzgewerbe – beispielsweise gab es im 18. Jahrhundert allein in Bühlertal am Westrand des nördlichen Schwarzwalds nicht weniger als fünf Sägemühlen.

Insbesondere profitierte vom allgemeinen Holzboom die Flößerei: Die Flößerstadt par excellence blieb weiterhin Gernsbach im Nordschwarzwald. Eine erstaunliche Unternehmerpersönlichkeit aus der dortigen Murgschifferschaft war im 18. Jahrhundert Anton Rindenschwender: 1725 in einfachsten Verhältnissen als Sohn eines aus Tirol eingewanderten Waldarbeiters geboren, machte er eine Bilderbuchkarriere als Holzhändler und wurde durch seinen rasanten Aufstieg zu einem der frühen schwerreichen Selfmademen des Schwarzwalds. Neben dem Holzhandel betrieb Rindenschwender in Gaggenau seit den 1770er Jahren eine hochmoderne, mehrere Dutzend Werkstätten und Arbeiter-Wohngebäude umfassende Glashütte.

Bis Ende des 17. Jahrhunderts war das Holz aus dem Schwarzwald meist höchstens bis zum Mittelrhein gelangt – spätestens in Bingen war Endstation. Als aber die Niederlande zur Seemacht aufstiegen und der dortige Holzbedarf für den Schiffbau rapide stieg, war es zunehmend lukrativ, das Holz über den Niederrhein bis nach Holland zu transportieren. Die Händler stellten sich darauf ein – und manche stattliche, im Schwarzwald geschlagene

Weißtanne machte als Schiffsmast Karriere.

In Calw entstand zum Beispiel 1755 ein Unternehmen mit dem sprechenden Namen *Holländer-Holz-Compagnie Vischer und Co.* Die Renditen waren hoch: Johann Martin Vischer etwa, Kopf des Unternehmens, konnte es sich Ende der 1780er Jahre leisten, ein herrschaftliches Stadtpalais nach den Plänen des damaligen württembergischen Hofarchitekten errichten zu lassen – das *Palais Vischer* in Calw dient heute als Stadtmuseum.

Dass der Reichtum der Händler auch Neid und Misstrauen provozierte, klingt im Märchen *Das kalte Herz* von Wilhelm Hauff an: Hier ist es der riesenhafte Waldgeist *Holländermichel*, der den Kaufleuten zum Erfolg verhilft – aber nur, wenn sie ihm als Gegenleistung ihr Herz verkaufen.

Um 1780 erreichte der Boom des Holländerholzhandels seinen Gipfel. Auf dem Höhepunkt der Holznutzung bahnte sich ein Paradigmenwechsel an, der zu den einschneidendsten Zäsuren in der Geschichte des Schwarzwalds zählt: Das Nachhaltigkeits-Problem, das sich schon in früheren Jahrhunderten angedeutet hatte, wurde nun überall im Schwarzwald offensichtlich.

Die natürlichen Ressourcen des Gebirges waren nicht unendlich. Das galt auch für das Holz als (zu langsam) nachwachsenden Rohstoff. Schon 1713 hatte zwar der sächsische Beamte Hans Carl von Carlowitz, der als Urheber des Nachhaltigkeitsbegriffs gilt, Neuaufforstungen auf kahlgeschlagenen Flächen gefordert – doch zunächst fand er damit kaum Gehör. Der Baumbestand schrumpfte (nicht nur im Schwarzwald) weiterhin dramatisch: Allein das fürstenbergische Eisenwerk Hausach verbrauchte im späten 18. Jahrhundert rund

Flößer im Schwarzwald: Kolorierter Stich von 1879.

25.000 Festmeter Holz pro Jahr – größtenteils in Form von Holzkohle als Brennmaterial. Ebenso verschlang die florierende Glasproduktion Unmengen des begehrten Rohstoffs: Um einen einzigen Weinkelch herzustellen, waren etwa drei Festmeter Holz notwendig: zur Feuerung des Glasofens, insbesondere aber zur Produktion der benötigten Pottasche.

Der Schwarzwald ohne Bäume? Dieses Schreckens-Szenario schien erstmals beängstigend realistisch – und zudem kaum noch abzuwenden, wenn nicht bald eine Kurskorrektur stattfand. Schon 1767 musste die *Calwer Holzcompagnie* das Holzfällen am Kniebis vollständig einstellen, da es dort kaum noch Bäume gab. Ein Drittel bis die Hälfte der ursprünglichen Waldfläche war im Schwarzwald um 1800 bereits abgeholzt. Und im Norden des Gebirges war die Lage besonders dramatisch.

Vor diesem Hintergrund gab es erste Initiativen zu Gegenmaßnahmen. Schon seit 1752 hatte es im vorderösterreichischen Teil des Schwarzwalds, in der Gegend von Todtnau, gezielte Neuaufforstungen gegeben. Vorerst blieb dies noch die Ausnahme. Doch seit Ende des Jahrhunderts nahm der Druck zu, und das Schreckgespenst des Holzmangels war endgültig nicht mehr zu ignorieren. So veranlasste der badische Oberforstmeister Friedrich von Drais 1785 eine aufsehenerregende Maßnahme: Er ließ die Wälder des Murgtals durch eine gigantische Pflanzaktion wieder aufforsten. Bis 1798 wurden dadurch mehr als eine Million Bäume gepflanzt. Dieses Vorbild sollte in den folgenden Jahrzehnten Schule machen – es war der Anfang einer wichtigen Trendwende.

Ausgerottet: Die großen Raubtiere verschwinden

Allerdings: Mit ursprünglicher, unberührter Natur hatten die neu aufgeforsteten Waldgebiete wenig zu tun. Es entstanden vergleichsweise sterile Monokulturen, in denen die (besonders schnell wachsenden) Fichten dominierten – moderne Wirtschaftswälder also. Einen Schwarzwald ohne Bäume wollte zwar niemand, aber ebenso wünschte sich keiner der damaligen Zeitgenossen den früheren Urwald zurück. Für manche Tiere des Waldes kam ohnehin jede Rettung zu spät. Seit langer Zeit waren sie Leidtragende der menschlichen Eingriffe in die Natur. Und mehrere Arten waren bereits vollständig verschwunden.

Hart und besonders früh hatte es das größte Raubtier der Region getroffen: den Braunbären. Es ist belegt, dass es etwa in der Gegend um den Feldberg noch im Mittelalter eine große Population gegeben hatte. Doch letztmalig ist ein Bär dort für das Jahr 1586 bezeugt. Schon um 1600 scheinen die Braunbären, die etwa im Bayerischen Wald noch bis ins frühe 19. Jahrhundert vereinzelt vorkamen, im gesamten Schwarzwald ausgerottet gewesen zu sein. Ihr Fell, ihre Köpfe und Tatzen hatten lange Zeit als begehrte Jagdtrophäen gedient. Lediglich als Wappentier überlebte der Bär: Zum Beispiel zierte er bis ins 20. Jahrhundert das Siegel der bis dahin selbständigen Ortschaft Bärental, die inzwischen Teil der Gemeinde Feldberg ist. Und bis heute zeigt das Ortswappen von Bernau im Südschwarzwald einen Bären mit gefletschten Zähnen.

Im Ortswappen von Bernau (Südschwarzwald) hat der Bär überlebt.

Wölfe hingegen waren auch im 17. und 18. Jahrhundert noch im Schwarzwald verbreitet. Gerne gesehen waren sie bei den Menschen aber nie – nicht umsonst geistert die Figur des bösen Wolfs durch eine Reihe alter Märchen. Zumindest für die Weidetiere der Bauern ging von den Wölfen eine reale Gefahr aus. Einer Quelle aus dem Jahr 1663 zufolge waren im Amtsbezirk Haslach in nur zwei Jahren »700 Stück allerhand Vieh von den Wölfen zuschanden gemacht und aufgefressen« worden.

Anderen Quellen zufolge fielen die Wölfe zumindest vereinzelt, wenn sie besonders hungrig waren, auch Menschen an. Allein schon ihr nächtliches Geheul wirkte angsteinflößend. Und da die Idee des Artenschutzes noch ferne Zukunftsmusik war, galten die

Wölfe bereits im Mittelalter als *bannfreies Wild* – jeder durfte sie unbegrenzt jagen. In der Frühen Neuzeit war es sogar üblich, eine Belohnung für gefangene Wölfe auszuzahlen. So erhielten Jäger in Hüfingen und Mundelfingen um das Jahr 1700 zwei Gulden pro Tier. Auch als die Wölfe immer seltener wurden, hielt die Verfolgung an – große Treibjagden waren an der Tagesordnung. Zu Beginn der 1780er Jahre waren die Wölfe im Schwarzwald nahezu ausgerottet, und um 1800 war ihr Ende besiegelt.

Der kleinere Luchs – noch 100 Jahre zuvor weitverbreitet – war seit Ende des 18. Jahrhunderts ebenfalls gänzlich aus der Region verschwunden. Und etwa in die gleiche Zeit fällt die Ausrottung des Steinadlers im Schwarzwald: Bei aller Idealisierung als König der Lüfte war es den Menschen doch stets ein Dorn im Auge gewesen, dass den Greifvögeln Hühner und Hasen wie auch andere (kleinere) Nutztiere zum Opfer fielen; zudem gab es vereinzelte, aber vielfach weiterverbreitete Schauergeschichten über Kleinkinder, die von Adlern entführt worden seien.

Die Ausrottung der großen heimischen Raubtiere war gewollt – und sie wurde gefeiert. Doch lernte man mit der Zeit auch eine Kehrseite kennen, die der Abschuss der Wölfe oder Luchse mit sich brachte: Das Rot- und Schwarzwild zum Beispiel, das nun keine natürlichen Feinde mehr hatte, vermehrte sich rasant. Dadurch wiederum wurden Wildschäden – beispielsweise von Rehen angefressene Bäume und Ackerpflanzen – für die Land- und Forstwirtschaft mehr denn je zum Problem.

Aus der Not geboren: Auswanderung und neue Gewerbe

Trotz der Fortschritte in Landwirtschaft und Gewerbe lebten im 18. Jahrhundert viele Menschen am Existenzminimum. Die Leibeigenschaft gehörte zwar in immer zahlreicheren deutschen Fürstentümern der Vergangenheit an: Vom Geist der Aufklärung inspiriert, wurde sie beispielsweise in Baden 1783 abgeschafft – der Grundherr war nun nicht mehr Richter und Vormund. Aber das Land gehörte den Bauern trotzdem nicht, und die belastenden Abgaben mussten sie weiterhin an die Grundherren leisten. Hungersnöte und Seuchen waren regelmäßige Erscheinungen. Und viele Menschen sahen in der Auswanderung die einzige Chance, der Not zu entkommen.

Etliche Schwarzwälder gingen damals nach Osteuropa oder Amerika. Die russische Zarin Katharina die Große warb ebenso um deutsche Siedler wie zuvor schon die Habsburger-Kaiser. Letztere lockten die Bauern mit Darlehen und anderen Vergünstigungen vor allem ins habsburgisch regierte Ungarn, wo weitgehend menschenleere Landstriche kultiviert werden sollten. 1770 wanderten beispielsweise drei Familien aus Peterstal im mittleren Schwarzwald nach Ungarn aus – unter ihnen der Schmied Hans Georg Hieger und seine Ehefrau Elisabetha, die ihr Haus mit kleinem Garten für 400 Gulden verkauften, um der Heimat für immer den Rücken zu kehren.

Diejenigen, die zu Hause blieben, waren oft auf zusätzliche Verdienstmöglichkeiten neben der Landwirtschaft angewiesen. Hausgewerbe wie das Strohflechten oder die Hinterglasmalerei halfen etlichen Schwarzwälder Familien dabei, ihren Lebensunterhalt zu sichern. Der Schwarzwald, dessen Böden nur mäßig zum Ackerbau geeignet waren, zwang seine Bewohner mehr als die Menschen anderer Landstriche, erfindungsreich zu sein – das Tüftlertum wurde (bis heute) ein Markenzeichen der Schwarzwälder.

Einen Namen machten sich Handwerker aus der Region seit dem 17. Jahrhundert zum Beispiel auf musikalischem Gebiet: Tatsächlich entwickelte sich damals speziell der Hochschwarzwald zu einer Hochburg des Geigenbaus. 1628 taucht in den Quellen erstmals der Geigenmacher Adam Kirner in Geroldshofstetten auf – in dieser Zeit noch ein Einzelfall. In der zweiten Jahrhunderthälfte häufen sich bereits die Hinweise auf professionelle Geigenbauer im südlichen Schwarzwald, die wiederum Nachwuchs ausbildeten. Der wahrscheinlich 1640 geborene Franz Straub wurde zum Stammvater einer ganzen Dynastie von Geigenmachern in Friedenweiler und umliegenden Ortschaften.

Ein Leben für den Geigenbau: Die *Straub-Dynastie*

Einen guten Ruf genossen zwar auch andere Geigenbauer-Familien des Hochschwarzwalds, doch keine von ihnen blieb ihrem Handwerk über so viele Generationen so treu wie die Straubs: Johann Georg Straub, genannt »Geigenhans« und selbst ein passabler Musiker, vertrat bereits die achte Geigenbauer-Generation seiner Familie. Er starb 1854 in Rötenbach. Sein Sohn Heinrich Straub – der letzte in der langen Reihe – baute zunächst ebenfalls Geigen aus Schwarzwaldholz, wanderte aber schon als junger Mann ins heutige Slowenien aus. Ohnehin war die Hochphase des Schwarzwälder Geigenbaus im 19. Jahrhundert vorüber.

Geburt der Schwarzwalduhr

Noch sehr viel wichtiger für den Broterwerb vieler Menschen wurde ein Gewerbe, das erheblich zum *Mythos Schwarzwald* beigetragen hat: der Uhrenbau. Im 17. Jahrhundert liegen die Ursprünge der weltberühmten Schwarzwalduhren – sie sind spätestens für die 1680er Jahre belegbar. Das älteste Exemplar, das sich bis heute erhalten hat, ist eine 1706 hergestellte Holzräderuhr, zu finden im Franziskanermuseum der Stadt Villingen-Schwenningen.

Mechanische Uhren mit ihrem komplexen, aus Zahnrädern bestehenden Uhrwerk waren seit dem Spätmittelalter in Gebrauch – zunächst aber vor allem als riesige Turmuhren. Kleinere Uhren zum Privatgebrauch konnten sich lange nur die Reichen und Mächtigen leisten. Kostengünstiger und entsprechend weiter verbreitet waren mechanische Uhren erst ab dem 17. Jahrhundert – statt aus Metall waren die Uhrwerke jetzt oftmals aus Holz gefertigt. Die Schweiz war damals schon eine Hochburg des Uhrenbaus, ebenso manche Regionen in Frankreich. Es ist daher kaum ein Zufall, dass sich in Deutschland gerade der Schwarzwald – ganz in der Nähe Frankreichs und vor allem der Schweiz gelegen – zu einem frühen und dauerhaften Zentrum der Uhrmacherei entwickelte.

Grenzüberschreitende Kontakte erwiesen sich weiterhin als hilfreich: Beispielsweise bezog Friedrich Dilger aus Urach (heute Vöhrenbach) seit den 1740er Jahren Metallglöckchen für seine selbstgefertigten Schlag- und Spieluhren aus Solothurn in der Nordwestschweiz. Zuvor hatten die eingebauten Glocken, die von einem Miniatur-Holzhammer angeschlagen wurden, meist aus Glas bestanden – angesichts der Schwarzwälder Glashütten die naheliegendste Möglichkeit. Doch Metallglocken waren die weitaus robustere Lösung.

Anfangs war das Uhrenhandwerk im Schwarzwald in der Regel nur ein Nebenverdienst. Die frühen Uhrmacher der Region waren meist »Häusler« – arme Bauern mit nur wenig Vieh und Grundbesitz, die zusätzliche Einkünfte bitter nötig hatten. Allerdings stieg die Bedeutung des neuen Gewerbes schnell. Selbst die Vertriebsstrukturen begannen sich frühzeitig einzuspielen: Analog zu den Glasträgern, die es im Schwarzwald bereits gab, lieferten Uhrenträger die empfindliche Ware aus. Transportiert wurde sie in einem Traggestell auf dem Rücken, der sogenannten *Krätze*. Die Träger fungierten zugleich auch als Händler – so zum Beispiel Jakob Winterhalder aus Gütenbach: Im frühen 18. Jahrhundert trug er die Produkte des Uhrmachers Anton Ganter »in den Tälern des Schwarzwaldes und weiters nach Breisgau herum«.

Häufiger wurde das professionelle, hauptberufliche Schwarzwälder Uhrengewerbe ab der zweiten Hälfte des 18. Jahrhunderts. Räumlicher Schwerpunkt war die Gegend um Gütenbach, Furtwangen und Neukirch.

Ein Mönch aus dem Schwarzwaldkloster St. Peter, Thaddäus Rinderle (1748–1824), legte durch Experimente und präzise Berechnungen theoretische Grundlagen für das anspruchsvolle Handwerk und beriet die Uhrmacher des Umlands. Der in Staufen bei Freiburg als Sohn eines Bauern geborene Geistliche, der seit 1788

Darstellung eines Uhrenhändlers in Triberger Tracht (1844).

auch als Lehrstuhlinhaber für *Angewandte Mathematik* und *Praktische Geometrie* an der Freiburger Universität lehrte, war selbst ein hervorragender Techniker und Ingenieur: Nach diversen anderen Erfindungen präsentierte er 1787 eine spektakuläre astronomisch-geographische Weltzeituhr, die neben der Uhrzeit ferner Länder auch astronomische Phänomene wie Mond- und Sonnenfinsternisse anzeigte – Rinderles Konstruktion zählt heute zu den Glanzstücken des Furtwanger Uhrenmuseums. In einer mechanischen Werkstatt, die Rinderle innerhalb der Klostermauern unterhielt, verbesserte er außerdem das Werkzeug der Uhrmacher – so entwickelte er beispielsweise einen Spindelbohrer, der auf einem festen Gestell fixiert und weit leistungsfähiger war als die bislang verwendeten, einfachen Handbohrer.

»…mit dem Ruf des Kuckucks«

Zu Rinderles Zeiten gab es bereits eine Sonderform der Schwarzwalduhr, die im Laufe der Jahrhunderte zum bekanntesten Exportartikel, ja fast schon zu einem Synonym für den Schwarzwald aufsteigen sollte: die Kuckucksuhr. Erfunden wurde sie allerdings nicht im Schwarzwald. Mindestens ein Jahrhundert, bevor in der Region die ersten Kuckucksuhren gebaut wurden, gab es andernorts Vorläufer. So wurde ein besonders frühes Exemplar, bei dem bereits ein beweglicher Kuckuck die Zeit ausrief, im Jahr 1629 beschrieben – diese älteste bekannte Kuckucksuhr war Teil der kurfürstlichen Kunst- und Kuriositätensammlung in Dresden. Wo und wann genau die erste Schwarzwälder Kuckucksuhr entstand, ist bis heute umstritten: in den 1730er Jahren in Schönwald, gebaut von dem Uhrenmacher Franz Ketterer? Oder war Michael Dilger aus Neukirch der erste Schwarzwälder Kuckucksuhren-Produzent?

Bereits um die Mitte des 18. Jahrhunderts wurden jedenfalls an verschiedenen Orten des Schwarzwalds hölzerne Kuckucksuhren gefertigt. Der Kardinal und Präfekt des Vatikanischen Archivs Giuseppe Garampi schrieb 1762 nach einer Deutschlandreise: »Die Holzuhren werden in dieser Gegend in sehr großen Mengen hergestellt, und wenn sie auch schon früher nicht ganz unbekannt waren, so hat man sie doch jetzt vervollkommnet und begonnen, mit dem Ruf des Kuckucks auszustatten.« Obwohl also keine gebürtige Schwarzwälderin, wurde die Kuckucksuhr in der Region heimisch wie sonst nirgends.

Wie erfolgreich die Schwarzwälder Uhren auch im fernen Ausland waren, zeigt beispielhaft die Geschichte der Uhrenhändlerkompanie, die um 1770 von den Brüdern Matthias, Joseph, Jakob, Georg, Fidelis und Simon Faller in Friedenweiler gegründet wurde. Von Anfang an war das Unternehmen auf den Handel in Vorderasien spezialisiert. Als Matthias Faller wegen seiner Verschwendungssucht, die den Brüdern missfiel, aus dem Geschäft gedrängt wurde, reiste er um das Jahr 1779 auf eigene Rechnung nach Konstantinopel. Dort überreichte er dem Sultan Abdul Hamid I. eine Spieluhr als Geschenk, was sich auszahlte: Der Sultan erteilte ihm die exklusive Erlaubnis, Uhren abgabenfrei ins Osmanische Reich einzuführen und zu verkaufen. Und Faller nutzte seine Chance: Nach etwa zehn Jahren kehrte er als reicher Mann in den Schwarzwald zurück – zum Erstaunen der anderen Schwarzwaldbewohner trug er auch dort noch gelegentlich türkische Kleidung. Fallers nächster Auslandsaufenthalt endete allerdings tragisch: 1794 wurde er am Bosporus überfallen und ermordet.

Frühe Schwarzwald-Kuckucksuhr mit Holzräderwerk, gebaut von Johannes Wildi aus Eisenbach (um 1780).

Romantiker und Revolutionäre

»Königsloge« der Weltgeschichte

Als 1789 die Französische Revolution ausbrach, sorgte dies auch in Deutschland für Begeisterung bei den einen, für Entsetzen bei den anderen. Kalt ließen die Ereignisse kaum jemanden, obwohl die Revolution vorerst auf Frankreich beschränkt blieb. Im Sommer 1789 gab es zwar auch östlich des Oberrheins vorübergehende Unruhen gegen die Obrigkeit, die aber bald wieder abflauten. Größtenteils waren es wütende Bauern mit Mistgabeln, die gegen Steuern und missliebige Vorschriften protestierten; mehrheitlich ging es ihnen, anders als den Revolutionären in Frankreich, nicht gleich um größere Umwälzungen oder gar den Sturz der Monarchen.

Als allerdings die sogenannten *Revolutionskriege* begannen – der Kampf des revolutionären Frankreichs gegen die Monarchien Russland, Preußen, Österreich und deren Verbündete – schwappte der Konflikt bald schon über den Rhein. Auch durch den Schwarzwald zogen wieder Soldaten, requirierten Pferde und Lebensmittel oder plünderten ganze Dörfer. In seiner Erzählung *Die Kriegspfeife* schrieb Berthold Auerbach mit Blick auf die Revolutionskriege: »Damals war eine außerordentliche Zeit. Jeder Bauer konnte aus der Königsloge seines eigenen Hauses die ganze Weltgeschichte vorbeidefilieren und agieren sehen, Könige und Kaiser spielten darin mit und erschienen bald so, bald so angezogen; und dieses ganze großartige Schauspiel kostete oft den Bauer weiter nichts als Haus und Hof und etwa noch sein Leben.«

1796 gab es einen französischen Angriff am Oberrhein, der die Revolutionstruppen über den Schwarzwald hinweg bis Bayern führte. Die Zivilbevölkerung verteidigte sich, zog aber meist den Kürzeren. Wieder flohen zahlreiche Menschen mit ihrem Vieh und ihrer Habe in den Wald. Die Franzosen siegten im Juli 1796 in einem Gefecht am Schwarzwaldberg Dobel bei Herrenalb, auch übernahmen sie die Kontrolle über den verkehrstechnisch wichtigen Kniebis-Pass an der Fernstraße von Straßburg nach Ulm, der von etwa 300 württembergischen Soldaten verteidigt worden war.

Im nächsten Krieg zwischen Frankreich und dem Bündnis seiner Gegner, der von 1799 bis 1801 dauerte, war der Schwarzwald ebenfalls direkt betroffen. Zum Beispiel wurde Freudenstadt am 3. März 1799 von rund 6.000 Franzosen eingenommen – während die meisten von ihnen bald weiter nach Osten zogen, blieb eine Besatzung von etwa 1.500 Mann in der Stadt.

Nachdem sich der General Napoleon Bonaparte 1804 zum französischen Kaiser gekrönt hatte, gab es weitere Kriegszüge über den Rhein. Die französischen Truppen rekrutierten im Schwarzwald etliche junge Männer als Soldaten. Zum Beispiel diente Bernhard Schmid aus Falkau am Feldberg seit 1808 im französischen Heer – zum Zeitpunkt seiner Verpflichtung für den spanischen Feldzug war er 19 Jahre alt. Schmid kehrte nicht mehr in die Heimat zurück. Sein vier Jahre jüngerer Bruder Mathä zog mit der *Grande Armée* nach Russland und kam dort ebenfalls ums Leben, als die Franzosen 1812 den Rückzug antreten mussten.

Die große Flurbereinigung

1805 waren die deutschen Staaten rechts des Oberrheins vollständig unter französische Kontrolle geraten. Napoleon Bonaparte beeinflusste die Landkarte Deutschlands nachhaltig: Da er starke deutsche Vasallenstaaten wünschte, beendete er die Kleinstaaterei und stärkte Fürstentümer wie Baden und Württemberg, deren Territorium sich schlagartig vergrößerte – auf Kosten anderer Adelshäuser wie der Fürstenberger, die 1806 ihre politische Macht verloren.

Auch die österreichische Herrschaft im Schwarzwald war nun vorbei. Größter Gewinner der napoleonischen Flurbereinigung war der bisherige Markgraf Karl Friedrich von Baden, der ab 1806 den Titel Großherzog führen durfte: Der Großteil des fürstenbergischen Territoriums mit Städten wie Neustadt im Schwarzwald oder Haslach im Kinzigtal gehörte ab jetzt ebenso zum Großherzogtum Baden wie die bis dahin habsburgisch-österreichischen Städte Freiburg, Waldkirch, Villingen und Triberg, außerdem die bislang freien Reichsstädte Offenburg, Gengenbach und Zell am Harmersbach.

Doch auch Württemberg, dessen Herzog Friedrich 1805 gar zum König von Napoleons Gnaden befördert wurde, konnte sich nicht beklagen: Sowohl der Fläche wie auch der Bevölkerungszahl nach hatte es sich in etwa verdoppelt. Zum Beispiel wurde Schramberg im mittleren Schwarzwald, das bislang zu Vorderösterreich gehört hatte, 1806 württembergisch. Der Großteil Neuwürttembergs lag allerdings nicht in der Schwarzwaldregion, sondern weiter östlich – als Ausgleich für die dortigen, erheblichen Zugewinne musste Württemberg sogar Hornberg und St. Georgen samt Umland an Baden abtreten.

Schon im September 1802 – noch nicht unter Napoleons Einfluss, aber die Gunst dieser chaotischen Jahre nutzend – hatte

Regierte seit 1806 über einen Großteil des Schwarzwalds: Großherzog Karl Friedrich von Baden (Ölgemälde von Johann Ludwig Kisling).

Württemberg mit der Expansion begonnen: Etwa 1.000 Soldaten waren damals vor den Toren von Rottweil erschienen, um die alte Reichsstadt am Schwarzwaldrand in Besitz zu nehmen. Im Grunde galt hier das Recht des Stärkeren. Die Würdenträger Rottweils, vom Ratsherrn bis hin zum Zunftmeister, mussten Herzog Friedrich die Treue schwören. Eine Wahl hatten sie nicht, da die anderen Fürsten in den Wirren der damaligen Zeit keine Anstalten machten, ihnen zur Seite zu springen – auch nicht der letzte Kaiser des *Alten Reiches*, der bis 1806 amtierte. Und als Napoleon die Geschicke des deutschen Südwestens zu lenken begann, war das Schicksal der bisherigen Reichsstädte ohnehin besiegelt. Die Stadtbefestigung Rottweils, einst Symbol der eigenen Stärke, wurde in den folgenden Jahren abgerissen – in den 1820er Jahren folgten die Stadttore mit Ausnahme des bis heute erhaltenen *Schwarzen Tors*.

Durch Napoleon vom Herzog zum König befördert: Friedrich Wilhelm Karl von Württemberg (Ölgemälde von Johann Baptist Seele).

»Ich konnte es nicht ansehen«: Enteignung der Klöster

Noch einen Schritt weiter ging die Entwicklung bei den Klöstern: Sie wurden unter dem Einfluss Napoleons nicht nur politisch entmachtet, sondern durch die *Säkularisation* aufgelöst und enteignet – knapp drei Jahrhunderte, nachdem bereits die Klöster der protestantisch gewordenen Fürstentümer ein ähnliches

Schicksal ereilt hatte. Abteien, die sich gerade noch auf dem Höhepunkt ihrer Entwicklung geglaubt hatten, verschwanden von heute auf morgen von der Bildfläche. Der letzte Abt des Klosters St. Peter auf dem Schwarzwald, Ignaz Speckle, notierte in seinem Tagebuch über den Abtransport kunstvoller Globen und anderer Wertgegenstände: »Abends um halb 5 wurden sie weggetragen. Ich konnte es nicht ansehen. So fängts an, daß alles was unsere Väter und wir gesammelt haben, zerstreut, und eine Anstalt zerstöret wird, welche über 700 Jahre gedauert und nicht ohne Nutzen gedauert hat.« St. Peter stand von nun an unter der Hoheit des Großherzogtums Baden.

St. Blasien samt Grundbesitz war seit 1806 ebenfalls badisch. Die Inneneinrichtung des Klosters wurde versteigert, die vielbewunderte Kuppelkirche entging nur durch Intervention des badischen Baudirektors Weinbrenner mit knapper Not dem Abriss – der Gedanke des Denkmalschutzes steckte noch in den Kinderschuhen. Der letzte Fürstabt von St. Blasien, Berthold Rottler, und 37 seiner Mitbrüder wanderten nach Kärnten aus, wo sie ein leerstehendes Kloster beziehen konnten.

Rottlers Vorgänger Martin Gerbert, der 1793 im Alter von knapp 73 Jahren gestorben war, musste das nicht mehr erleben; als Gerberts Vermächtnis blieb (neben seiner opulenten Geschichte des Schwarzwalds) der sehenswerte Klosterbau – und außerdem die 1791 gegründete *Rothaus-Brauerei* inmitten des Hochschwarzwalds: Angeblich hatte diese neben Profitinteressen auch dem Zweck gedient, die Bauern des Umlands durch schmackhaftes Bier vom Schnapstrinken abzubringen. Angesiedelt war die Brauerei im *Rothen Haus*, das nicht nach seiner Farbe, sondern nach der früheren Eigentümerfamilie benannt war. Jedenfalls überstand diese ursprünglich klösterliche Einrichtung die Säkularisation und existiert bis heute: als *Badische Staatsbrauerei Rothaus*.

Das säkularisierte Klostergebäude von St. Blasien diente seit 1809 als Standort der ersten badischen Maschinenfabrik – eine der frühesten in ganz Deutschland. Von Nutzen war hierbei die Wasserkraft der Alb und der Steina – über Wasserräder wurden die Maschinen in Gang gesetzt. Die Fabrik wurde zum willkommenen Arbeitgeber für die Bauernfamilien des Umlandes. Der erst 23-jährige Gründer und begabte Erfinder Johann Georg Bodmer stammte aus der Schweiz, von wo er qualifizierte Mechaniker mitbrachte. In den folgenden Jahrzehnten diente das ehemalige Kloster auch lange Zeit als Baumwollspinnerei. Heute ist es wieder in kirchlicher Hand: als Heimat des Jesuitenkollegs St. Blasien – ein Privatgymnasium mit Internat.

Umnutzung, Verfall und Renaissance

Auch das Kloster Allerheiligen wurde nach der Säkularisation kurzzeitig als Spinnerei genutzt, stand bald aber leer und verfiel. Es diente seit 1810 gar längere Zeit als Steinbruch. Dann aber eröffnete die malerische Schönheit der Ruine eine neue Perspektive für das ehemalige Kloster: als Sehenswürdigkeit für Wanderer und (Kur-)Touristen.

Napoleons Erbe

Nachdem Napoleon während der *Befreiungskriege* besiegt und der französische Einfluss wieder abgeschüttelt war, machte der Wiener Kongress von 1815, auf dem über die Staatenordnung in Europa verhandelt wurde, weder die Säkularisation noch die politische Neuordnung rückgängig. Somit gehörte die Vielstaaterei im Schwarzwald und seinem Umland endgültig der Vergangenheit an: Von jetzt an waren in etwa drei Viertel des Gebirges badisch, das übrige Viertel württembergisch.

Heute noch zu sehen: Grenzmarkierung zwischen Baden und Württemberg am Ruhestein.

Wo sich das Königreich Württemberg und das Großherzogtum Baden im Schwarzwald berührten, zeigen bis heute historische Grenzsteine und andere Markierungen: am Ruhestein an der Schwarzwaldhochstraße stehen zum Beispiel noch hölzerne Grenzpfosten.

Stoff für Dichter und Schwärmer

1816 schrieb der preußische Diplomat Karl August Varnhagen von Ense nach einer »Lustreise in den Schwarzwald«, die ihn und seine Begleiter unter anderem zu den Triberger Wasserfällen geführt hatte: »Solche zehn Tage, wie herausgeschnitten und rein gesondert aus dem gewöhnlichen Leben, entledigt aller Bedingnisse, Rücksichten und Umstände, die uns den Atem erschweren, solch eine lachende Insel begegnet uns im wüsten Meere zu selten […]! Die großartigen Schauspiele der Natur, die Felsen und Bäche und Wasserfälle, das schimmernde Grün der Wiesen, die herrlichen Bäume, die Farbenpracht der Sonnenaufgänge, das Rauschen der Wässer und Wälder beim Sternenglanz, alles nahm den Sinn gefangen und gab der Einbildungskraft den Stoff der schönsten Träume.«

Ähnlich enthusiastische Äußerungen häuften sich. Der berühmte, aus dem Südschwarzwald stammende Dichter Johann Peter Hebel (1760–1826), der neben dem heimischen Wiesental besonders den Schwarzwaldberg Belchen schätzte, stellte in einem Brief die rhetorische Frage: »Ist es wahr, dass die erste Station von der Erde zum Himmel auf dem Belchen ist und die zweite im Mond und die dritte auf dem Morgenstern […]?«

Johann Peter Hebel mit Elisabeth Baustlicher (Doppelbildnis von Carl Joseph Agricola, 1814).

Es war die Zeit der Romantik. Nachdem die Aufklärung vor allem den Verstand betont hatte, standen Gefühle nun hoch im Kurs. Die Idealisierung der Natur gehörte zu den Merkmalen der Epoche, ebenso die Verklärung des vermeintlich heroischen, poetischen Mittelalters mit seinen Rittern und Minnesängern. Entsprechend begeistert zeigte sich der romantische Dichter Ludwig Tieck, der 1810 in Baden-Baden logierte, über die Schwarzwaldberge mit ihren malerischen, mittelalterlichen Burgruinen. Eine von ihnen – die Burg Staufenberg oberhalb Durbachs bei Offenburg – stieß nun gar auf fürstliches Interesse: Unter der Regie des Hauses Baden wurde sie in den 1830er Jahren zu einem romantischen Schlösschen umgebaut, das – umgeben von Rebbergen – bis heute als Weingut dient.

Schloss Staufenberg heute.

Die Waldfläche wächst wieder

Zwar gab der Schwarzwald des frühen 19. Jahrhunderts wegen der intensiven Rodung ein teilweise eher trauriges Bild ab; aber dennoch existierten die Orte, an denen die Schönheit der Natur, gepaart mit dem Reiz alter Burgen und Klöster, erhalten geblieben war. Zudem verstärkten sich die staatlichen Bestrebungen, den Wald wieder aufzuforsten, im frühen 19. Jahrhundert erheblich – manchmal zum Missfallen der Bauern: Auch Flächen, auf denen sie Weidewirtschaft betrieben hatten, wurden jetzt von Neuem mit Bäumen bepflanzt.

Dass die Schreckensvision eines Waldes ohne Bäume nicht wahr wurde, hatte zweifellos eher praktische als romantische Gründe: Einerseits wollte man dem gebeutelten Holz- und Flößereigewerbe wieder auf die Beine helfen; andererseits ging der Holzbedarf allgemein zurück – die Steinkohle war als neuer Energielieferant mit höherem Heizwert entdeckt worden. Sie wurde (etwa im Ruhrgebiet) in großen Mengen gefördert und war immer günstiger verfügbar."

Jedenfalls gehörte das ersatzlose Abholzen ganzer Flächen im Schwarzwald wie auch in anderen Gebirgen der Vergangenheit an. Das badische Forstgesetz von 1833, eines der ersten seiner Art, verschärfte die Richtlinien für die Waldbewirtschaftung und legte auch eine rechtliche Grundlage für den Schutz der Wälder – Kahlhiebe bedurften nun einer Sondergenehmigung. Die noch junge Forstwissenschaft etablierte sich mehr und mehr als ernstzunehmende Disziplin, die an Hochschulen gelehrt wurde – etwa am 1825 gegründeten Karlsruher Polytechnikum.

Die ersten Schwarzwald-Maler

Carl Ludwig Frommel:
Der Triberger Wasserfall
(Gemälde von 1838).

Die Kunst mit ihrem emotionalen Blick bildete den Gegenpol zur Wissenschaft. In der Zeit der Romantik entdeckten neben den Schriftstellern auch die Kunstmaler und Kupferstecher den Schwarzwald. Typisch für die Zeit sind die Landschaftsbilder von Carl Ludwig Frommel (1789–1863), der vom Hunsrück stammte und seit 1818 Kunstprofessor in Karlsruhe war. Von ihm sind Gemälde wie *Der Triberger Wasserfall* oder *Felspartie bei Langenbrand im Murgtal* überliefert. Burg- und Klosterruinen hatten es auch Frommel ganz besonders angetan – vor der Kulisse der Schwarzwaldlandschaft verewigte er unter anderem die Burg Hohenbaden, die Hochburg bei Emmendingen oder die Klöster Herrenalb und Tennenbach.

Die Region brachte nun erstmals eine stattliche Zahl bedeutender Kunstmaler hervor. Viele von ihnen lernten ihr Handwerk als Schildmaler, verzierten ursprünglich also die Frontplatten (Schilder) der begehrten Schwarzwalduhren mit bunten Motiven. Besonders talentierte Vertreter dieser Profession – etwa Dionys Ganter, Johann Baptist Kirner oder Johann Baptist Laule – wandten sich dann aber, häufig im Auftrag wohlhabender Bürger, großformatigen Gemälden zu.

Zu einem der berühmtesten Porträtmaler des 19. Jahrhunderts avancierte Franz Xaver Winterhalter (1805–1873) aus Menzenschwand im Hochschwarzwald, Sohn eines Uhrenträgers und Gastwirts. Allerdings spielte die Heimatregion auf Winterhalters Bildern, die heute noch im Pariser Louvre, in der Münchner Neuen Pinakothek oder in der Wiener Hofburg zu bestaunen

Johann Baptist Kirner: Szene in einer Hotzenwälder Bauernstube (Gemälde von 1841).

sind, keine große Rolle: Die von ihm Porträtierten waren meist Vertreter der mächtigsten europäischen Adelshäuser, von König Leopold I. von Belgien bis zur englischen Königin Victoria. Ganz anders bei Ganter, Kirner oder Laule: Ihre Gemälde zeigten oftmals Bauern, Bürger, Landschaften und Alltagsszenen aus dem Schwarzwald.

Vom Rosenhut zum Bollenhut

Zur Verklärung der Natur kam zur Zeit der Romantik eine Idealisierung der alten Volkskultur, wie sie insbesondere auf dem Land noch zu finden war. Dazu gehörte die Würdigung volkstümlicher Gebräuche und der Trachten, die sich mit der Zeit herausgebildet hatten. Bekannte Beispiele aus dem Schwarzwald sind die Flügelkappe, die Goldhaube und der berühmte, kronenartige *Schäppel* für ledige Frauen, der traditionell mit Perlen und anderem Glitzerschmuck verziert ist.

So authentisch und ursprünglich die Trachten anmuteten: Sie wurden im 19. Jahrhundert nicht nur von Künstlern gemalt oder beschrieben, sondern zum Teil erst neu kreiert – oder zumindest stark weiterentwickelt. Das gilt auch und gerade für das heutzutage berühmteste aller Schwarzwälder Trachten-Accessoires: den *Bollenhut* aus den benachbarten Dörfern Gutach, Kirnbach und Reichenbach zwischen Hausach und Hornberg.

Zwar geht die Bollenhut-Tracht in einzelnen Elementen bis auf das 16. Jahrhundert zurück, im Wesentlichen entstand sie aber erst deutlich später: Im 18. Jahrhundert waren Strohhüte in Mode gekommen und wurden in verschiedenen Gegenden des Schwarzwalds mit echten oder unechten Rosen verziert. So waren um 1800 auch die Vorläufer der heutigen Bollenhüte noch einfache Strohhüte mit aus Wolle hergestellten Kunstrosen in roter und schwarzer Farbe – auf Gemälden aus den 1820er Jahren sind die späteren Bollen nicht größer als tatsächliche Rosenblüten, und sie bedeckten nur einen kleinen Teil des Hutes. Mit der Zeit begannen die Kunstrosen zu wachsen – und aus dem *Rosenhut* wurde der *Bollenhut*.

Weltbestseller: Die Schwarzwälder Dorfgeschichten

Das einfache und traditionelle Landleben wurde in den *Schwarzwälder Dorfgeschichten* von Berthold Auerbach (1812–1882) eindringlich beschrieben. Heute nur noch wenigen ein Begriff, zählte Auerbach, der aus Nordstetten bei Horb am Neckar stammte, im 19. Jahrhundert zu den meistgelesenen deutschen Schriftstellern. Seinen Durchbruch erlebte er 1843 mit den ersten neun der insgesamt 27 *Dorfgeschichten*, die den Nerv der Zeit trafen und den Autor auf einen Schlag berühmt machten. Aus Auerbachs Werken spricht zwar teilweise der Geist der Romantik, doch wird der Schwarzwald nicht als heile Welt verklärt. Missstände werden zum Thema gemacht, was auch politische Brisanz barg. Zum Beispiel geht es in der Erzählung *Befehlerles* um die Willkür der Obrigkeit – und der Schriftsteller wusste sehr gut, wovon er schrieb: Er selbst hatte 1837 wegen demokratisch-revolutionärer Umtriebe eine zwei Monate lange Festungshaft verbüßt.

Auerbachs Erzählungen avancierten zum Vorbild und Muster für ein ganzes Genre: die literarische Gattung *Dorfgeschichte*. Sie wurden in riesigen Auflagen gedruckt und waren auch international höchst erfolgreich – Mark Twain bekannte später, den Schwarzwald zuerst durch Auerbachs Geschichten kennengelernt zu haben. An der zunehmenden Popularisierung des Schwarzwalds hatte Auerbach einen erheblichen Anteil.

Die bekannteste der *Schwarzwälder Dorfgeschichten* erschien 1846 unter dem Titel *Die Frau Professorin.*

Berthold Auerbach traf mit seinen Schwarzwälder Dorfgeschichten einen Nerv der Zeit.

Thema ist hier der Gegensatz von Stadt und Land: Auf literarisch hohem Niveau schildert Auerbach eine Liebesgeschichte zwischen dem Stadtmenschen und naturliebenden Kunstmaler Woldemar Reinhard und der einfachen Schwarzwälder Wirtstochter Lorle. Die beiden verlieben sich und heiraten, und Lorle zieht mit ihrem Mann in die Stadt, wo Reinhard zum Kunstprofessor aufsteigt.

Dort aber wird das Paar nicht glücklich. Das Mädchen vom Lande passt nicht in die Gesellschaft städtischer Bildungsbürger. Lorle fühlt sich zunehmend einsam – während Reinhard beginnt, sich für sie zu schämen. Die Ehe zerbricht und Lorle kehrt in den Schwarzwald zurück. Die Handlung diente später als Vorlage für die Operette *Schwarzwaldmädel*, die im 20. Jahrhundert mehrfach verfilmt wurde – davon wird noch die Rede sein.

Wilhelm Hauff und Das Kalte Herz

Das heutzutage berühmteste literarische Werk aus dem 19. Jahrhundert, dessen Handlung im Schwarzwald spielt, ist aber ohne Zweifel Wilhelm Hauffs Kunstmärchen *Das kalte Herz* (1827) – ebenfalls Stoff zahlreicher Verfilmungen sowie Thema der Dauerausstellungen im *Schloss Neuenbürg* und in *Hauffs Märchenmuseum* (Baiersbronn). Das Märchen greift die sagenhaft-mythische Seite des Schwarzwalds auf – auch diese war von den Romantikern neu entdeckt worden: Man sammelte und verschriftlichte damals mündliche Erzählungen über Sagenfiguren wie den menschenfressenden Riesen Erkinger, das geheimnisvolle Rockenweibchen oder den Wurzelfaun. Dem sagenhaften Hirsch, der auf der Flucht vor einem Jäger mit einem gewaltigen Satz über die Höllentalschlucht gesprungen sein soll, wurde im 19. Jahrhundert gar ein (später mehrmals erneuertes) Denkmal gesetzt – bis heute steht ein bronzener Hirsch hoch oben auf den Felsen.

Sagenumwoben: Der Mummelsee

Häufig waren es auch die Seen des Schwarzwalds, die im Mittelpunkt der alten Erzählungen standen. Allein um den Mummelsee rankten sich etliche Sagen – sogar der Name des Sees geht womöglich auf die *Mümmlein* zurück: geheimnisvolle Nixen, die der Überlieferung nach in einem Schloss aus Kristall in den Tiefen des Gewässers wohnen.

Von den Volkssagen und -märchen inspiriert, wies auch Hauff geisterhaften Gestalten eine Schlüsselrolle zu. Gleichzeitig erzählt sein Märchen vom realen Leben im Schwarzwald: Die Hauptperson Peter Munk ist ein armer Köhler. Durch einen Pakt mit dem unheimlichen Riesen Holländermichel wird Munk erfolgreich und wohlhabend. Der bittere Preis dafür: ein Herz aus Stein. Doch am Ende erhält Munk sein lebendiges Herz zurück, nachdem er den Bösewicht mit Hilfe des Glasmännleins, eines guten Waldgeistes, überlistet hat.

Schon der Beginn des Hauffschen Märchens ist auch eine Ode an die Region und besonders an ihre Bewohner: »Wer durch Schwaben reist, der sollte nie vergessen, auch ein wenig in den Schwarzwald hineinzuschauen; nicht der Bäume wegen, obgleich man nicht überall solch unermeßliche Menge herrlich aufgeschossener Tannen findet, sondern wegen der Leute, die sich von den andern Menschen ringsumher merkwürdig unterscheiden. Sie sind größer als gewöhnliche Menschen, breitschultrig, von starken Gliedern, und es ist, als ob der stärkende Duft, der morgens durch die Tannen strömt, ihnen von Jugend auf einen freieren Atem, ein klareres Auge und einen festeren, wenn auch rauheren Mut als den Bewohnern der Stromtäler und Ebenen gegeben hätte.«

Die romantische Perspektive auf den Schwarzwald war nicht weniger als ein Paradigmenwechsel: Viele Jahrhunderte lang hatte das Gebirge als Rohstofflager gedient, war gerodet und ausgebeutet worden. Selbst für die Mönche des Mittelalters war die Wildnis

Illustration zu Hauffs Märchen *Das kalte Herz* (1890er Jahre).

vor allem eines gewesen: ein Auftrag zur Kultivierung. Nun begann sich der Blick zu wandeln. Die Natur schien edel und schön, obendrein auch erholsam und belebend für Körper, Geist und Seele. Der Schwarzwald wurde zum Sehnsuchtsort. Die alten Ruinen, die urwüchsige Volkskultur und die Sagen, die sich um unzählige Orte rankten, verliehen ihm zudem eine geheimnisvolle, erhabene Aura. *Der Schwarzwald-Mythos* war geboren.

Wirtschaft im Umbruch

Die Romantik fiel in eine Zeit, in der bereits die Anfänge der Industrialisierung erkennbar waren. Erste Fabriken gab es seit Beginn des 19. Jahrhunderts auch im Schwarzwald. Von der Maschinenfabrik im ehemaligen Kloster St. Blasien war bereits die Rede. Ein weiteres frühes Industrieunternehmen war die Draht- und Schraubenfabrik Falkau, die 1827 mitten im Hochschwarzwald ihren Betrieb aufnahm. Und aus der Wildbader Papiermühle wurde in den 1830er Jahren eine mechanische Papierfabrik.

Als der 1836 geschaffene *Deutsche Zollverein* hohe Einfuhrzölle auf Waren aus dem Ausland erhob, gründeten Schweizer Unternehmer, um die Zölle zu umgehen, eine Reihe von Seidenspinnereien, Bandwebereien und andere Textilfabriken auf der anderen Seite der Grenze – nicht zuletzt im südlichen

Schwarzwald, so in Zell im Wiesental und in Schönau. Allein im Wiesental arbeiteten in den 1840er Jahren mehr als 3.000 Männer, Frauen und Kinder bei den ortsansässigen Industriebetrieben. Die Arbeitsbedingungen in diesen frühen Fabriken waren allerdings meist schlecht, die Löhne niedrig. Viele Arbeiterfamilien lebten nahe am Existenzminimum.

Die weitaus meisten Menschen waren nach wie vor Bauern. Aber auch deren Lage war schwierig. Durch bessere Geräte, moderne Fruchtwechselwirtschaft, Stall- statt Weidehaltung und neue Düngemittel begann die Landwirtschaft zwar produktiver zu werden; da aber gleichzeitig die Bevölkerung wuchs, blieb das Nahrungsangebot knapp – und bei Missernten brachen weiterhin Hungersnöte aus.

Es war die Zeit einer massenhaften Armut, des sogenannten *Pauperismus*, der auch die Zahl der Verbrechen – vom einfachen Diebstahl bis hin zum Straßenraub oder Mord – in die Höhe schnellen ließ. Im Schwarzwald schlug der erwähnte Niedergang des Holzgewerbes zusätzlich negativ zu Buche. Und seit den 1840er Jahren kam eine Krise des für die Region so wichtigen Uhrenhandwerks dazu. Einer Schätzung zufolge war noch im frühen 19. Jahrhundert rund ein Drittel aller weltweit hergestellten Uhren aus dem Schwarzwald gekommen. Aber nun begann sich in den USA die industrielle Konkurrenz zu regen. Im Wettbewerb mit modernen Uhrenfabriken konnten die traditionellen Handwerksbetriebe des Schwarzwalds schwer mithalten. Entsprechend gravierend waren die wirtschaftlichen Folgen in den Hochburgen des Uhrenbaus: Zu Beginn der 1840er Jahre waren etwa in Eisenbach, Gütenbach, Neukirch, St. Georgen, Furtwangen oder Schönwald fünf bis acht Prozent aller Einwohner selbständige Uhrenmacher, die meist eine Familie zu ernähren hatten. Existenzen standen auf dem Spiel.

»...zu einem neuen Vaterlande«: Massenauswanderung

Die wirtschaftlich schwierige Lage ließ die Auswanderung – vor allem nach Amerika – drastisch ansteigen. Während Romantiker die Schönheit des Schwarzwalds priesen, kämpften viele seiner Bewohner ums nackte Überleben.

Der *Schwarzwälder Bote* schrieb am 1. Mai 1840: »Für viele ist in der Heimat der Grund und Boden zu solchen hohen Preisen gestiegen, daß es ihnen unmöglich geworden, einen so großen Anteil anzukaufen, als nötig wäre, eine Familie mit diesem Ertrage zu ernähren. Andere, welche ein Gewerbe erlernt haben, sehen alle Plätze zu einem nährenden Unterkommen meistens überfüllt, oder ihr Gewerbe durch die Vermehrung der Fabriken, wo Maschinen statt der Händearbeit das Werk verrichten, in Schatten gedrängt; noch andere haben keine Lust, Soldaten zu werden, fürchten die Möglichkeit eines Krieges und dessen Verheerungen, und einige sind es müde, auf eine Emancipation ihres Standes zu warten, und hundert andere Ursachen mehr, sei es nun wahr oder eingebildet, drängen die Menschen in neue Wohnsitze und zu einem neuen Vaterlande, von dem sie ihr Heil erwarten.«

Es gärt: Der Geist der Revolution

Die verbreitete Armut führte auch zu neuem Unmut gegenüber den Fürsten, die angesichts der Not ihrer Untertanen weitgehend machtlos, zum Teil auch eher gleichgültig schienen. Für Unruhe im autoritären Adelsstaat sorgten außerdem liberale Ideen, die im gebildeten und wohlhabenden Bürgertum viele Anhänger fanden. Die Liberalen forderten mehr Freiheit, mehr Mitbestimmung – und oftmals auch einen vereinigten deutschen Nationalstaat anstelle der alten Landesherrschaften, die im *Deutschen Bund* nur sehr lose zusammengeschlossen waren.

Besonders radikal waren die Forderungen der badischen Rechtsanwälte Friedrich Hecker und Gustav Struve, die sich im September 1847 in Offenburg am westlichen Schwarzwaldrand gemeinsam mit mehreren hundert Gesinnungsgenossen versammelten. Ihr Ziel war nicht weniger als die gänzliche Abschaffung der Monarchie zugunsten einer demokratischen Republik.

Prominenter Revolutionär: Friedrich Hecker (Gemälde von Bernhard Neher d. J., zweite Hälfte des 19. Jahrhunderts).

Die gemäßigten Liberalen wollten sich mit den Monarchen zwar arrangieren, den gewählten Volksvertretern aber mehr Einfluss verschaffen – Parlamente gab es bereits, doch ihre Macht war noch sehr beschränkt, zumal die Wahlen nicht geheim und nur Männer wahlberechtigt waren. Gerade Freiburg mit der dortigen Universität war eine Hochburg des Liberalismus zur Zeit des sogenannten *Vormärz* – den Jahren vor Ausbruch der gesamtdeutschen Revolution im März 1848.

Der Funke springt über den Rhein

Den Auftakt zum Revolutionsjahr bildete die Februar-Revolution in Paris. Es dauerte danach nicht lange, bis der revolutionäre Funke über den Rhein sprang und auch die Schwarzwaldregion erreichte. Hungerkrawalle unzufriedener Bauern brachen aus und richteten sich vor allem gegen die lokalen adligen Grundbesitzer. Am 18. März forderten zahlreiche Bewohner des Hochschwarzwalds in einer Petition, die in Altglashütten am Feldberg aufgesetzt wurde, Presse- und Versammlungsfreiheit, die Einberufung eines gesamtdeutschen Parlaments und die Beseitigung aller Vorrechte des Adels.

Ebenso gingen die führenden Liberalen in die Offensive und erreichten noch im März 1848 Zugeständnisse ihrer Regierungen – letztere waren von der Wucht des Protests überrumpelt und wollten die Wogen glätten. So wurden fast überall in Deutschland Liberale in Ministerämter berufen und weitere Reformen in Aussicht gestellt. In der Frankfurter Paulskirche trafen sich bald Vertreter aus allen deutschen Ländern, um die Schaffung eines gesamtdeutschen Staates mit liberaler Verfassung voranzutreiben.

Heckers Marsch durch den Schwarzwald

Die radikaldemokratischen Revolutionäre um Friedrich Hecker lehnten – anders als die Mehrheit der Paulskirchen-Delegierten – die Kooperation mit den alten Gewalten ab. Sie spekulierten auf eine breite Volksbewegung, die zunächst eine badische Republik erzwingen und danach einen Lawineneffekt in ganz Deutschland auslösen sollte. In Konstanz am Bodensee scharte Hecker im April 1848 einige Dutzend bewaffnete Freiwillige um sich und zog mit ihnen quer durch den Schwarzwald in Richtung Oberrhein. Man hoffte, unterwegs zahlreiche weitere Mitstreiter zu finden – das Ziel war die badische Hauptstadt Karlsruhe. Die Bedingungen, die Hecker und seine Anhänger speziell im Hochschwarzwald vorfanden, waren schwierig: Als die Revolutionäre während der Karwoche den Feldberg und den Schluchsee passierten, setzte starker Schneefall ein. Hecker selbst schrieb rückblickend:

»Bei Glashütte hielten wir ein Moment Rast, denn nun sollte erst der schlimmste Teil des Weges beginnen. War es auf diesen Höhen des Feldberges schon empfindlich kalt, so begann nun ein Regen-, Schnee- und Hagelsturm, wie ich ihn kaum je erlebt habe, so daß alle durch und durch geweicht wurden; der Wind brauste, daß es uns fast umriß, die Bäume beugten sich, schlugen die Wipfel zusammen und krachten, dabei mußte man durch einen viele

Fuß tiefen Winterschnee, zu welchem der frischgefallene hinzugekommen war, die steile Kuppe hinanklimmen und waten, unsere Wagen mußten, um nicht um- und in die Tiefe zu stürzen, von den Wehrmännern gestützt und gehalten werden, und dennoch, gleich als wollten sie dem Himmel trotzen, stimmten sie ein Lied der Freiheit an, riefen sich Scherzworte zu oder spotteten über unsere Noth [...]«

Trotz der Widrigkeiten schlossen sich dem *Heckerzug* auch im Schwarzwald weitere Freiwillige an – zum Beispiel der 22-jährige Wendelin Herrmann aus Bärental. Immerhin war Heckers Truppe, als sie den Schwarzwald im Westen verließ, auf ungefähr 1000 Revolutionäre angewachsen.

Die Zahl der Sympathisanten war noch weit größer. Der spätere Heimatdichter Heinrich Hansjakob, beim Ausbruch der Revolution erst zehn Jahre alt, erinnerte sich später, wie auch in seinem Heimatort Haslach im Kinzigtal die mit Hahnenfedern geschmückten *Heckerhüte* in Mode kamen und sich jeder, der »ein Herz fürs Volk und die nötigen Haarmittel hatte« , einen *Heckerbart* wachsen ließ. Neun von zehn Haslachern, Männer wie Frauen, seien damals für die Revolution entflammt und begeisterte Republikaner gewesen. Über sich selbst schrieb Hansjakob: »Auch mich riss die allgemeine Krankheit mit fort, und ich wurde Freiheitsmann mit Leib und Seele [...].«

Zum triumphalen Marsch nach Karlsruhe, wie ihn Hecker geplant hatte, kam es allerdings nicht. Am 20. April 1848 wurden die Revolutionäre bei Kandern am Rand des südlichen Schwarzwalds von zahlenmäßig weit überlegenem hessischem und badischem Militär gestellt und nach kurzem Gefecht besiegt. Hecker und andere Mitstreiter flohen ins Ausland, meist über die Schweizer Grenze, wenn sie nicht tot oder in Gefangenschaft geraten waren. Wendelin Herrmann, der junge Freischärler aus Bärental, soll sich gemeinsam mit anderen Überlebenden ein halbes Jahr lang im Feldbergwald versteckt haben, um einer Verhaftung zu entgehen.

In den Tagen nach der *Schlacht bei Kandern* unterlagen auch zwei weitere revolutionäre Freischaren, die sich mit dem *Heckerzug* hatten vereinigen wollen, bei Dossenbach und Günterstal. Die Hoffnung auf eine badische Republik war damit vorerst begraben.

Letztes Aufbäumen: Die Badische Revolution 1849

Letztendlich scheiterten auch die gemäßigten Revolutionäre mit ihren Zielen. Die alten Gewalten übernahmen nach einigen Monaten wieder das Ruder und trieben die Versammlung in Frankfurt auseinander. In Baden kam es allerdings im Mai 1849 zu einem weiteren revolutionären Anlauf, der sich anfangs überraschend erfolgreich gestaltete: Auch in den Schwarzwaldgemeinden schlossen sich wieder etliche Männer den revolutionären Truppen an, zu denen nun – anders als 1848 – zahlreiche Soldaten und Offiziere überliefen. Die Revolutionäre konnten tatsächlich die Kontrolle über das Großherzogtum übernehmen, und Großherzog Leopold musste in der Nacht auf den 14. Mai aus Karlsruhe fliehen. Seit dem 1. Juni war in der badischen Hauptstadt eine provisorische revolutionäre Regierung im Amt – und Baden nun wirklich eine (wenn auch kurzlebige) Republik.

Im württembergischen Teil des Nordschwarzwalds flammte die Revolution im Juni 1849 ebenfalls von Neuem auf. Allerdings war der Rückhalt dort geringer. Während sich revolutionäre Bürgerwehren aus Städten und Ortschaften wie Freudenstadt, Baiersbronn oder Calw zusammenschlossen, lehnten andere Gemeinden die Beteiligung am Aufstand ab. Militär rückte an, und die württembergischen Freischaren zerstreuten sich – angesichts der Übermacht waren sie chancenlos.

Als preußische Truppen in Richtung Baden marschierten, standen die Republikaner auch dort auf verlorenem Posten. Bis

Ende Juli waren sie überall besiegt – und überall wurden, bevor die Preußen im Ort waren, eilig die Heckerbärte abrasiert. Es folgten drakonische Strafen für die Revolutionäre, sofern man ihrer habhaft wurde. Ein Gemälde von Johann Baptist Kirner zeigt die Erschießung eines Schwarzwälders durch preußische Soldaten – der zum Tod Verurteilte steht noch aufrecht mit verbundenen Augen, kurz bevor die Schüsse fallen.

Johann Baptist Kirner: *Standrechtliche Erschießung eines Schwarzwälders* (Ölgemälde nach 1849).

Heinrich Hansjakob, der auch das Einrücken der Preußen in Haslach erlebte, schrieb im Rückblick: »Mit der Republik war es aus […]; in meinem Innern aber lebte noch die republikanische Begeisterung, und auf meinen schwarzen Haaren saß noch das schwarze Heckerhütchen mit Kokarde und einem Büschel feiner Hennenfedern.«

Die Revolution war besiegt. Doch ihre Ideen blieben lebendig. Und nicht alles, was die Revolutionäre angestoßen hatten, wurde rückgängig gemacht. Dauerhaft und bedeutsam für den Schwarzwald war zum Beispiel die Änderung des Jagdrechts. Die am 21. Dezember 1848 in der Frankfurter Paulskirche deklarierten Grundrechte enthielten den Satz: »Im Grundeigentum liegt die Berechtigung zur Jagd auf eigenem Grund und Boden.«

Dies bedeutete nicht weniger als die Abschaffung des exklusiven Jagdprivilegs, das der Adel seit Jahrhunderten genossen hatte. Wer ein Waldstück besaß – ob adlig oder nicht – sollte dort nun selbst jagen oder das Jagdrecht verpachten dürfen. Im Wesentlichen blieb dieser Grundsatz bestehen, als das Paulskirchen-Parlament längst entmachtet war – allerdings mit Einschränkungen: In der Revolutionszeit hatte es einen derartigen Ansturm bewaffneter Bürger auf die Wälder gegeben, dass es mancherorts bald kaum noch Hirsche, Rehe oder Wildschweine gab und die öffentliche Sicherheit gefährdet schien.

Deshalb bestimmten neue gesetzliche Regelungen in Baden und Württemberg, dass nur Besitzer einer größeren zusammenhängenden Waldfläche von mindestens 50 Morgen (umgerechnet knapp 16 Hektar) zugleich auch das Jagdrecht besaßen. Kleinere Waldstücke durfte die jeweilige Gemeinde zu größeren Jagdrevieren zusammenfassen – das Jagdrecht wurde verpachtet, wobei der Reinerlös an die Grundeigentümer ging.

Das industrielle Zeitalter bricht an

Vom Handwerk zur Fabrik

Die wohl folgenreichste Umwälzung des 19. Jahrhunderts war die Umstellung auf mechanisch-maschinelle (Massen-)Produktion in den immer zahlreicheren Fabriken. Nach den frühen, aber noch vereinzelten Vorboten in der ersten Jahrhunderthälfte begann im Schwarzwald spätestens in den 1850er und 1860er Jahren für jeden sichtbar das industrielle Zeitalter.

Einmal mehr erwies sich die Wasserkraft, die im Schwarzwald so reichhaltig vorhanden war, als wichtiger Standortvorteil – seit Jahrhunderten genutzt, wurde sie nun zum Motor der Industrialisierung in der Region. Während man andernorts Dampfmaschinen benötigte, um Sägewerke, mechanische Webstühle oder andere Maschinen anzutreiben, genügten im Schwarzwald die fließenden Gewässer. Sie stellten ihre Energie dauerhaft und kostenfrei zur Verfügung. Über Wellen und Riemen wurde die Wasserkraft auf die Maschinen übertragen.

Zu den ältesten Fabriken der Region kamen seit der Jahrhundertmitte etliche neue dazu: unter anderem eine Reihe von Textilfabriken im Kinzig-, Elz- und Wiesental. Die Textilbranche war besonders früh von der Industrialisierung erfasst worden. Aber auch in anderen Branchen wuchs der Druck, den Anschluss nicht zu verpassen.

So wurden die für den Schwarzwald typischen Sägewerke immer weiter mechanisiert. Das einst so stolze, im frühen 19. Jahrhundert schwer gebeutelte Holzgewerbe erhielt dadurch neuen Auftrieb. Casimir Rudolf Katz, Spross einer alten Murgschifferschaftsfamilie in Gernsbach, reiste zu Beginn der 1850er Jahre nach England, ins Mutterland der Industrialisierung, um sich über die neuesten technischen Entwicklungen zu informieren. Katz, der am Karlsruher Polytechnikum eine Ausbildung zum Ingenieur absolviert hatte, wusste die Erkenntnisse dieser Reise zu nutzen: Gemeinsam mit seinem Kompagnon Gottlieb Klumpp gründete er das Unternehmen *Katz & Klumpp*, das in Gernsbach ein modernes Sägewerk nach englischem Vorbild betrieb. Es arbeitete weit effizienter als die traditionellen, seit dem Spätmittelalter kaum weiterentwickelten Sägemühlen: Mit Hilfe modernster Wasserräder und Stahlsägen ließ sich die Produktion um ein Vielfaches steigern.

Pionier der Industrialisierung: Casimir Rudolf Katz.

Neben das klassische Holzgewerbe trat ab den 1880er Jahren die moderne Papier- und Kartonagenfabrikation, die ebenso auf Holz angewiesen war – der Holzschliff setzte sich damals auf breiter Front als neues Verfahren in der Papierherstellung durch. Ein räumlicher Schwerpunkt war auch hier das Murgtal. Casimir Otto Katz, Sohn des erwähnten Casimir Rudolf Katz, gründete 1882 eine erste Holzschleiferei in Weisenbach, südlich von Gernsbach, die später zum Weltmarktführer in der Bierdeckel-Produktion aufstieg. Auch andere Schleifereien wuchsen bald zu beachtlichen Holzstoff- und Papierfabriken – zum Beispiel die *Badische Karton- und Pappenfabrik* in Hilpertsau und Gaggenau.

JUNGHANS
GERMANY. SINCE 1861
JUNGHANS
FRE 25
CHRONOSCOPE
MADE IN GERMANY
ZEIT FÜR DESIGN
MEISTER CHRONOSCOPE Seit den 1930er Jahren tragen die feinsten Junghans Uhren das Prädi
Meister. Bis heute verbinden sie die Faszination für die Uhrmacherei und ästhetische Gestaltur
auf souveräne Art und Weise. Automatikwerk, Stoppfunktion, Saphirglas, wasserdicht bis 5 ba
27/4120.02
www.junghans.de
JUNGHANS
TERRASSENBAU
MUSEUM
Der Terrassenbau ist einer der spektakulärsten Industriebauten des frühen 20. Jahr
hunderts. Heute ist in den historischen Räumen nicht nur Uhrengeschichte erlebba
eine Etage widmet sich Orchestrien und außergewöhnlichen Musikspielautomaten.
Junghans Terrassenbau Museum mit angeschlossenem Shop
Lauterbacher Straße 68 · 78713 Schramberg · Telefon +49 7422 56005-0
www.junghans-terrassenbau-museum.de

Mit neuem Design: Modernisierung der Schwarzwalduhr

Wichtig und wegweisend für die Region war, dass es letztlich auch der traditionsreichen Schwarzwälder Uhrenbranche gelang, im industriellen Zeitalter zu bestehen. 1850 wurde unter der Leitung des Ingenieurs Robert Gerwig in Furtwangen im Schwarzwald die *Großherzoglich Badische Uhrmacherschule* eröffnet, die erste ihrer Art in Deutschland. Sinn dieser Gründung war es weniger, die Industrialisierung voranzutreiben. Es ging darum, die Ausbildung der Uhrenmacher zu verbessern, ihnen mit Hilfe von modernstem technischem Know-how unter die Arme zu greifen und durch eine gesteigerte Qualität der Schwarzwalduhren auch höhere Preise zu rechtfertigen. Die kleinen Schwarzwälder Betriebe sollten so wieder konkurrenzfähiger werden – auch im Wettbewerb mit amerikanischen Uhrenfabriken.

Die erste wichtige Maßnahme der Uhrmacherschule galt aber nicht der technischen Verbesserung der Schwarzwalduhren, sondern ihrer äußeren Gestaltung. Diese schien oftmals altbacken und wenig professionell. Schon kurz nach ihrer Gründung schrieb die neue Institution einen Wettbewerb aus: »Künstler und Kunstfreunde« wurden aufgerufen, Entwürfe für eine zeitgemäße und künstlerisch ansprechende Gestaltung der Uhren einzureichen.

Zum Sieger des Wettbewerbs wurde der Architekt Friedrich Eisenlohr gekürt, der bisher vor allem durch Bahnhofsbauten für die *Badische Staatseisenbahn* auf sich aufmerksam gemacht hatte (die erste badische Bahnstrecke war 1840 eröffnet worden, 1845 die erste in Württemberg). Eisenlohr blieb sich treu und kreierte eine Uhr, die wie die Miniaturversion eines badischen Bahnwärterhäuschens aussah. Der Entwurf überzeugte die Juroren, wurde von vielen Uhrenherstellern der Region übernommen und avancierte zum »Jahrhundertdesign«; vor allem prägt er bis heute das Erscheinungsbild der Schwarzwälder Kuckucksuhr.

Gerade die Kuckucksuhr entwickelte sich nun zum großen Verkaufsschlager und bald auch zu einem der weltweit gefragtesten Uhrentypen aus dem Schwarzwald. Durch die kunstvollen Schnitzereien und andere Verzierungen, die typisch für die Kuckucksuhren waren, blieb noch Raum für das klassische Handwerk. Häufig verwendeten die Kuckucksuhren-Produzenten zwar Uhrwerke, Zeiger und Ziffernblätter von industriellen Zulieferern, doch das eigentlich Unverwechselbare an ihren Produkten blieb Handarbeit.

Die Kuckucksuhr, wie man sie bis heute kennt, geht auf Friedrich Eisenlohrs Designentwurf von 1850 zurück.

Weltweit erfolgreich: Die großen Uhrenfabriken

Allerdings wuchs die Bedeutung der industriellen Uhrenherstellung auch im Schwarzwald immer mehr. Anfangs noch von vielen Uhrmacher-Meistern der Umgebung kritisch beäugt und bekämpft, war seit 1851 die erste echte Uhrenfabrik der Region in Betrieb: die *Aktiengesellschaft für Uhrenfabrikation Lenzkirch (A.G.U.L.)*. Das Unternehmen, das bald die gesamte Konkurrenz innerhalb Deutschlands nach Größe und Umsatz in den Schatten stellte, bezog anfangs noch Rohware aus Frankreich, fertigte bald aber schon Uhrwerke und Gehäuse vollständig selbst. 1865 arbeiteten in der Fabrik bereits 188 Uhrmacher, 25 Schreiner, vier

Vergolder und drei Mechaniker, 1875 war die Belegschaft auf rund 400 Personen angewachsen. Bis 1894 produzierte das Unternehmen eine Million Uhrwerke, bis 1923 zwei Millionen.

Doch der Markt war damit längst nicht gesättigt. Seit den 1860er Jahren entstanden zahlreiche weitere Schwarzwälder Uhrenfabriken. 1861 sattelte der ehemalige Schramberger Strohhutfabrikant Erhard Junghans um und gründete gemeinsam mit seinem Bruder Xaver ein Unternehmen, dessen Name bis heute einen guten Klang hat. Die Firma *Junghans* erlebte ebenfalls einen steilen Aufstieg und exportierte schon früh einen Großteil ihrer Produkte ins Ausland: 1903 war Junghans der größte Uhrenhersteller der Welt und hatte damit selbst die Lenzkircher Uhrenfabrik überflügelt.

In der alten Uhrenstadt Furtwangen wurde 1889 die Badische Uhrenfabrik (Baduf) gegründet – auch sie wuchs rasant. Und in St. Georgen, einer weiteren Hochburg der Branche, etablierten sich in der zweiten Hälfte des 19. Jahrhunderts gleich mehrere industrielle Uhrenhersteller.

Briefkopf der Firma Junghans um 1900 nach der Fusion mit dem Taschenuhren-Spezialisten Haller in Schwenningen.

Arbeiter und Bauern: Die Gesellschaft wandelt sich

Für die Gemeinden und die Menschen vor Ort brachte die Ansiedlung der Fabriken Licht und Schatten. Euphorie löste sie selten aus: Die Arbeitsbedingungen in den damaligen Industriebetrieben waren oftmals schlecht bis katastrophal, zehn bis zwölf Arbeitsstunden pro Tag waren üblich und die Löhne reichten meist – wenn überhaupt – nur für das Nötigste. Nicht nur gab es in der Regel keinerlei Urlaubsanspruch, es fehlte auch häufig an jeglicher Absicherung fürs Alter oder im Krankheitsfall – das änderte sich erst 1884 durch die Einführung der Krankenversicherungspflicht für Arbeiter und Kleinangestellte.

Oftmals kam das soziale Gefüge in den Industrieorten durcheinander. In St. Georgen beispielsweise, das sich durch die Ansiedlung mehrerer Uhrenfabriken schon um 1900 vom beschaulichen Schwarzwalddorf zu einer Industriestadt gewandelt hatte, ging die Zahl der einheimischen Bauern drastisch zurück – zugunsten der (meist von auswärts zugewanderten) Industriearbeiter. 1908 hatte der örtliche Bauernverein zwar noch mehr als 100 Mitglieder, aber allein bei der 1867 gegründeten Uhrenfabrik *Philipp Haas & Söhne* waren um die Jahrhundertwende etwa 300 Menschen beschäftigt. Insgesamt lebten 1900 bereits 980 Arbeiter in St. Georgen, 1912 waren es 1.420 – Tendenz weiter steigend. Die zugewanderten Arbeiter veränderten auch die konfessionelle Zusammensetzung im protestantisch geprägten St. Georgen. Die Katholiken blieben eine Minderheit in der Stadt, aber ihr Anteil stieg erheblich. In einer Zeit, in der die Konfession eine noch oftmals entscheidende Rolle spielte und Ehen zwischen Katholiken und Protestanten verpönt blieben, war das keine Nebensache.

Selbst in den Anfängen der Gewerkschaften hinterließen die konfessionellen Unterschiede ihre Spuren. Zum Beispiel favorisierten die katholischen Arbeiter in Hausen im Wiesental – ebenso wie an anderen Standorten der Textilindustrie – den *Christlichen Textilarbeiterverband*. Dieser stand der katholischen *Zentrumspartei* nahe. Die protestantische Mehrheit in Hausen schloss sich dem sozialistisch ausgerichteten *Deutschen Textilarbeiterverband* an, dessen politischer Arm die *Sozialdemokratische Partei* (SPD) war. 1903 entstand im Arbeiterdorf

Hausen auch eine eigene Ortsgruppe der SPD, für die bei der Reichstagswahl im selben Jahr mehr als 40 Prozent der lediglich 219 Wahlberechtigten stimmten.

Rauchende Fabrikschlote gehörten inzwischen zum Alltag: Schramberg um 1905.

Bei allen Problemen, die mit der Industrialisierung einhergingen, waren auch die Vorteile kaum zu leugnen. Denn die vorindustrielle Epoche war alles andere als ein romantisches Idyll gewesen: Sie war von Hungerkrisen, bitterer Armut und Massenauswanderung geprägt. Beispielsweise hatten sich 1851 in Weisenbach im Murgtal nicht weniger als 99 Menschen zur Auswanderung entschlossen – 13 Prozent der gesamten damaligen Dorfbevölkerung. Und in anderen Gemeinden war die Lage ähnlich.

Somit waren auch schlecht bezahlte Arbeitsplätze prinzipiell willkommen. Die Fabriken brachten immerhin eine neue Perspektive, den Lebensunterhalt vor Ort bestreiten zu können. Auch für die Gemeinden des Umlands waren die Industriezentren Anziehungspunkte. Zum Beispiel nahmen etliche Männer und Frauen aus Schömberg und benachbarten Dörfern den täglichen Fußweg nach Pforzheim auf sich, um in den dortigen Fabriken ihren Lebensunterhalt zu verdienen – die Stadt am nördlichen Schwarzwaldrand ist seit dem späten 18. Jahrhundert ein Zentrum der Schmuckindustrie.

Bei allem Wandel gingen die Uhren im Schwarzwald langsamer als in den größeren Industriezentren der damaligen Zeit. Während in den Großstädten bald schon ein Heer von Fabrikarbeitern die ärmlichsten Viertel bevölkerte, lebten noch am Ende des 19. Jahrhunderts die meisten Schwarzwälder von der Landwirtschaft. Und selbst für die Arbeiterfamilien der Region blieben Ackerbau und Viehhaltung oftmals ein wichtiger Nebenerwerb.

Durch industriell produzierte Geräte und Düngemittel wurde auch die Landwirtschaft immer effizienter. Schwere Hungersnöte gehörten nun für lange Zeit der Vergangenheit an. Der Lebensstandard vieler Menschen war zwar nach wie vor niedrig, und das Leben eines Kleinbauern blieb – ähnlich wie das eines Industriearbeiters oder eines Handwerksgesellen – häufig von Armut geprägt, doch waren die Zeiten vorbei, in denen die Menschen selbst Unkraut verzehrt hatten, um nicht zu verhungern.

Der Buhlbacher Schlegel und andere Erfolgsgeschichten

Ebenso wie die Landwirtschaft spielten auch klassische Handwerksberufe nach wie vor eine wichtige Rolle. Der Übergang vom Handwerk zum Industriebetrieb war oftmals fließend. Beispielsweise hatten selbst die *Friedrichstaler Eisenwerke* im Nordschwarzwald, lange das »Zentrum der Sensenherstellung in Württemberg« , noch im späten 19. Jahrhundert eher handwerklichen als industriellen Charakter – und die zum Feuern benötigte Kohle wurde mit dem Ochsenfuhrwerk angeliefert.

Aber zweifellos ging der Trend zur Rationalisierung. Typisch ist die Entwicklung der *Buhlbacher Glashütte* im Nordschwarzwald. Diese produzierte schon seit 1826 Sektflaschen, die besonders druckresistent waren – die sogenannten *Buhlbacher Schlegel*. Nachdem Handarbeit lange Zeit den Hauptteil der Fertigung ausgemacht hatte, ging die Glashütte um 1860 zur industriellen Massenfertigung über. Das Unternehmen produzierte nun jährlich rund 200.000 Flaschen – wahre Exportschlager, die bis an den Zarenhof in St. Petersburg geliefert wurden.

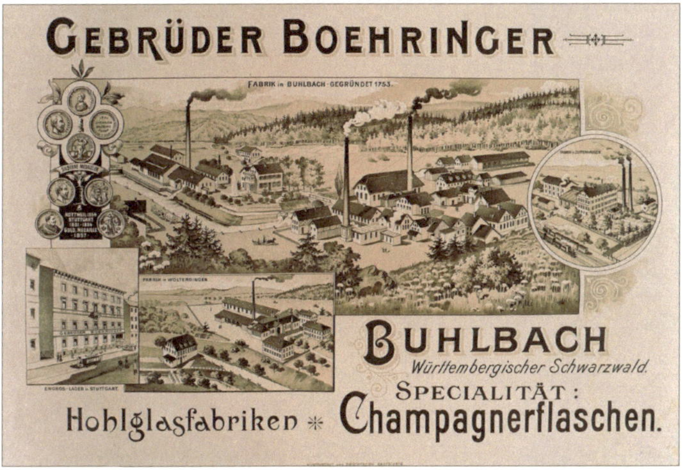

Die Buhlbacher Glashütte im Nordschwarzwald zählte zu den führenden Herstellern von Sektflaschen in Europa.

Ein Handwerk mit Tradition war im Schwarzwald auch der Musikinstrumentenbau. Der Ort Waldkirch bei Freiburg hatte sich seit Beginn des 19. Jahrhunderts zu einer Hochburg des Orgelbaus entwickelt. Während dieser aber bis heute ein Handwerk geblieben ist, machte sich die Industrialisierung in verwandten Bereichen immer stärker bemerkbar. Mehr noch: Die Region wurde zu einer Keimzelle der modernen Musikindustrie.

In Vöhrenbach bei Furtwangen entstand schon 1832 ein Unternehmen, das innerhalb weniger Jahrzehnte zu einem Global Player aufsteigen sollte – der Musikautomaten-Hersteller *Gebrüder Welte*, später bekannt als *M. Welte & Söhne*. Gründer waren die Brüder Michael und Valentin Welte, deren Elternhaus als erster Firmensitz diente. Anfangs bauten die Welte-Brüder einfache Spieluhren, mit der Zeit aber immer komplexere und größere Musikautomaten, die seit den 1840er Jahren industriell hergestellt wurden.

Da die Nachfrage in Amerika besonders groß war, ging Emil Welte, Sohn des Gründers Michael Welte, 1866 in die USA und

Weltweit gefragte Innovation: Das Welte-Orchestrion

Im Auftrag von Heinrich Stratz, einem russischen Arzt aus Odessa mit Wurzeln im Schwarzwald, baute die Firma Welte ab 1846 ein erstes Orchestrion – einen gewaltigen Musikautomaten mit rund 1.100 Pfeifen, der alleine ein ganzes Orchester ersetzte. Der Bau nahm drei Jahre in Anspruch – doch es lohnte sich: Das Welte-Orchestrion sorgte für eine Sensation und begründete den internationalen Ruhm der Firma, die bald schon Musikautomaten in die feinsten Salons der Welt lieferte. Auch auf der Londoner Weltausstellung des Jahres 1862 wurde ein Orchestrion aus dem Hause Welte bestaunt.

gründete dort die Tochtergesellschaft *M. Welte & Sons*, die bis 1919 existierte. Sitz der Mutterfirma war ab 1872 Freiburg im Breisgau, wo ein hochmodernes Fabrikgebäude entstand. Seit den 1880er Jahren wurden die Welte-Automaten durch Lochstreifen anstelle der älteren Stiftwalzen gesteuert; die Lochstreifen-Rollen, auf die Welte ein Patent erwarb, dienten als austauschbare Datenträger und ließen sich kostengünstig vervielfältigen.

Erst nach der Erfindung des Grammophons begann der Stern der Musikautomaten zu sinken. Schon vor dem Ersten Weltkrieg (1914–1918) war ihr Zenit überschritten, obwohl das Ende der Firma *Welte* erst 1952 besiegelt war. Hingegen spülte die neue Schallplatten-Technologie andere Unternehmen nach oben – auch im Schwarzwald: 1907 wurde in St. Georgen die Firma *Dual* gegründet (anfangs unter dem Namen *Gebrüder Steidinger*), die zum weltweit größten Hersteller von Plattenspielern aufstieg. Die feinmechanischen Fertigkeiten aus dem Uhrenbau spielten hier eine wichtige Rolle: Einer der Mitbegründer, der Feinmechaniker Christian Steidinger, hatte zuvor noch Uhrenteile in einer kleinen Werkstatt gefertigt.

Sogar die zukunftsträchtige Automobil-Technologie war seit dem späten 19. Jahrhundert am Rand des Schwarzwalds zu Hause:

Der Konstrukteur Theodor Bergmann gründete 1893 in Ottenau/Gaggenau die *Bergmann-Industriewerke*, die zunächst so unterschiedliche Dinge wie Emailschilder, Luftgewehre und Fahrräder herstellten. Spätestens 1895 produzierte Bergmann auch die ersten Automobile – optisch noch ganz an Pferdekutschen orientiert und bis zu 40 Stundenkilometer schnell. Der automobilbegeisterte Kaufmann Georg Wiß kaufte die Gaggenauer Motorwagen-Produktion nach einigen Jahren auf und führte das Unternehmen seit 1905 als *Süddeutsche Automobilfabrik* weiter. 1907 übernahm die Mannheimer Firma Benz den Betrieb, und 1911 folgte die Umbenennung in *Benzwerke Gaggenau GmbH.*

Werbeanzeige der *Süddeutschen Automobilfabrik* (um 1910).

Pionierleistung: Die Badische Schwarzwaldbahn

Dem Automobil gehörte die Zukunft – aber das 19. Jahrhundert gehörte der Eisenbahn. Diese war eine Begleiterscheinung und zugleich ein Motor der Industrialisierung, auch und gerade im Schwarzwald. Das Schnaufen der Dampflokomotiven gehörte bald selbst in abgelegenen Tälern zur alltäglichen Geräuschkulisse. Die ersten Eisenbahnen fuhren zwar noch in der Ebene und verbanden meist größere Städte, doch mit der Zeit wurde der Bedarf immer drängender, auch die Schwarzwald-Gemeinden – zumindest die wirtschaftlich bedeutsamsten – an das wachsende Schienennetz anzuschließen.

Vater der *Badischen Schwarzwaldbahn*: Robert Gerwig (1820–1885).

Die berühmte *Badische Schwarzwaldbahn*, das »stählerne Band über den Schwarzwald« , wurde zwischen 1863 und 1873 unter der Regie des Ingenieurs Robert Gerwig erbaut, der bis 1857 Direktor der Furtwanger Uhrmacherschule gewesen war – Gerwig war ein wahrhafter Allrounder. Von Offenburg aus führte die Schwarzwaldbahn, die zum Vorbild für Gebirgsbahnen rund um den Globus wurde, über Gengenbach, Biberach, Haslach, Hausach, Hornberg, Triberg und St. Georgen quer durch den Schwarzwald nach Villingen, und von dort aus weiter nach Singen (Hohentwiel).

Der Abschnitt bis Hausach durch das Kinzigtal war vergleichsweise leicht zu realisieren und wurde schon 1866 fertiggestellt. Dann aber begannen die Schwierigkeiten: Besonders der Abschnitt zwischen Hornberg und St. Georgen erforderte eine technische Pionierleistung. Ein Höhenunterschied von etwa 670 Metern musste hier gemeistert werden. Es entstanden mehrere Dutzend Tunnel und ein großes Viadukt. Die Streckenführung durch den Berg bot Schutz vor Steinschlag und Schnee und war daher zweckmäßiger als der Bau zahlreicher Brücken. Doch der Tunnelbau war Schwerstarbeit: Den Granitfelsen war nur mit Hilfe von Dynamit beizukommen, und die häufig aus Italien angeworbenen Bauarbeiter mussten Höchstleistungen vollbringen.

In den folgenden Jahrzehnten fuhren immer mehr Personen- und Güterzüge durch den Schwarzwald, auch Schnellzüge mit immer neueren, immer leistungsfähigeren Dampflokomotiven. Die Schwarzwaldgemeinden entlang der Strecke waren vorher nur per Pferdefuhrwerk erreichbar gewesen und erlebten durch den Anschluss an das Eisenbahnnetz einen großen wirtschaftlichen Aufschwung. Die ortsansässigen Industrieunternehmen profitierten ebenso von den besseren Transportmöglichkeiten wie etwas später der Tourismus. 1906 konnte die 56 Kilometer lange Distanz von Offenburg bis Triberg schon in 59 Minuten bewältigt werden – atemberaubend schnell für damalige Verhältnisse (heute sind es 43 Minuten). Lediglich im Winter kam es wegen starken Schneefalls gelegentlich zu Betriebsunterbrechungen. Beispielsweise lag der Schnee im März 1883 drei Meter hoch auf den Gleisen – doch innerhalb von zwei Tagen hatten Bahnarbeiter die Strecke wieder freigeschaufelt.

Darstellung des Hausacher Bahnhofs (Ansichtskarte um 1890).

Das Konkurrenzverhältnis zwischen dem Großherzogtum Baden und dem Königreich Württemberg zeigte sich auch daran, dass die Badener bei der Planung ihrer *Schwarzwaldbahn* die leichter zu realisierende Linie über Wolfach und Schiltach verworfen hatten. Denn diese hätte über das württembergische Schramberg geführt – und der dortigen Uhrenindustrie wollte man auf keinen Fall einen Vorteil gegenüber Furtwangen und den anderen badischen Uhren-Hochburgen verschaffen.

Verkehrsrevolution im Schwarzwald

Aber auch auf der württembergischen Seite des Schwarzwalds wurden Eisenbahnstrecken gebaut. Fast zur gleichen Zeit wie die *Badische Schwarzwaldbahn* entstand eine Bahnlinie, die den Namen *Württembergische Schwarzwaldbahn* erhielt. Die Arbeiten begannen 1865. Allerdings führte diese Strecke, die 1872 in Betrieb ging, nicht quer durch den Schwarzwald, sondern erreichte, in Stuttgart beginnend, lediglich seinen Ostrand in Calw und verlief von dort aus nach Süden bis Nagold (der Streckenabschnitt Calw-Nagold wurde dann 1874 Teil der *Nagoldbahn* von Pforzheim nach Hochdorf).

Hesse und die *Württembergische Schwarzwaldbahn*

In seiner Erzählung *Unterm Rad* beschrieb der spätere Literatur-Nobelpreisträger Hermann Hesse die *Württembergische Schwarzwaldbahn*, wie er sie als Kind in seinem Heimatort Calw erlebt hatte: »Die Eisenbahn lief vorüber – nicht im Sturm, denn die Linie steigt dort gewaltig, sondern schön behaglich [...], eine lange fröhliche Fahne von Rauch und Dampf hinter sich lassend.«

Die Eisenbahn war nicht aufzuhalten, und immer neue Strecken kamen hinzu. Robert Gerwig, der Planer der *Badischen Schwarzwaldbahn*, verewigte sich in den 1880er Jahren durch ein weiteres großes Projekt: Er leitete den Bau der *Höllentalbahn* von Freiburg nach Neustadt im Schwarzwald. Glanzstück dieser Strecke war die aufsehenerregende, 140 Meter lange und 37 Meter hohe Brücke über die Ravennaschlucht, die allerdings nicht erhalten ist – sie wurde 1927 durch ein neues Viadukt ersetzt. Die Streckenführung der Höllentalbahn, der höchstgelegenen Eisenbahnstrecke Deutschlands, war noch deutlich steiler als die der Schwarzwaldbahn. Eröffnet wurde sie 1887, kurz nach Gerwigs Tod. Bald folgte ein weiterer Ausbau: Seit 1901 durchquerte auch die Höllentalbahn den Schwarzwald vollständig – neue Endstation war Donaueschingen.

Glanzstück der Höllentalbahn: Das Ravenna-Viadukt im Jahr 1894 (Aufnahme von Hoffotograf C. Clare).

Ebenso legendär ist heute die *Wutachtalbahn* südöstlich des Schwarzwalds – wegen ihrer zahlreichen Schleifen und ihrer sehenswerten Kehrtunnel auch als *Sauschwänzlebahn* bekannt. Sie bildete seit 1890 ein Verbindungsstück zwischen der *Hochrheinbahn* entlang der deutsch-schweizerischen Grenze und der *Badischen Schwarzwaldbahn*, verlief von Lauchringen am Rhein bis Hintschingen an der Donau und folgte streckenweise dem Verlauf der Wutach.

Auch mehrere weitere Eisenbahnlinien waren wichtig für die verkehrstechnische Erschließung der Region. So wurde bereits 1868 als erste Bahnstrecke des Nordschwarzwalds die Verbindung von Pforzheim nach Bad Wildbad eröffnet. Seit 1869 fuhren auch Züge von Rastatt nach Gernsbach – treibende Kraft war der Unternehmer Casimir Rudolf Katz gewesen, der ebenso wie andere Industrielle ein großes Interesse daran hatte, der florierenden Wirtschaft des Murgtals neue Transportmöglichkeiten zu verschaffen. Anders als geplant, wurde die *Murgtalbahn* allerdings erst 1894 bis Weisenbach erweitert, 1910 dann bis Forbach im Schwarzwald. Glanzstück der Strecke war das 1908/09 erbaute, 183 Meter lange Tennetschlucht-Viadukt – eine sehenswerte Kreisbogenbrücke, auf der auch heute noch Züge verkehren.

Der Bahnhof Forbach an der Murgtalbahn um 1910.

1878 war das Eröffnungsjahr der *Kinzigtalbahn* von Hausach nach Wolfach, die ab 1886 weiter nach Schiltach und Freudenstadt, also ebenfalls quer durchs Gebirge führte. Und 1893 wurde die *Bregtalbahn* in Betrieb genommen – durch sie erhielt endlich auch Furtwangen, das nicht an der *Schwarzwaldbahn* lag, den ersehnten Schienenanschluss.

Kehrseite des Fortschritts: Gewerbe im Niedergang

Die Eisenbahn war ein Symbol des Fortschritts. Doch es gab auch Leidtragende der verkehrstechnischen Revolution. So hatte die Flößerei nun ihre beste Zeit hinter sich. Die Dampfzüge waren schneller als jedes Floß, konnten größere Ladungen transportieren und fuhren auch im Winter. Die letzten professionellen Flößer gab es im Schwarzwald um die Jahrhundertwende. Hermann Hesse, 1877 geboren, hatte sie in Calw noch erlebt und setzte ihnen

1928 – in romantischer Rückbesinnung auf seine Kindheit – ein literarisches Denkmal:

»Durch meine Vaterstadt im Schwarzwald floß ein Fluß, an dem damals nur erst ganz wenige Fabriken standen, wo es viele alte Mühlen und Brücken, Schilfufer und Erlengehölze, wo es viele Fische und im Sommer Millionen von dunkelblauen Wasserjungfern gab. [...] Vermutlich längst verschwunden aber ist etwas, was es damals auf dem Flusse gab, etwas Schönes und Geheimnisvolles, etwas Märchenhaftes, etwas vom Allerschönsten, was dieser schöne sagenhafte Fluß besaß: die Flößerei. [...] für jedes Städtchen war im Frühjahr das Erscheinen des ersten Floßes noch wichtiger und merkwürdiger als das der ersten Schwalben. ... Die Flößer gehörten zu den Unseßhaften, Wilden, Wanderern, Nomaden [...]. Weit öfter, als mein guter Vater ahnte, bin ich als kleiner Bub für kurze Strecken blinder Passagier auf einem Floß gewesen...«

Auf der Kinzig beispielsweise fuhren von 1871 bis 1875 noch 141 Flöße, die eine Gesamtmenge von rund 67.000 Kubikmetern Holz von Schiltach bis zum Rheinhafen in Kehl beförderten. Zehn Jahre später waren es lediglich halb so viele. Und 1894 traten die Kinzigtal-Flößer ihre letzte Fahrt an.

Auch die Köhlerei stürzte durch die Eisenbahn in eine tiefe Krise. Jahrhundertelang war die Nachfrage nach Holzkohle gestiegen. Doch seit den 1840er Jahren entzog das neue Transportmittel dem gesamten Gewerbe mehr und mehr den Boden. Auf dem Schienenweg konnten nun Steinkohle und günstigere Holzkohle aus dem Ausland herangeschafft werden – der Markt für die Schwarzwaldkohle brach zusammen.

Als der Schriftsteller Friedrich Wilhelm von Hackländer 1855 mit romantischen Vorstellungen vom Leben eines Köhlers in den Schwarzwald reiste, hatte die Realität, die er vorfand, gar nichts Poetisches. Neben einem einsamen Meiler fand er eine Köhlerhütte, die ihm gar zu »ärmlich und einfach« erschien: »Sie bestand aus zusammengestellten Baumstämmen, die oben durch schwache Reiser verbunden waren und, mit Moos und Gesträuch verstopft, sehr dünne Wände gaben. Das Innere war durch einen Baumstamm am Boden in zwei Teile geteilt, wovon der hinterste das Lager des Köhlers, aus Laub und Moos bestehend, enthielt, der vordere zur Küche zu dienen schien; denn zwischen drei Steinen waren Spuren von halbverbrannten Kohlen und Holzasche, neben der in einem Winkel ein Haufen Kartoffeln lag.«

Die Köhler hatten noch nie im Luxus geschwelgt. Doch sie hatten immerhin ihr Auskommen gehabt. Nun aber begann ihr traditionsreiches Gewerbe auszusterben. Bis zur Jahrhundertwende verschwanden die kunstvoll errichteten Kohlenmeiler fast vollständig aus der Region.

Die Flößer von Schiltach auf ihrer letzten Fahrt.

Das Gleiche galt für das traditionsreiche Gewerbe der Harzer – auch hier machten billige Importe mit Hilfe der Eisenbahn unliebsame Konkurrenz. Das Harz der Schwarzwald-Bäume war zur Produktion von Terpentin, Seife, Waschmittel oder Schmierfett seit der zweiten Jahrhunderthälfte kaum noch gefragt. Nicht besser erging es anderen alten Gewerben wie den Pech- und Pottaschesiedern oder den Schneflern, die Holzschuhe, Holzlöffel, Leitern und andere Produkte in kleinen handwerklichen Betrieben oder in Heimarbeit produziert hatten. Die industrielle Konkurrenz war übermächtig.

Selbst der Bergbau kam im Schwarzwald nun größtenteils zum Erliegen. Die Bergbauzentren der Region waren immer weniger wettbewerbsfähig, da die Eisenbahn günstigere Erze aus Schweden und anderen Ländern lieferte. So ging in den späten 1860er Jahren auch die Zeit des Neuenbürger Reviers mit seiner mehr als 2.000-jährigen Geschichte unwiderruflich zu Ende. Die Hochofenwerke in Pforzheim und Friedrichstal bei Freudenstadt, die eng mit dem Bergbau der Region verbunden gewesen waren, stellten ihre Arbeit 1859 und 1868 ebenfalls ein. In einer Reihe von Schwarzwaldgemeinden erinnern heute fast nur noch die Ortswappen an die einstige Bergbau-Tradition. Beispielsweise zieren historische Bergmannseisen die Wappen von Aitern und Schönenberg im Südschwarzwald. Das Wappen von Todtnau zeigt einen altertümlich gekleideten Bergmann mit Werkzeug und Fackel.

Mit neuer Energie

Ein weiterer Motor des Fortschritts, der auch die Lebenswelt der Menschen nachhaltig veränderte, war seit dem späten 19. Jahrhundert der elektrische Strom. Nach der Mobilitätswende durch die Eisenbahn folgte die Energiewende.

Ein besonders frühes Anwendungsfeld war die elektrische Telegrafie: Mehr oder weniger parallel zum Bau der Eisenbahn entstand das Telegrafennetz, das erstmals eine Kommunikation über weite Strecken in annähernder Echtzeit ermöglichte. Die Telegrafenmasten wurden häufig entlang der Bahnlinien aufgestellt. Als Vorläufer des Telefons war der Telegraf das erste buchstäblich weltumspannende Kommunikationsmittel – ein Transatlantikkabel verband Europa mit Amerika. Seit den 1850er Jahren waren die ersten Schwarzwaldgemeinden an das Telegrafennetz angeschlossen. In Triberg entstand 1858 ein Telegrafenamt, in Furtwangen 1860.

Die Welt rückte durch Eisenbahn und Telegraf enger zusammen – just zu der Zeit, in der auch die Kleinstaaterei in Deutschland ihrem Ende entgegen ging: Nach dem Deutsch-Französischen Krieg von 1870/71 wurde unter der Führung Preußens das neue deutsche Kaiserreich aus der Taufe gehoben. Trotzdem behielten die alten deutschen Länder bei der Reichsgründung einen guten Teil ihrer Eigenständigkeit. Weiterhin gab es einen württembergischen König und einen badischen Großherzog – doch durch den Schwarzwald verlief nun keine Grenze mehr zwischen souveränen Staaten, sondern eine Binnengrenze zwischen zwei Bundesstaaten des Kaiserreichs.

In den Jahrzehnten nach der Reichsgründung ging es mit der Wirtschaft insgesamt weiter bergauf. Und der elektrische Strom trug erheblich dazu bei. Mit Hilfe der 1866 patentierten Dynamomaschine von Werner Siemens, des Elektromotors, der Kohlebogenlampe und der Glühbirne taten sich gänzlich neue Möglichkeiten auf: Elektrisches Licht trat an die Stelle der älteren Gas- oder Petroleumbeleuchtung, und wie durch Magie setzte die unsichtbare Kraft selbst schwerste Fabrikmaschinen in Gang.

Strom durch Wasserkraft

Im Schwarzwald wurde die Elektrifizierung durch die zahlreich vorhandenen Bäche, Flüsse und Wasserfälle erleichtert. Denn die frühen Stromnetze waren in der Regel klein – dezentrale Elektrizitätswerke versorgten nur das nähere Umland mit Strom. Mit Hilfe der natürlichen Fließgewässer und moderner Turbinen ließ sich im Schwarzwald kostengünstig Strom erzeugen, der anfangs vor allem zur Beleuchtung einzelner Ortschaften oder Gebäude diente. Selbst alte Getreidemühlen, die seit vielen Generationen per Wasserrad betrieben wurden, entdeckten durch die Elektrifizierung ein neues, einträgliches Geschäftsfeld. Sie rüsteten um und nutzten die Wasserkraft zur Stromerzeugung.

Triberg im Schwarzwald war 1884 die erste deutsche Stadt, die ihre öffentliche Straßenbeleuchtung vollständig auf elektrische Laternen umstellte. Anfangs kam der Strom aus mehreren kleinen, privat betriebenen Wasserkraftwerken an der Gutach. Um von diesen nicht abhängig zu sein, kaufte die Stadt Triberg 1888 eine Mühle am Fuß der berühmten Triberger Wasserfälle und nutzte diese von jetzt ab als städtisches Elektrizitätswerk. Dank der gewaltigen Kraft der Wasserfälle mit ihrer Fallhöhe von insgesamt mehr als 160 Metern konnte genügend Strom erzeugt werden, um bei Bedarf auch private Haushalte zu versorgen. 1893 baute die Stadt Triberg ein weiteres Kraftwerk an den Wasserfällen, dessen Leistung noch weit höher war. Hornberg und andere benachbarte Orte konnten nun ebenfalls mit Strom beliefert werden.

Auch Donaueschingen am südöstlichen Rand des Gebirges setzte frühzeitig auf elektrische Beleuchtung – und seit Mitte der 1890er Jahre kam der hierfür benötigte Strom aus dem Wutachtal im nahegelegenen Schwarzwald: Aufgestautes Flusswasser wurde dort über eine Rohrleitung zum Krafthaus des Elektrizitätswerks Stallegg geleitet, das 1895 in Betrieb ging – als deutschlandweit erstes Drehstromkraftwerk steht es heute unter Denkmalschutz. Der im Wutachtal erzeugte Strom beleuchtete in Donaueschingen neben Straßen und Plätzen, dem Schloss und einigen Privathaushalten vor allem

Inbetriebnahme des *Oberen Werks* am Triberger Wasserfall (1893).

Innenansicht des Triberger Wasserkraftwerks.

die fürstenbergische Brauerei, die etwa zwei Drittel der gesamten Strommenge verbrauchte.

Mit der Zeit gelang es, Strom immer effizienter zu erzeugen und in Wechselspannungsnetzen selbst über weite Strecken zu übertragen. Seit der Jahrhundertwende spielte die Elektrizität daher als Kraftstrom in den Fabriken eine immer wichtigere Rolle. Wo Wasserkraft bisher über ein kompliziertes System von Zahnrädern, Wellen und Riemen auf die Maschinen übertragen wurde, war es nun der elektrische Strom, der die Produktion zum Laufen brachte. Teilweise kam er aus dem firmeneigenen Generator – zum Beispiel nahm die Spinnerei in St. Blasien schon 1891 ein eigenes Wasserkraftwerk an der Alb in Betrieb. Aber die Unternehmen waren nun nicht mehr davon abhängig, ihren Energiebedarf selbst decken zu können. Gegen Gebühr ließ sich der Strom von einem der zahlreicher werdenden Anbieter beziehen.

Neben kleineren Kraftwerken gab es bald auch Großanlagen mit überregionaler Ausstrahlung: 1898 ging am Hochrhein, unmittelbar südlich des Schwarzwalds gelegen, das Kraftwerk

Rheinfelden in Betrieb – von einer privaten Betreibergesellschaft realisiert, war es das damals größte Laufwasserkraftwerk Europas, das 2011 trotz großer Proteste abgerissen wurde. Bis heute erhalten sind die westlich von Rheinfelden am Hochrhein gelegenen, zwischen 1908 und 1912 erbauten Kraftwerke Augst und Wyhlen sowie, weiter östlich, das 1914 fertiggestellte Laufwasserkraftwerk Laufenburg.

Die *Kraftabsatzgenossenschaft Waldelektra*

Auch für die Stromversorgung des Schwarzwalds wurden die Hochrhein-Kraftwerke wichtig. Zum Beispiel bezogen im Hotzenwald (südlicher Schwarzwald) mehrere hundert Seidenbandweber, die sich zur *Kraftabsatzgenossenschaft Waldelektra* zusammenschlossen, ihren Strom seit 1904 aus Rheinfelden. Um im Wettbewerb mit den großen Fabriken konkurrenzfähig zu bleiben, hatten die traditionsreichen Kleinstbetriebe ihre Heimwebstühle mit Elektromotoren aufgerüstet.

Allgemein nahm die Elektrifizierung seit der Jahrhundertwende weiter Fahrt auf. Von 1900 bis 1913 verzehnfachte sich die in Deutschland genutzte Strommenge auf rund 2,5 Milliarden Kilowattstunden. Und um 1910 verfügten bereits die meisten Städte mit mehr als 2.000 Einwohnern über ein eigenes Elektrizitätswerk. Dennoch war das Ausbaupotenzial weiterhin gewaltig: So hatte die Elektrifizierung der Privathaushalte gerade erst begonnen.

Tradition – Tourismus – Totaler Krieg

Der Reiz der Ursprünglichkeit

In der Epoche, in der Fabriken aus dem Boden schossen und die Eisenbahn ihren Siegeszug antrat, träumte sich mancher Zeitgenosse in eine vermeintlich gute alte Zeit zurück. So deutlich der allgemeine Wohlstand gestiegen sein mochte, so sehr der technische Fortschritt den Alltag erleichterte: Der Wandel der Lebenswelt, der nie zuvor so rasant gewesen war, löste auch Ängste und Unsicherheit aus. Das vorindustrielle Landleben, wie es gerade in den einsameren Gegenden des Schwarzwalds noch Realität war, wurde oftmals zum Ideal erhoben – als scheinbar heile Gegenwelt zur modernen, städtisch geprägten Realität.

Zwar hatten bereits die Romantiker des frühen 19. Jahrhunderts das Landleben verklärt; doch zur Zeit des Kaiserreichs war es nicht mehr eine Avantgarde, sondern der Mainstream, der ländliche Tradition und Volkstümlichkeit für sich entdeckte. Ein Zeichen hierfür ist der gewaltige Publikumserfolg des heute kaum noch bekannten Künstlers Hans Thoma, den Meyers Großes Konversations-Lexikon 1909 gar als »Lieblingsmaler des deutschen Volkes« bezeichnete.

Geboren 1839 in Bernau-Oberlehen im Südschwarzwald, war Thoma in ärmlichen Verhältnissen aufgewachsen. Während der Lehrzeit bei einem Uhrenschildmaler zeigte sich sein Talent – und mit Hilfe eines Stipendiums konnte er die Großherzogliche Kunstschule in Karlsruhe besuchen. Doch erst im Alter von 50 Jahren erlebte Thoma seinen eigentlichen Durchbruch als gefeierter Künstler. Seiner Heimat, dem Südschwarzwald, huldigte

Thoma zeitlebens. In jungen Jahren wie im Alter malte er die Landschaft und die Menschen der Region: meist einfache Leute, häufig bei der Arbeit, zu Hause oder unterwegs in idyllischer Natur. Viele der Gemälde sind heute im Hans-Thoma-Kunstmuseum in Bernau zu sehen.

Hans Thoma: Bernauer Tal (1904).

Thoma war um 1900 der berühmteste, aber längst nicht der einzige Künstler mit Bezug zur Region. Schwarzwaldmaler durch und durch war zum Beispiel Karl Hauptmann, 1880 in Freiburg geboren. Seit 1906 verdiente sich der Sohn eines Schreiners seinen Lebensunterhalt als freischaffender Künstler: Der Schwarzwald mit seiner rauen Natur, seinen einsamen Höfen und Weilern war nicht nur Hauptmanns wesentliche Inspirationsquelle, sondern zugleich sein bevorzugtes Motiv – er variierte es wieder und wieder.

Auch Hermann Dischler (1866–1935), der seit 1908 in Hinterzarten lebte, spezialisierte sich auf den Schwarzwald. Besonders die Winterlandschaften, die er mit Ölfarben auf Leinwand bannte, fanden beim Publikum großen Zuspruch.

In der Musik der Jahrhundertwende hinterließ die Sehnsucht nach ländlicher Idylle ebenfalls ihre Spuren. So feierte das Lied *O Schwarzwald, o Heimat* von Ludwig Auerbach (1840–1882), das mit einer Melodie des Braunschweiger Komponisten Franz Abt berühmt wurde, die Schönheit des Gebirges in den höchsten Tönen. Auerbach (nicht verwandt mit dem gleichnamigen Schriftsteller) leitete hauptberuflich eine Pforzheimer Schmuckfabrik. Angeblich entstand der Text des fünfstrophigen Liedes während einer

Wanderung des leidenschaftlichen Hobbydichters durch den Nordschwarzwald. In der zweiten Strophe heißt es zum Beispiel:

O Schwarzwald, o Heimat, wohl hat mir die Welt
mit köstlichen Wundern die Seele geschwellt
Die lachende Ferne erschloss ihre Pracht
doch hab ich in Liebe stets deiner gedacht
im Traum sah ich winken die schwarzdunkeln Höh´n:
O Schwarzwald, o Heimat, wie bist du so schön.

Die rauchenden Fabrikschlote, die inzwischen das Erscheinungsbild mancher Schwarzwaldgemeinde prägten, blieben hier wohlweislich ausgespart. Das war nicht ungewöhnlich: Auch das Lied *Es steht eine Mühle im Schwarzwälder Tal*, um die Jahrhundertwende von Paul Schulz gedichtet, pflegte ein nostalgisches Heimatideal. Denn zum Zeitpunkt seiner Entstehung hatten etliche alte Mühlen ihren Betrieb längst eingestellt.

Heinrich Hansjakob und die Schwarzwälder Volkskultur

Auch in der Literatur dieser Zeit wurden dem traditionellen Schwarzwälder Landleben bleibende Denkmäler gesetzt – nicht zuletzt in den Erzählungen Heinrich Hansjakobs, dem heute bekanntesten Heimatdichter aus der Region. Hansjakob, der 1837 als Sohn eines Gastwirts in Haslach geboren wurde und dort auch 1916 starb, studierte katholische Theologie, wurde 1863 zum Priester geweiht, amtierte am Bodensee und in Freiburg; als er 1913 in den Ruhestand ging, zog er sich wieder in seine Heimatstadt zurück. Längst war er damals als Volksschriftsteller berühmt: Im Mittelpunkt seiner Erzählungen stehen die einfachen Menschen des Schwarzwalds, ihr Alltag und auch ihre Nöte.

Hansjakob, dessen letztes Wohnhaus, der Freihof in Haslach, heute ein Museum ist, setzte sich zudem für die Erhaltung und

Förderung der überlieferten Volkstrachten ein – sie waren für ihn unverzichtbarer Teil der ländlichen Identität. Die industrielle Moderne mit ihrer Konfektionsware, die alte Gewerbe und Traditionen im Eiltempo verschwinden ließ, war Hansjakob ein Graus – sie habe »ein großes Stück Poesie aus der Welt geschafft«.

Die Hirtenkinder im Schwarzwald

Einfühlsam beschrieb Hansjakob zum Beispiel das Leben der Hirtenkinder, die »bei Sonnenlicht und Abendrot wie bei Sturm und Regen« Ziegen, Schafe, Kühe und Ochsen hüteten. Bei allem Realismus war der Wille zur Idealisierung nicht zu übersehen: So »einsam und mühevoll« sich der Alltag der Hirtenkinder gestalte, seien sie doch meist »heiter und zufrieden«. Noch abends, wenn es im Schwarzwald still werde, könne man ihren fröhlichen Gesang hören. Wie aus rückblickenden Schilderungen ehemaliger Hütekinder bekannt ist, entsprach dieses Bild nur teilweise der harten Wirklichkeit, zu der Ausbeutung und auch häufige Misshandlungen der Kinder gehörten.

Der berühmte Schwarzwald-Dichter Heinrich Hansjakob (1837–1916).

Tatsächlich gab es für Trachtenfreunde Grund zur Sorge: Bereits in den 1860er Jahren hatte Rudolf Gleichauf, der die badischen Landestrachten dokumentierte, mit Blick auf den Hochschwarzwald festgestellt: »In der Gegend von Neustadt, Lenzkirch, Bonndorf pp. wird von den Frauen noch die ältere charakteristische Wäldertracht getragen, während dieselbe bei den Männern beinahe schon verschwunden ist.«

1893 rief Heinrich Hansjakob in Freiburg zur Gründung eines Vereins für Erhaltung der Volkstrachten auf, dessen Beirat er dann angehörte. Er war auch Initiator eines großen badischen Trachtenfestes, das 1895 in Freiburg stattfand.

Stunde des Bollenhuts

Der Schwarzwälder Bollenhut, heute ein Symbol für die gesamte Region, hatte unter diesen Vorzeichen seinen eigentlichen Durchbruch. Zwar gab es den charakteristischen, aus Roggenstroh geflochtenen und mit Stoffpompons (Bollen) verzierten Hut schon früher, aber er kam traditionell nur in den Dörfern Gutach, Reichenbach und Kirnbach im mittleren Schwarzwald vor. Andernorts war er lange Zeit unbekannt, zumal er auch nur beim Kirchgang und bestimmten festlichen Anlässen getragen wurde – die auffälligen roten Bollen waren Mädchen und unverheirateten Frauen vorbehalten, während schwarze Bollen auf verheiratete Frauen oder Witwen hindeuteten.

Außerdem nahm der Hut erst im späteren 19. Jahrhundert seine bis heute bekannte Form an: Seit den 1880er Jahren hatte er vierzehn statt früher nur elf Bollen, die außerdem größer waren als zuvor – es musste nun Gips in die Hutränder eingearbeitet werden, damit sie die Last der schweren, aus Schafwolle gefertigten Kugeln trugen. Um 1900 war die Entwicklung abgeschlossen – der Bollenhut hatte sein typisches Aussehen angenommen. Bei einem durchschnittlichen Gewicht von eineinhalb Kilogramm war das Tragen recht anstrengend – medizinische Gutachten warnten sogar vor gesundheitlichen Risiken. Der wachsenden Berühmtheit des Hutes tat dies keinen Abbruch.

Nicht zuletzt war Luise, die Gattin des langjährigen badischen Großherzogs Friedrich I., für den zunehmenden, weit über sein Ursprungsgebiet hinausreichenden Ruhm des Bollenhuts verantwortlich: Bei diversen Anlässen, gerne auch in ihrer Freizeit oder in der Sommerfrische, trug sie den Hut mit Vorliebe, was ihn als typisch badische Tracht bekannt machte – obwohl er aus Dörfern stammte, die bis 1810 noch württembergisch gewesen waren.

Ebenfalls großen Anteil an der Popularisierung des Bollenhuts hatte der aus Preußen stammende Kunstmaler Wilhelm Hasemann (1850–1913), der im Frühjahr 1880 erstmals nach Gutach kam.

Hasemann hatte den Auftrag erhalten, eine Neuausgabe von Berthold Auerbachs *Schwarzwälder Dorfgeschichten* zu illustrieren und suchte nach passenden Motiven. In Gutach eingetroffen, war der Maler euphorisiert von der Landschaft, den Gehöften und den Menschen vor Ort. Überschwänglich schrieb er an seine Eltern: »Es ist aber auch wunderschön hier im Schwarzwald; so malerisch [...] Die zahlreichen Obstbäume blühen, dass es eine Pracht ist. Freilich hatte es gestern Nacht geschneit, am Morgen lagen die Berge von den Gipfeln bis zur Mitte herab voller Schnee. Bei schlechterem Wetter habe ich in den Bauernstuben gezeichnet. Die Häuser sind nämlich hier ganz anderer Art als bei uns [...] Ebenso interessant ist die hiesige Tracht [...].«

Hasemann ließ sich dauerhaft in Gutach nieder. Wieder und wieder malte er die Landschaft und die Menschen des Schwarzwalds – und regelmäßig ist auf seinen Zeichnungen, Aquarellen, Gemälden und Buchillustrationen der Bollenhut zu sehen.

Auf eine Reihe anderer Künstler wirkte Hasemann wie ein Magnet. Während sich manche von ihnen nur für einige Wochen im *Löwen*, in der *Krone* oder in der *Linde* einquartierten, folgten andere Hasemanns Beispiel und machten Gutach zu ihrer Wahlheimat. So wurde Hasemann zum Begründer der Gutacher Malerkolonie. Deren bekanntester Vertreter neben Hasemann selbst war Curt Liebich (1868–1937), der ab den 1890er Jahren in der Gemeinde lebte und ebenso wie sein Mentor bis zu seinem Tod dort blieb. Auch in Liebichs Werken ist die ortsübliche Tracht sehr präsent – das Gemälde *Laublehof* zeigt zum Beispiel eine junge Frau mit Bollenhut auf blühender Wiese vor der

Gutacher in Tracht um 1900 (Kolorierte Ansichtskarte mit Aufnahme von Conrad Ruf, Freiburg).

Kulisse eines Schwarzwaldhauses. Heute zeigt das 2005 in Gutach eröffnete Kunstmuseum Hasemann-Liebich Werke der bekannten Schwarzwald-Maler.

Die Wiedergeburt der Fastnachtsbräuche

Etwas später als die regionalen Trachten kamen auch die traditionellen Fastnachtsbräuche wieder neu in Mode. Zuvor waren sie lange Zeit in der Defensive gewesen: Alte Narrenkostüme wie der *Federehannes* in Rottweil, der *Schuttig* in Elzach oder der *Wilde Mann* in Waldkirch waren bis zum späten 19. Jahrhundert zugunsten des vermeintlich kultivierteren rheinischen Karnevals zurückgedrängt worden – die Obrigkeit machte immer strengere Auflagen, ihr war das »wüste und sittenlose Treiben« der Fastnachter ein Dorn im Auge. Trotz vieler Verbote waren die alten Narrenzüge mit den typischen ortsüblichen Kostümen und Masken, mit Peitschen und Besen zwar nie ganz ausgerottet worden, schienen um die Jahrhundertwende aber endgültig zu verschwinden. 1903 nahmen am traditionellen Rottweiler Narrensprung am Fastnachtsmontag lediglich noch neun Narren teil.

Dieser Tiefpunkt war zugleich der Wendepunkt: Die Fastnachtsfreunde schlossen sich daraufhin zusammen und gründeten eine Rottweiler Narrenzunft. Auch in Furtwangen und

Fastnacht in Schramberg um 1908.

anderen Fastnachtshochburgen des Schwarzwalds regte sich ab der Jahrhundertwende ein neues Selbstbewusstsein der Fastnachter, die alten Bräuche fanden wieder Zulauf.

Die 1911 in Schramberg gegründete Narrenzunft trug zwar anfangs noch den Namen *Karnevals-Gesellschaft*, doch dominierten in der Praxis bereits regionaltypische Fastnachtsfiguren wie die *Hansele*. Viele der traditionellen Kostüme aus der Region sind bis heute nicht nur im Fastnachtsmuseum Narrenschopf (Bad Dürrheim) zu sehen, sondern ebenso auf den alljährlichen Umzügen.

Vom Volkstum zum Nationalismus

Die verbreitete Rückbesinnung auf Volkstum und Tradition hatte auch ihre Schattenseiten. Gerade nach der Reichsgründung 1871 ging sie teilweise mit einem aggressiven Nationalismus einher – verbunden mit der Abwertung von Juden und anderen Minderheiten im eigenen Land, die als Fremdkörper im deutschen Volk empfunden wurden. Der Übergang von einer friedlichen Pflege des Volkstums zu einem feindlichen Chauvinismus war fließend. Zum Beispiel hegte auch Heinrich Hansjakob, der berühmte Förderer der Schwarzwald-Kultur, erhebliche Ressentiments gegen Juden. 1901 schrieb er: »Wer in unseren Tagen nicht Antisemit ist, ist entweder ein Esel oder von den Juden abhängig.« Äußerungen dieser Art sind ein dunkler Fleck auf dem Bild des Schwarzwald-Dichters.

Der Nationalismus brachte seine eigenen Helden hervor. Und auch dies hinterließ Spuren im Schwarzwald: So wurde der langjährige Reichskanzler Otto von Bismarck zu seinen Lebzeiten, noch mehr aber nach seinem Tod im Jahr 1898 geradezu mythisch verehrt und zum Gegenstand eines vaterländischen Kults. Er galt vielen als eigentlicher Vater des deutschen Kaiserreichs und Urheber der neuen nationalen Größe. Überall in Deutschland setzten ihm seine Verehrer Denkmäler, die zum Anlaufpunkt für Fackelzüge und nationalistisch gefärbte Feierlichkeiten wurden.

Mehrere dieser Denkmäler finden sich bis heute in der Schwarzwaldregion – etwa der 17 Meter hohe Bismarck-Turm oberhalb von Ettlingen, der 1901 fertiggestellt wurde. Oder das berühmte Bismarck-Denkmal auf dem Seebuck, dem Nebengipfel des Feldbergs, dessen feierliche Einweihung schon 1896 stattfand. 1956 teilweise eingestürzt und 1966 restauriert, ist das Seebuck-Denkmal ein Wahrzeichen geblieben – und das, obwohl der Bismarck-Kult längst Vergangenheit ist: Heutige Besucher interessieren sich meist wenig für den älteren, schnauzbärtigen Herrn, der mit strengem Blick in die Ferne schaut.

Andrang im »Waldparadies«

Längere Zeit schon war der Schwarzwald ein bevorzugter Rückzugs- und Erholungsort für wohlbetuchte Gäste gewesen: Zum Beispiel wurde die erste badische Verfassung 1818 in Bad Griesbach im Schwarzwald unterzeichnet, weil der Großherzog dort gerade zur Kur weilte; Charlotte Mathilde, Gemahlin des Königs von Württemberg, erholte sich im frühen 19. Jahrhundert alljährlich in Teinach im Nordschwarzwald, wo ab 1835 ein luxuriöses Bad-Hotel mit standesgemäßem Residenzsaal entstand; und Baden-Baden mauserte sich ab der ersten Jahrhunderthälfte gar zur inoffiziellen

Anziehungspunkt auch für ausländische Gäste: das Kurhaus in Baden-Baden.

Sommerhauptstadt Europas mit hochkarätigen Gästen, erstklassigen Bädern, mondänen Luxushotels und einem architektonisch herausragenden Kurhaus mit integriertem Casino.

Auch in der zweiten Hälfte des 19. Jahrhunderts fanden sich allerlei gekrönte Häupter ein – etwa die österreichische Kaiserin Elisabeth oder der russische Zar Alexander II. mit seiner Frau und seinem Hofstaat. Der Zar logierte im Sommer 1871 (ebenso wie fünf Jahre später der deutsche Kaiser Wilhelm I.) in Peterstal, wo er das gesamte Badgebäude für 60.000 Gulden mietete.

Kurplatz in Bad Wildbad (spätes 19. Jahrhundert).

Doch auch weniger prominente Gäste drängte es nun immer häufiger in den Schwarzwald. Die Zahl der Erholungssuchenden erreichte in der Region eine neue Größenordnung. St. Blasien zum Beispiel, vorher vor allem durch sein ehemaliges Kloster und als Standort einer Textilfabrik bekannt, wurde nun zum vielbesuchten Luftkurort. 1868 zählte das Bezirksamt St. Blasien 812 Urlaubsgäste, 1869 schon etwa doppelt so viele. Seit 1872 fuhr ein von Pferden gezogener Omnibus von St. Blasien nach Titisee und zum Bahnhof von Albbruck – er war geräumiger als klassische Postkutschen und beheizbar.

Eine Brandkatastrophe brachte zwar 1874 einen herben Dämpfer: Auch der stolze Dom brannte ab und musste mühsam wieder-

Fremdenblatt und Kurliste für den Kurort St. Blasien (1913).

aufgebaut werden. Doch Großherzog Friedrich von Baden, der selbst gerne nach St. Blasien kam, förderte das erneute Aufblühen der nun zur Stadt erhobenen Gemeinde.

Um die Jahrhundertwende versprach der Kurort seinen Gästen einen Aufenthalt mit Liegekuren unter freiem Himmel im schmucken Privat-Sanatorium, in reinster Waldluft und malerischer Umgebung. Für erholungssuchende Großstädter wie den Schriftsteller Stefan Zweig war St. Blasien das reinste »Waldparadies«. 1911 verbuchte man 1.360 Besucher – innerhalb einer Woche. Ein knappes Drittel reiste aus dem Ausland an. Zum Beispiel machte der spätere US-Präsident Franklin Delano Roosevelt als Heranwachsender mehrmals Urlaub in St. Blasien – und kehrte 1905 während seiner Flitterwochen zurück.
Bad Rippoldsau war ein weiteres beliebtes Ziel für Kurgäste, ebenso Bad Teinach, wo man 1889 zusätzlich mit der Abfüllung und Vermarktung des Heilwassers begann, das aus der 1841 erbohrten Hirschquelle sprudelte. Schömberg im Nordschwarzwald verfügte zwar nicht über Heilquellen, entwickelte sich aber seit den späten 1880er Jahren zu einem bekannten Luftkurort. Und im 1887 zur Stadt erhobenen Bad Herrenalb, wo man erst später auf eine Thermalquelle stieß, existierte bereits eine gutbesuchte Kaltwasser-Heilanstalt.

Ein (fast) vergessener Ort

Auch Bad Boll in der Wutachschlucht – nicht zu verwechseln mit dem gleichnamigen Kurort auf der Schwäbischen Alb – erlebte um die Jahrhundertwende eine Blütezeit nach bescheidenen

Anfängen: An einer Mineralwasserquelle unterhalb der Burgruine Neu-Tannegg bei Boll gab es zunächst nur ein kleines Badehäuschen. Doch dann machten Erzählungen über die Heilwirkung des Quellwassers die Runde: Wer darin bade oder davon trinke, könne von Rheuma und anderen Leiden kuriert werden. In den 1880er Jahren wurde bereits eine großzügige Kuranlage mit neuem, größerem Badehaus fertiggestellt.

Zudem entwickelte sich Bad Boll zu einem bevorzugten Ziel für englische Angler – die Wutachschlucht war europaweit für ihre forellenreichen Gewässer bekannt. 1894 erwarb der London *Fishing Club* die gesamte Kuranlage und baute sie in den folgenden Jahren weiter aus. Es entwickelte sich ein mondänes Flair mit Konzerten, Ausstellungen und anderen gesellschaftlichen Ereignissen. Belegt sind Besucher wie die berühmte amerikanische Opernsängerin Lillian Nordica und der tunesische Prinz Hassan. Auch der spätere britische Premierminister Winston Churchill soll als junger Mann zu den Kurgästen gezählt haben. Mit dem Ersten Weltkrieg begann allerdings der Niedergang Bad Bolls. Wer heute dorthin wandert, findet nur noch überwucherte Überbleibsel einer vergangenen Epoche. Der Wald hat sich den einstmals luxuriösen Kurort zurückgeholt.

»Im Konkurrenzkampfe mit anderen Bädern«

Im traditionsreichen, seit dem Mittelalter genutzten Wildbad (heute Bad Wildbad) stieg die Zahl der in- und ausländischen Gäste im 19. Jahrhundert ebenfalls rasant – besonders viele von ihnen kamen aus Russland, England und den Niederlanden.

Um die anspruchsvollen Besucher zu befriedigen und »im Konkurrenzkampfe mit anderen Bädern« bestehen zu können, wie es Stadtschultheiß Karl Baetzner formulierte, entstanden nicht nur neue, repräsentative Badgebäude wie das König-Karls-Bad; 1907/08 baute man auch die kostspielige *Sommerbergbahn*, die vom Stadtzentrum aus auf den Wildbader Hausberg fuhr. Ähnliche Erwägungen führten in Baden-Baden zum Bau der *Merkurbergbahn*, die 1913 in Betrieb ging; es handelte sich um eine hochmoderne Standseilbahn, die nicht nur ihren Nutzen als Transportmittel erfüllte, sondern selbst schon eine Attraktion darstellte.

1908 in Betrieb genommen: Die Sommerbergbahn in Bad Wildbad.

Die Wanderer und der Ursprung des Massentourismus

Neben den Kurgästen kamen immer zahlreicher auch die Wanderer. Schon 1856 hieß es in K. Baedekers *Handbuch für Reisende*: »Von allen Waldgebirgen Deutschlands bietet keines dem Wanderer eine so reiche Folge erhabener wie lieblicher Landschaften, eine solche Fülle von ‚Waldeinsamkeit', als der Schwarzwald«. Baedeker betonte, dass man »auch in abgelegenern Orten […] stets noch ein gutes Wirthshaus (allenthalben Forellen, aber nicht wohlfeil)« finde. Für Wanderer mit schmalem Geldbeutel gab es die Heuschober der Bauernhöfe als Übernachtungsgelegenheit.

Mit den Wanderern kam der moderne Tourismus. Und mit diesem wiederum kam ein zunehmender Hunger nach Sehenswürdigkeiten. Die Triberger Wasserfälle etwa – seit dem frühen 19. Jahrhundert durch Wege erschlossen – zählten zu den ersten

Attraktionen, die Scharen von Touristen anlockten. Es ist symptomatisch für die Epoche, dass bald schon mehr Besucher zu den Wasserfällen strömten als zur Triberger Marienwallfahrt.

Gefördert wurde der Tourismus durch die neuen Schienenwege. Die Anreise ins Gebirge war nie zeitsparender und kostengünstiger gewesen. Zudem machte man es gerade den Wanderern immer leichter. Die Mitglieder des 1864 in Baden, 1884 in Württemberg gegründeten *Schwarzwaldvereins* (beide fusionierten 1934) setzten es sich einerseits zum Ziel, den Schwarzwald in einer möglichst natürlichen Form zu erhalten – der noch junge Naturschutzgedanke fand in dieser Zeit viele Anhänger.

Erinnerungsfoto von den Triberger Wasserfällen um 1900 (Aufnahme von J. K. Berberich, Triberg).

Zugleich aber sollte die Region bekannter gemacht und gerade für Wanderer attraktiver werden. Die Ortsgruppen des Schwarzwaldvereins gaben Wanderkarten heraus, initiierten den Bau etlicher Schutzhütten und Aussichtstürme: Zum Beispiel wurde 1895 ein moderner Eisenturm auf dem *Blauen* bei Badenweiler eingeweiht, 1909/10 entstand ein 23 Meter hoher Steinturm auf der *Hornisgrinde*, dem höchsten Gipfel des Nordschwarzwalds.

Bereits 1894 kam im badischen Schwarzwaldverein die Idee auf, »einen durchgehenden Wanderweg von Pforzheim nach Basel über die Höhen des Schwarzwaldes zu markieren« – aus diesem Gedanken wurde der legendäre *Westweg* geboren. Die Ausschilderung und Pflege des heute etwa 285 Kilometer langen Wanderwegs (die ursprüngliche Route war etwas kürzer) ist eines der großen Verdienste des Schwarzwaldvereins. Philipp Bussemer,

Kurzwarenhändler aus Baden-Baden und eines der aktivsten Vereinsmitglieder, spielte dabei eine Schlüsselrolle. Begleitet von Julius Kaufmann aus Lahr markierte er den Weg im Jahr 1900 eigenhändig. Schon damals war das Erkennungssymbol eine rote Raute auf weißem Grund. Bussemer veröffentlichte auch einen kurzgefassten Wanderführer, der Vorschläge zur Einteilung der Tagesstrecken machte: »Bequemen Fußgängern« empfahl er, zwölf Tage zu veranschlagen; für »sehr rüstige Fußgänger« seien acht Tage ausreichend.

Der Erfolg des Westwegs führte schon 1903 zur Auszeichnung weiterer Fernwanderwege durch den Schwarzwald, deren Startpunkt ebenfalls Pforzheim war: der *Mittelweg* verläuft bis heute über Lenzkirch im Hochschwarzwald nach Waldshut am Hochrhein, der *Ostweg* über Freudenstadt und Villingen nach Schaffhausen (Schweiz).

Der moderne Tourismus blieb aber nicht auf das Wandern beschränkt. Die Freizeitmöglichkeiten wurden vielfältiger: Zum Beispiel konnten sich zahlende Besucher seit den 1860er Jahren in Gondeln durch die Fluten des Titisees rudern lassen – 1899 unternahm dort auch ein Motorboot seine Jungfernfahrt, dessen Anlegesteg sich auf dem Gelände des ufernahen, 1886 eröffneten Schwarzwaldhotels befand.

Lange Zeit nur zu Fuß erreichbar waren andere Schwarzwald-Seen – so auch der kleine, aber sagenumwobene Mummelsee im Nordschwarzwald. Obwohl eine Straßen- oder Schienenanbindung fehlte, wurde dort 1899 das *Hotel Mummelsee* mit zugehörigem Bootshaus eröffnet. Da der Mummelsee am beliebten Westweg lag, herrschte zumindest in den wärmeren Monaten kein Mangel an Gästen.

Immer häufiger kamen die Schwarzwald-Touristen aus dem Ausland. Ein frühes Beispiel ist der US-Schriftsteller Mark Twain, der die Region 1878 besuchte. Durch seinen detaillierten Reisebericht trug er dazu bei, den *Mythos Schwarzwald* auf der anderen Seite des Atlantiks zu befördern.

Mark Twain isst Forelle

Seine zweite Europareise führte Mark Twain 1878 in den Schwarzwald. Im *Gasthaus zum Pflug* in Ottenhöfen genoss der Dichter eine gebratene Forelle; im Anschluss besichtigte er die Wasserfälle von Allerheiligen und die nahegelegene, romantische Klosterruine. Derselben Route folgt heute der *Mark-Twain-Wanderweg.*

Schnee als Selling Point: Das Skifahren wird populär

Für den Aufschwung des Schwarzwald-Tourismus sorgte außerdem eine neue Freizeitbeschäftigung: Es schlug die Geburtsstunde des Wintersports. Erstmals wurde der Schnee zu einem wirtschaftlich bedeutsamen Rohstoff. Und diesen gab es im Schwarzwald reichlich: 1879 fiel im Hochschwarzwald noch in der zweiten Maihälfte Neuschnee. »Nun haben wir acht Monate Winter«, heißt es in der Pfarrchronik von Furtwangen. Letztlich wurden mehr als neun Monate daraus: Zum letzten Mal schneite es am 7. Juli – zum Vergnügen der Schulkinder, die Schneeballschlachten veranstalteten. »Ein entsetzlicher Sommermonat«, notierte hingegen der Chronist.

Mit den Skifahrern wurde der Schnee zu einem Selling Point für den Schwarzwald. Die frühesten Skifahrer der Region kamen noch aus dem Mutterland dieses Sports, aus Norwegen. Sie weilten in den 1880er Jahren als Kurgäste im Südschwarzwald. Der erste Skiläufer auf dem Feldberggipfel war ein Franzose: 1891 gelang dem damals 33-jährigen Konsulatsmitarbeiter und Skisportler Robert Pilet die Erstbesteigung des höchsten Schwarzwaldbergs mit Skiern – eine Leistung, die sich als ausgesprochen werbewirksam für den neuen Sport erwies. Auch unter den Einheimischen gab es bald schon Pioniere und Nachahmer: So bestellte sich der Todtnauer Arzt Dr. Tholus 1888 ein Paar Skier in Norwegen. Ebenfalls in Todtnau, im *Gasthaus zum Ochsen,* wurde im Herbst 1891 der älteste bis heute bestehende Skiclub Deutschlands ins Leben gerufen.

Der 1895 auf dem Feldberg gegründete *Schwarzwälder Skiclub* richtete 1900 bereits die ersten Deutschen Skimeisterschaften aus (die also nicht etwa in den bayrischen Alpen stattfanden). Die Meisterschaften waren für Ausländer offen, und Sieger wurde mit Bjarne Nilssen (natürlich) ein Norweger. Es folgten zahlreiche weitere Langlauf- und auch Skisprung-Wettbewerbe im Hochschwarzwald. Die Skispringer nutzten anfangs noch provisorisch aufgeschüttete Schneehügel als Schanzen.

Diese Postkarte zeigt Bjarne Nilssen beim Skisprung-Wettbewerb auf dem Feldberg im Jahr 1900.

Pionier zweier Sportarten: Wilhelm Paulcke

Zu den Mitbegründern des Schwarzwälder Skiclubs zählte der damalige Freiburger Geologie-Student Wilhelm Paulcke (1873–1949), der für die Popularisierung des Wintersports in Deutschland eine zentrale Rolle spielte. 1899 veröffentlichte er ein vielgelesenes Buch mit dem Titel *Der Skilauf*, das die grundlegenden Techniken vermittelte.

Paulcke selbst hatte das Skifahren als 10-Jähriger erlernt – vermittelt durch seine norwegische Erzieherin. Als Gymnasiast in Baden-Baden unternahm er bereits regelmäßige Skitouren im Schwarzwald. Er war nicht nur passionierter Skifahrer, sondern auch leidenschaftlicher Bergsteiger. Schon in jugendlichen Jahren gelang Paulcke die Besteigung der Battertfelsen bei Baden-

Baden, die sich bei Kletterern bis heute größter Beliebtheit erfreuen; mehreren dieser Felsen gab Paulcke, da sie vor ihm kein anderer Bergsteiger bezwungen hatte, ihre Namen. Paulcke, der später als Geologie-Professor an der Technischen Hochschule in Karlsruhe lehrte, wurde so zum Pionier zweier Sportarten.

Besonders das Skifahren entwickelte sich im Kaiserreich – in einer Epoche mit wachsendem Gesundheitsbewusstsein und immer mehr Freizeit – zum angesagten Trendsport. Seit den 1890er Jahren gab es auch bereits Skier aus eigener Schwarzwälder Produktion. Die Wettbewerbe auf dem Feldberg zogen um die Jahrhundertwende mehrere Tausend Zuschauer an. Und 1908 ging in Schollach (Hochschwarzwald) der erste Skilift der Welt in Betrieb. Erfinder war der Gastwirt Robert Winterhalter, der auf der Internationalen Wintersportausstellung 1910/11 in Triberg mit einer Goldmedaille geehrt wurde – das Schwarzwälder Tüftlertum, hier war es wieder. Durch die Erfindung des Skilifts wurde bald auch der Abfahrtslauf immer beliebter.

Der Bannwald am »Wilden See«

Allerdings zeigten sich um die Jahrhundertwende auch Schattenseiten des Tourismus. Dass er zum Beispiel mit dem Naturschutz in Konflikt geraten konnte, merkte man schon damals. Und es gab erste Bemühungen, bestimmte Zonen innerhalb des Waldes vor schädlichen menschlichen Einflüssen zu bewahren. So wurde das Gebiet am *Wilden See* beim Ruhestein, heute im *Nationalpark Schwarzwald* gelegen, 1911 durch die württembergische Forstverwaltung zum *Bannwald* erklärt – einem frühen Vorläufer der späteren Naturschutzgebiete. Es war der erste Bannwald auf dem Territorium des heutigen Bundeslands Baden-Württemberg. Zwar durfte das geschützte Gebiet weiterhin durchwandert werden, doch war es tabu für Hotels, Skipisten und anderweitige touristische Nutzungen.

Eine Friedensära geht zu Ende: Der Erste Weltkrieg

Als im Sommer 1914 der Erste Weltkrieg begann, wurde mancher Kurgast im Schwarzwald kalt erwischt. Trotz des jahrelangen Wettrüstens und regelmäßiger diplomatischer Krisen hatte kaum jemand mit einem baldigen Kriegsausbruch gerechnet. Baden-Baden zum Beispiel war voll mit Gästen aus aller Welt. Die meisten von ihnen reisten nun eilig ab – erste Gefechte zwischen deutschen und französischen Truppen fanden westlich des Oberrheins, also in bedrohlicher Nähe statt. In den folgenden Jahren waren es nicht mehr die Kurgäste, sondern Verwundete und Invalide aus den Baden-Badener Lazaretten, die das Stadtbild prägten – allein im Barackenlazarett Eichelgarten wurden bis 1918 rund 24.000 Kranke und Verletzte behandelt.

Doch nicht jeder Gast konnte einfach abreisen – insbesondere dann nicht, wenn er seit Beginn der allgemeinen Mobilmachung als »feindlicher Ausländer« galt. Das betraf vor allem französische, britische und russische Staatsangehörige, die sich privat oder geschäftlich in Deutschland aufhielten.

Beispielsweise wurden die russischen Schachmeister Efim Bogoljubow und Alexander Aljechin, die im Juli 1914 an einem internationalen Turnier in Mannheim teilgenommen hatten, zuerst in mehreren Gefängnissen interniert, dann in Triberg im Schwarzwald, wo sie immerhin in Hotels oder Pensionen wohnen durften – allerdings musste das Geld für die Unterbringung aus dem Ausland kommen.

Aljechin kehrte später durch den Austausch von Zivilgefangenen nach Russland zurück. Bogoljubows Leben nahm einen anderen, überraschenden Verlauf: Er fand Gefallen am Schwarzwald und blieb freiwillig. Nach dem Krieg heiratete er eine Einheimische, nahm 1927 gar die deutsche Staatsbürgerschaft an und wurde mehrfacher deutscher Schachmeister. Nur den Traum vom Weltmeistertitel konnte er sich nicht erfüllen – 1929 und 1934 verlor er zwei Weltmeisterschafts-Matches gegen seinen alten Bekannten und Dauerrivalen Aljechin. Bogoljubow starb 1952 in Triberg.

Im Hinterland der Westfront

Der Erste Weltkrieg, der nach dem Willen der deutschen Generäle nur ein kurzer und siegreicher Feldzug sein sollte, dauerte mehr als vier Jahre. Rechts des Rheins wurden keine Schlachten geschlagen, doch das nahegelegene Elsass war Aufmarsch- und Kampfgebiet. Jahrelang verlief die Westfront mit ihren Schützengräben und Stacheldrahtbarrieren über den Kamm der Vogesen. Von den Höhen des Schwarzwalds aus konnte man die schweren Geschütze donnern hören.

Durch gegnerische Flugzeuge drohte auch in der Schwarzwaldregion unmittelbare Gefahr: Beispielsweise wurde die Rottweiler Pulverfabrik, in der bei Kriegsbeginn 878 Arbeiter beschäftigt waren, frühzeitig zum Ziel von Fliegerangriffen, die auch Menschenleben kosteten – schon das erste Bombardement brachte am 3. März 1915 rund 10.000 Kilogramm Schießpulver zur Explosion. Auch Freiburg und viele andere Städte am Schwarzwaldrand wurden regelmäßig von Luftangriffen heimgesucht.

Der zivile Zugverkehr wurde während der Kriegsjahre erheblich eingeschränkt – die Eisenbahn war nun ganz in der Hand des Militärs. Die Züge transportierten in erster Linie Soldaten, Proviant, Kriegsgerät und Munition. Bei Gutach (Schwarzwaldbahn) explodierte am 24. Mai 1918 ein Güterzug mit 18 Waggons, der Granaten geladen hatte. Wie durch ein Wunder kam niemand ums Leben, doch ein Bauernhof brannte ab.

Wie überall an der *Heimatfront*, also jenseits der eigentlichen Kampfhandlungen, hatte der Krieg im Schwarzwald schmerzhafte Auswirkungen. Junge Männer, oft die Haupt若nährer, waren beim Militär – und viele kamen nicht mehr zurück. In Furtwangen beispielsweise zogen schon im August 1914 mehr als 250 Männer in den Krieg. Der erste Kriegstote, den die Stadt zu beklagen hatte, war der Fotograf und vierfache Vater Albert Ziegler, der schon wenige Wochen nach Kriegsbeginn im Alter von 34 Jahren fiel.

Da die meisten jungen Männer fort waren, mussten Frauen, Kinder und alte Männer die schwere Arbeit in der Landwirtschaft allein bewältigen, zum Teil unterstützt von Kriegsgefangenen, die ihnen – im Widerspruch zu völkerrechtlichen Vereinbarungen – als Zwangsarbeiter zugewiesen wurden. Sie kamen aus Belgien, Frankreich, Russisch-Polen oder Russland und ersetzten sowohl in der Landwirtschaft wie auch in der Industrie einen Teil der fehlenden Arbeitskräfte. In Haslach im Kinzigtal waren schon im Juni 1915 Zwangsarbeiter aus Belgien und Frankreich im örtlichen Eisen- und Stahlwerk eingesetzt. In Furtwangen trafen die ersten zwanzig Gefangenen im Frühjahr 1916 ein, der Höchststand von 84 Zwangsarbeitern wurde im Mai 1917 erreicht.

Der Wald als Helfer in der Not

Abgeschnitten von den Weltmärkten, mangelte es in Deutschland an Rohstoffen und Nahrungsmitteln – besonders in der zweiten Kriegshälfte, als Missernten dazukamen. Viele Menschen litten Hunger. Allerdings war die Lage in ländlichen Gegenden wie dem Schwarzwald zumindest besser als in den großen Städten. Zwar musste ein Teil der landwirtschaftlichen Erzeugnisse abgegeben werden, aber die Bauern saßen an der Quelle.

Angesichts des allgegenwärtigen Mangels besannen sich die Menschen auf den Wald: Wie in vergangenen Jahrhunderten begannen sie, Baumharz zu sammeln und zu Leim, Seife oder Lack zu verarbeiten. Schulkinder machten sich auf die Suche nach Eicheln und Bucheckern, die immerhin essbar waren. Auch die Pilze des Waldes waren als Mahlzeit lange nicht so begehrt gewesen; der Karlsruher Botanik-Professor Ludwig Klein informierte in öffentlichen Vorträgen, wie sich Speise- von Giftpilzen unterscheiden ließen. Zugleich gab es im Wald auch immer mehr Wilderer – und die Wildbestände gingen dramatisch zurück.

Schwarzwaldmädel: Ein Stück heile Welt

Spätestens 1916 war jede siegesgewisse Begeisterung, die manchen noch bei Kriegsbeginn erfasst hatte, verflogen. *Durchhalten* lautete die Parole. Je länger der Krieg dauerte, desto mehr wurde er zum totalen Krieg, in dem alles und jeder sich der Kriegsführung unterzuordnen hatte. Selbst Kirchenglocken wurden inzwischen abgeholt und eingeschmolzen, um das Material für die Rüstungsproduktion zu verwenden. Auch in kleineren Gemeinden des Schwarzwalds entstanden immer mehr Lazarette – in Haslach waren es im April 1917 bereits drei an der Zahl.

Krankenschwestern und Insassen eines Haslacher Lazaretts (1915).

Um die harte Kriegsrealität zumindest vorübergehend vergessen zu können, gab es im Deutschland der Kriegsjahre eine begreifliche Nachfrage nach Zerstreuung und Ablenkung. So erklärt sich, dass der Berliner Komponist Léon Jessel 1917, mitten im Krieg, eine vergnügliche Operette nach einem Libretto von August Neidhart komponierte. Der klingende Titel: *Schwarzwaldmädel.*

Der Schwarzwald diente hier als Kulisse – als heile Welt, in der Tod, Gewalt und Zerstörung ganz fern schienen (obwohl der Krieg gerade im Schwarzwald so nah war). Die Handlung der Operette, die am 25. August 1917 in Berlin uraufgeführt wurde, war zumindest grob an Berthold Auerbachs Schwarzwälder Dorfgeschichte *Die Frau Professorin* aus dem Jahr 1846 angelehnt. Allerdings wurden bühnentaugliche Verwicklungen hinzugefügt und die tragische Komponente der literarischen Vorlage getilgt. Im Zentrum der Handlung steht die Hauptfigur Bärbel als Verkörperung der ländlichen Unschuld. Nach allerlei Irrungen und Wirrungen folgt das Happy End – dazu kamen eingängige Melodien mit Hit-Qualitäten.

Die Operette war ein voller Publikumserfolg und wurde noch im September des gleichen Jahres in 27 anderen Opernhäusern gespielt. Humorvoll und locker-leicht bot sie genau das, was den Menschen nach mehr als drei Kriegsjahren fehlte. Und weit über den Krieg hinaus blieb das Stück ein Kassenschlager – jetzt sogar im Ausland. Bis 1921 wurde es 5.443 mal aufgeführt. Auch trug die Operette entscheidend dazu bei, die Bekanntheit des Schwarzwälder Bollenhuts weiter zu steigern. Bei den frühen Aufführungen fehlte der Hut zwar noch, doch bald schon war er – natürlich als Kopfbedeckung der Hauptdarstellerin – kaum noch wegzudenken.

Kriegsende und Kriegsgedenken

Während die Operettenbesucher die Kriegssorgen für einige Stunden verdrängen konnten, ging das Sterben an den Fronten weiter. Selbst in den Alpen wurde gekämpft. Auch versierte Skifahrer aus dem Schwarzwald wurden dorthin kommandiert – die Skier waren in den verschneiten Bergen das oftmals zweckmäßigste Fortbewegungsmittel. Doch auch im Hochgebirge hatte der Krieg nichts Romantisches: Ein 1920 eingeweihter, fünfeinhalb Meter hoher Gedenkstein am Schliffkopf im Nordschwarzwald erinnert an die etwa 500 gefallenen Skiläufer, die allein der *Schwäbische Schneeschuhbund* im Ersten Weltkrieg verloren hatte.

Am 11. November 1918 stimmte die deutsche Heeresleitung einem Waffenstillstand zu, um den drohenden Einmarsch alliierter Truppen zu verhindern. Ein halbes Jahr später folgte der Friedensvertrag von Versailles, der Deutschland harte Lasten aufbürdete. Das Trauma des Krieges wirkte noch lange nach. Angesichts der Niederlage schien der Tod vieler Angehöriger nicht nur schmerzhaft, sondern gänzlich sinnlos. Kriegerdenkmäler, die man selbst in kleineren Gemeinden auf Friedhöfen, Kirch- oder Dorfplätzen errichtete, waren sichtbares Zeichen der Trauer. Eines der bekanntesten ist das Denkmal, das 1923 neben der Peterskirche in Gutach enthüllt wurde. Curt Liebich, der bekannte Vertreter der *Gutacher Künstlerkolonie*, hatte es gestaltet. Es zeigt eine trauernde junge Frau, die – den Bollenhut neben sich abgelegt – mit der Hand das Gesicht bedeckt.

Das von Curt Liebich gestaltete Kriegerdenkmal in Gutach.

Demokratie und Diktatur

Das Ende der Monarchen

Ebenso wie der deutsche Kaiser dankten der König von Württemberg und der Großherzog von Baden während der Novemberrevolution 1918 ab. Was 1848/49 gescheitert war, wurde nun, bei Ende des Ersten Weltkriegs, wahr: eine demokratische Republik, zu deren anfangs 24 Bundesländern auch der Volksstaat Württemberg und die Republik Baden zählten.

Einer der ersten Reichskanzler, sprich Regierungschefs der sogenannten Weimarer Republik stammte aus Wellendingen im Südschwarzwald: Constantin Fehrenbach führte 1920/21 eine Koalition der katholischen Zentrumspartei, der linksliberalen DDP und der rechtsliberalen DVP an.

Unruhige Nachkriegsjahre

Allerdings war der politische Neubeginn durch den verlorenen Krieg überschattet, nach dem Deutschland auch wirtschaftlich am Boden lag – deutliches Krisenzeichen war die Hyperinflation der Nachkriegsjahre, auf deren Höhepunkt im Herbst 1923 ein Laib Brot rund eine Billion, ein Kilo Rindfleisch fast fünf Billionen Mark kostete.

Zudem stand die Demokratie unter dem Beschuss ihrer Feinde von links und rechts. Matthias Erzberger, Politiker der Zentrumspartei und als Mitunterzeichner des Waffenstillstands 1918 eine Hassfigur der Rechtsextremisten, wurde 1921 während eines Spaziergangs bei Bad Griesbach im Schwarzwald von zwei Mitgliedern der rechtsterroristischen Organisation *Consul* ermordet – eines von zahlreichen politischen Verbrechen dieser Zeit.

Der berühmte amerikanische Schriftsteller Ernest Hemingway, der den Schwarzwald im Sommer 1922 mit Rucksack und Angel bereiste, schwärmte zwar von den fischreichen Gewässern und den »tiefe[n] Tannenwälder[n]« , erlebte neben freundlichen Menschen aber auch einen verbreiteten Hass auf Ausländer, insbesondere ehemalige Kriegsgegner.

Für den Fremdenverkehr war das keine gute Reklame. In Baden-Baden beispielsweise blieben Teile des internationalen Publikums, das die Kurstadt bis 1914 geprägt hatte, nach Kriegsende weiterhin fern. Hatte es 1913 noch 7.262 Fremdenbetten in der Stadt gegeben, waren es 1924 nur noch 5.364. Allerdings hielt sich der Einbruch des Kurtourismus insgesamt in Grenzen. So war das berühmte Sanatorium von St. Blasien, das im Ersten Weltkrieg als Hospital für lungenkranke Soldaten und Offiziere gedient hatte, bei ausländischen Gästen auch in den frühen 1920er Jahren sehr gefragt. Beispielsweise reiste der russische Dichter Maxim Gorki im Dezember 1921 wegen seiner Lungenerkrankung an.

Hertha Isenbarts »Schloss«: Die Bühlerhöhe

Der Stern St. Blasiens begann zwar seit Mitte der 1920er Jahre zu sinken; dafür strömten die Kurgäste aus dem In- und Ausland nun immer zahlreicher auf die Bühlerhöhe im Nordschwarzwald: Das dortige, im Stil eines wahrhaftigen Schlosses erbaute Kurhaus übernahm das »Wellnesskonzept«, das schon im Südschwarzwald erfolgreich gewesen war.

Hertha Isenbart, vermögende junge Witwe eines Generalmajors, hatte das *Kurhaus Bühlerhöhe* seit 1912 als Genesungsheim für Offiziere bauen lassen – im Gedenken an ihren Mann. Allerdings wurde das Geld noch während der Bauarbeiten knapp, und Hertha Isenbart, die unter schweren Depressionen litt, nahm sich 1918 das Leben. Nach dem Ersten Weltkrieg fanden sich Investoren, die den Bau fertigstellten und ihn 1920 als Kurhaus eröffneten. Oberhalb von Bühl im Wald gelegen, bot (und bietet) die Bühlerhöhe einen berauschenden Blick in die Rheinebene bis hinüber zu den Vogesen.

Weltklasse: Der Skisport im Schwarzwald boomt

Der Nordschwarzwald lag im Trend – das galt auch für den boomenden Skisport: Vor allem die Gegend um die Hornisgrinde zählte damals mit ihren Pisten und Liftbetrieben zu den beliebtesten Skigebieten Deutschlands. So wurde insbesondere das Kurhaus Hundseck bei Bühlertal zu einem Skisport-Zentrum, ebenso das nahegelegene Unterstmatt, eine frühere Viehweide.

Skifahrerin in Baiersbronn (Nordschwarzwald).

Doch zumindest für Leistungssportler waren die Feldbergpisten die reizvollsten der Region – das Hotel *Feldbergerhof* hatte sich zu einem Magneten für Skifahrerinnen und Skifahrer entwickelt. Christl Cranz beispielsweise, 1914 geboren und seit 1928 in Freiburg aufgewachsen, reifte am Feldberg zu einer Weltklasse-Rennfahrerin. Niemand vor oder nach ihr hat im Skisport so viele Titel bei Weltmeisterschaften und Olympiaden errungen.

Seit 1922 war am Feldberg auch die erste wirkliche Skisprung-Schanze des Schwarzwalds in Betrieb, die die älteren Provisorien überflüssig machte: Da Max Egon zu Fürstenberg das Holz für den Schanzenbau spendiert hatte, erhielt sie den Namen *Max-Egon-Schanze*.

Retter in der Not: Die Bergwacht Schwarzwald

Im Zusammenhang mit dem Boom des Skisports stand 1922 auch die Gründung der *Bergwacht Schwarzwald* in Freiburg durch Mitglieder des Schwarzwaldvereins. Schon während der 1920er Jahre wuchs die Zahl der Ortsgruppen schnell. Ein wichtiger Antrieb für die Gründer war zum einen der Naturschutz – ehrenamtliche Streifen wachten am Wochenende darüber, dass seltene Pflanzen wie Enzian oder Silberdistel nicht rücksichtslos ausgerissen wurden.

Aber die Hauptaufgabe der Bergwacht war es, Menschen in Notfällen zu helfen. Da immer mehr Skifahrer und Bergsteiger in den Schwarzwald drängten, häuften sich auch die Unfälle. Es entstand nun eine wachsende Zahl von Rettungsstationen der Bergwacht – vom Feldberg im Süden bis zur Hornisgrinde im Norden. Tödliche Unfälle blieben dennoch nicht aus. In den 1920er Jahren kamen allein auf dem Eichhaldenfirst, einem Felsgrat bei Ottenhöfen, mehrere Kletterer ums Leben. Da die Verunglückten mehrheitlich aus der Karlsruher Gegend stammten, wurde der Grat 1926 im Gedenken an die Opfer in *Karlsruher Grat* umbenannt.

Eine Torte erobert die Welt

Die Marke Schwarzwald zog weiterhin. Die Operette *Schwarzwaldmädel* kam 1920 als Stummfilm-Adaption in die Kinos und erhielt gute Kritiken. 1929 folgte ein weiterer, freier an der Vorlage orientierter Stummfilm, 1933 bereits die dritte Verfilmung – diese nun erstmals mit Ton.

Aus derselben Zeit stammt die weltberühmte *Schwarzwälder Kirschtorte*, charakterisiert durch einen mit Kirschwasser getränkten Boden, belegt mit viel Sahne, Schokoladenraspeln und Kirschen. Der Schönheitsfehler: Allem Anschein nach wurde die Torte nicht im Schwarzwald erfunden.

Wer erfand die Schwarzwälder Kirschtorte?

Über den Ursprung ihres Namens lässt sich ebenso spekulieren wie über die Herkunft des Rezepts. Ein heißer Kandidat auf den Titel des Erfinders ist der Tübinger Konditor Erwin Hildenbrand, der die Schwarzwälder Kirschtorte spätestens 1930 im Angebot hatte. Immerhin: Das unverzichtbare Kirschwasser wurde traditionell im Schwarzwald hergestellt. Und allein schon wegen ihres Namens entwickelte sich die Torte nicht nur zu einem Klassiker in den Caféhäusern Berlins, Wiens und der ganzen Welt, sondern auch im Schwarzwald selbst.

Innovationen: Haartrockner, Radio und Jockele-Uhr

In den Jahren der Weimarer Republik erholte sich die Wirtschaft zumindest teilweise von den Kriegsfolgen. Und es gab vielversprechende Neuanfänge: So präsentierte die Firma Mathias Bäuerle in St. Georgen, ursprünglich eine Uhrenfabrik, eine innovative Rechenmaschine: das Modell *Badenia*. Es wurde bereits mit Tasten bedient und war entsprechend leicht zu handhaben. Als die Produktion 1921 in einem neu errichteten Fabrikgebäude anlief, waren dort 80 Arbeiterinnen und Arbeiter beschäftigt. Ihre Zahl stieg bis zum Jahresende auf mehr als 300 – denn die Nachfrage übertraf alle Erwartungen.

Ähnliche Erfolgsgeschichten gab es mehrere. Beispielsweise begann die Villinger Firma *SABA* (Schwarzwälder Apparate-Bau-

Anstalt), ursprünglich ebenfalls ein Uhrenhersteller, in den 1920er Jahren mit der Produktion von Radio-Zubehör und eigenen Radiogeräten. SABA profitierte von einem mächtigen Trend: 1920 war in Deutschland die erste Rundfunkübertragung ausgestrahlt worden, und in den folgenden Jahren wuchs die Nachfrage nach den technisch immer ausgereifteren Radioempfängern sprungartig.

In Neustadt (Hochschwarzwald) gründete der Friseur Ludwig Kegel 1923 die *Kadus Dauerwellen Apparate GmbH* – ein bald schon florierendes Unternehmen. Die produzierten Geräte – Haartrockner und Heizgeräte für Dauerwellen – hatte der Gründer selbst entwickelt. Die damals noch junge Dauerwelle ging übrigens ebenfalls auf einen Schwarzwälder zurück: Der 1872 in Todtnau geborene Friseur Karl Ludwig Nessler hatte sich das Verfahren 1910 erstmals patentieren lassen.

Auch die Schwarzwälder Uhrenproduktion hatte seit Beginn der 1920er Jahre neuen Auftrieb. Gerade im Ausland war man nach den Kriegsjahren regelrecht ausgehungert nach Schwarzwald-Uhren. Bis 1922 konnten die Uhrenfabriken der Region die Nachfrage kaum bedienen. Dann allerdings flaute der Boom recht abrupt wieder ab. Gerade noch überall gefragt, galt besonders die Schwarzwälder Kuckucksuhr plötzlich (wieder einmal) als altmodisch und außerdem allzu teuer.

Doch die Uhrenhersteller reagierten. Als besonders zukunftsträchtig erwiesen sich einfache und entsprechend preisgünstigere Uhren, die schon für wenige Mark erschwinglich und somit ein beliebtes Urlaubs-Souvenir waren: die sogenannten *Jockele-Uhren.* Optisch zwar oftmals an der klassischen Kuckucksuhr orientiert, waren diese nicht nur erheblich kleiner, sondern mussten auch ohne Kuckucksruf auskommen. Die Uhrenschilder waren teilweise nicht geschnitzt, sondern lediglich bedruckt. Zwar fanden auch weiterhin die hochpreisigen, aufwändig gearbeiteten Uhren ihre Abnehmer und blieben Teil des Mythos Schwarzwald (zumal sie später, nach dem Zweiten Weltkrieg, ein Comeback erleben sollten); aber die Jockele-Uhr war als Umsatzgarant eine

wirtschaftlich erfolgreiche Ergänzung. So folgte auf den Konjunktureinbruch schon in den 1930er Jahren ein neuer Aufschwung der Schwarzwälder Uhrenbranche.

Weiterhin gefragt: Die klassische Schwarzwalduhr (Postkarte des Verlags Chr. Franz, Titisee, 1930er Jahre).

Riesige Bauprojekte: Der Schwarzwald liefert Strom

Weiter voran ging es in der Weimarer Zeit mit der Elektrifizierung der Region. Bereits 1913 hatte der Bau des staatlichen *Murgkraftwerks* samt Murgtalsperre bei Forbach begonnen. Durch den Ersten Weltkrieg verzögert, aber nicht zum Stillstand gebracht, wurde das Projekt just bei Kriegsende im November 1918 abgeschlossen. Der badische Staat verfolgte mit diesem Großprojekt das Ziel, die Elektrifizierung flächendeckend und zu bezahlbaren Preisen voranzutreiben.

Die Murgtalsperre mit ihrem hochmodernen Wasserkraftwerk versorgte nun sogar die Industrie des Rhein-Neckar-Raums mit elektrischem Strom: 1919 entstanden zwei Hochspannungsleitungen nach Karlsruhe und Mannheim. Von 1922 bis 1926 wurde zusätzlich das oberhalb des Murgtals gelegene Schwarzenbachwerk gebaut. Die Gussbeton-Staumauer der Schwarzenbach-Talsperre setzte technisch neue Maßstäbe, war ganze 400 Meter lang und 65 Meter hoch. Die Anlage erzeugte jährlich etwa 67 Millionen Kilowattstunden Strom.

Zur selben Zeit gab es eine Reihe weiterer aufsehenerregender Projekte im Dienste der Stromerzeugung: Bereits 1922 wurde die von der Gemeinde Bräunlingen erbaute *Brändbachtalsperre* im Hochschwarzwald eingeweiht. 1925 ging das *Zweribachwerk* in der Nähe der gleichnamigen, östlich von Freiburg gelegenen Wasserfälle ans Netz – das bis heute genutzte Turbinengebäude gilt als »eines der schönsten Kraftwerke Deutschlands«. Von 1922 bis 1925 folgte zudem der Bau der Linachtalsperre bei Vöhrenbach im mittleren Schwarzwald.

Erstaunliches geschah mit dem Schluchsee: Um ein Pumpspeicherkraftwerk anzutreiben, wurde dieser mit Hilfe einer 1929 bis 1932 errichteten, 250 Meter langen Staumauer um mehr als das Dreifache vergrößert: Durch die Aufstauung des Ahabachs erreichte der See seine heutige Fläche von rund fünf Quadratkilometern. 50 Hektar Wald und Ackerland versanken in den Fluten. Auch Häuser und andere Gebäude fielen dem Projekt zum Opfer, unter anderem eine Mühle, ein Badehaus, ein Hotel, ein Gasthaus, zwei Kapellen und eine Schule – die Besitzer wurden entschädigt. Ein kleines Atlantis im Schwarzwald schlummert also bis heute in den Tiefen des größten Schwarzwaldsees. Die verbliebenen Reste der gefluteten Gebäude und Straßen kamen 1983 vorübergehend wieder ans Licht, als das Wasser wegen Sanierungsarbeiten größtenteils abgelassen wurde.

Die vielen staatlich geförderten Großprojekte dienten auch der Stromversorgung der ländlichsten Gegenden. Sowohl die 1921 gegründete *Badische Landes-Elektrizitäts-Versorgungs AG*, die für

Auch nach 100 Jahren noch funktionstüchtig: Die Schwarzenbach-Talsperre.

den Betrieb der Murgkraftwerke verantwortlich war, als auch die 1928 entstandene *Schluchseewerk AG* befanden sich im Besitz des badischen Staates. Und auch im württembergischen Teil des Schwarzwalds machte die Elektrifizierung, die dort allerdings dezentraler vonstattenging, Fortschritte: Ein großes Projekt der Weimarer Zeit war etwa der Bau des *Heimbach-Kraftwerks* bei Bettenhausen am östlichen Schwarzwaldrand. 1923 eröffnet, versorgte dieses moderne Pumpspeicherkraftwerk – damals das erste seiner Art in ganz Württemberg – die Gegend um Freudenstadt, Horb, Oberndorf und Sulz mit elektrischer Energie.

Selbst im abgelegensten Schwarzwalddorf verfügten die Menschen immer häufiger über einen Stromanschluss, und es gab eine öffentliche Straßenbeleuchtung. Den höchsten Punkt des Schwarzwalds – den Gipfelbereich des Feldbergs – erreichte der elektrische Strom allerdings erst kurz vor Ausbruch des Zweiten Weltkriegs.

Motorisiert: Siegeszug eines neuen Verkehrsmittels

Allgemein gab es in der Weimarer Zeit erfolgreiche staatliche Bemühungen, die Infrastruktur gerade auf dem Land zu verbessern. 1926 wurde die *Dreiseenbahn* eröffnet, die vom Titisee über den Windgfällweiher bis zum Schluchsee fuhr. Seit 1928 gab es auch erstmals eine durchgängige Zugverbindung von Rastatt durch den Nordschwarzwald bis Freudenstadt.

Nicht mehr ignorieren ließ sich außerdem ein anderes Verkehrsmittel: das Automobil. Anfangs noch seltenes Luxusprodukt, entwickelte es sich technisch rasant weiter und war dank neuer Produktionsverfahren wie der Fließbandfertigung immer günstiger zu haben. Auch am Rand des Schwarzwalds liefen Automobile vom Band: Die traditionsreiche Automobilfabrik in Gaggenau, die 1907 von der Firma Benz übernommen worden war, florierte nach der 1926 vollzogenen Fusion mit der *Daimler-Motoren-Gesellschaft* mehr denn je. Allein von 1926 bis 1928 kam es fast zu einer Verfünffachung der Jahresproduktion in Gaggenau.

Im Aufwind: Die Benzwerke Gaggenau in den 1920er Jahren.

Auch der Motorsport trug zur Popularisierung des neuen Verkehrsmittels bei – so nicht zuletzt das bald schon legendäre, seit 1925 jährlich ausgetragene Rennen am Schauinsland bei Freiburg: Die etwa zwölf Kilometer lange Strecke war wegen ihrer Steigung und der zahlreichen Kurven höchst anspruchsvoll, zumal die Straße – ein einfacher Holzabfuhrweg – nicht befestigt war. Das *Schauinsland-Rennen*, an dem sowohl Autos wie auch Motorräder teilnahmen, entwickelte sich schnell zum berühmtesten Bergrennen Deutschlands und zog Tausende Zuschauer an. 1930 war es erstmals Wertungslauf der Europa-Bergmeisterschaft, 1931 wurden die Sieger sogar mit dem Großen Bergpreis von Deutschland geehrt. Um vom Tal auf den Berg zu gelangen, stand den Besuchern seit 1930 die weltweit erste Personenseilbahn mit umlaufenden Kabinen zur Verfügung: Konzipiert von dem Karlsruher Maschinenbau-Professor Georg Benoit, erregte die *Schauinsland-*

1925 begründet und bald schon Kult: Das Schauinsland-Rennen.

bahn, die eine Höhendifferenz von rund 750 Metern bewältigte, großes Aufsehen.

Da die Zahl der Automobile stieg, wurden die Straßen zunehmend für den motorisierten Alltags- und Urlaubsverkehr gerüstet – teils durch den Ausbau älterer Verkehrswege, teils durch den Bau gänzlich neuer Straßen. Ein Kind dieser Zeit ist auch die berühmteste Straße des Schwarzwalds: die *Schwarzwaldhochstraße*. Schon 1924 kam die Idee auf, entlang der Höhenhotels und Kurorte wie dem *Schlosshotel Bühlerhöhe*, dem *Kurhotel Plättig*, dem *Berghotel Mummelsee* oder den Kurhäusern *Hundseck*, *Sand*, *Ruhestein* und *Kniebis-Lamm* eine gut ausgebaute, mit Automobilen befahrbare Straße zu bauen. Hundseck war von Baden-Baden aus bereits mit Kraftfahrzeugen erreichbar. Doch weiter ging die Verbindung nicht – von sehr holprigen Wegen abgesehen. 1930 war die Finanzierung der neuen Straße gesichert: Das Land Baden beteiligte sich ebenso wie die betroffenen Kreise, die umliegenden Gemeinden und die Post – denn die Straße wurde später intensiv von den gelben Postkraftbussen genutzt, die neben Briefen und Paketen auch Passagiere beförderten.

Am 7. Juli 1930 fand der erste Spatenstich statt. Nach vier Monaten war das Herzstück der neuen Höhenstraße zwischen Hundseck und Unterstmatt fertig: 3,5 Kilometer lang und fünf Meter breit, bewältigte die Straße eine Höhendifferenz von 45 Metern – bei einer Steigung von bis zu 3,6 Prozent. Auch die Bezeichnung *Schwarzwaldhochstraße* begann sich nun bereits durchzusetzen. Bald schon wurde die Straße, die bis heute als »eine der schönsten Panoramastraßen in Deutschland« gilt, um weitere 31 Kilometer verlängert: 1932 wurde ihre Fortsetzung bis zum Mummelsee beschlossen. Dieser Bauabschnitt war aufwändiger und teurer als der vorige; umfangreiche Spreng- und Planierarbeiten mussten vorausgehen. Als die Erweiterung 1934 abgeschlossen war, wehten an der Strecke bereits Hakenkreuzflaggen: Im politischen Beben des Jahres 1933 hatten die Nationalsozialisten die Macht übernommen.

Terror und Gleichschaltung im NS-Staat

Im Herbst 1929 begann mit dem Börsencrash in den USA die bis dato schwerste Weltwirtschaftskrise, die auch in Deutschland viele Unternehmen in den Konkurs trieb und die Arbeitslosigkeit in gefährliche Höhen schnellen ließ. Die Krise trug erheblich dazu bei, extremistische und antidemokratische Kräfte erstarken zu lassen. Neben der NSDAP mit ihrem Vorsitzenden Adolf Hitler galt dies ebenso für die Kommunistische Partei (KPD). Die politischen Gegensätze entluden sich auch immer wieder in Gewalt. So kam es am 31. Januar 1931 in Nagold am Schwarzwaldrand nach einer politischen Versammlung zu einer Saalschlacht zwischen mehreren Hundert Kommunisten und Nationalsozialisten, bei der es zahlreiche Verletzte und einen Toten gab.

1933 wurde Hitler mit Hilfe der rechtskonservativen *Deutschnationalen Volkspartei* Reichskanzler. Seine Regierung beseitigte innerhalb weniger Monate die Demokratie und den Rechtsstaat in Deutschland. Auch auf der lokalen Ebene zeigte sich die Gleichschaltung. Bürgermeister oder Gemeinderäte, die den Nationalsozialisten nicht genehm waren, mussten gehen, politische Gegner – vor allem Kommunisten und Sozialdemokraten – wurden willkürlich in Konzentrationslagern festgehalten. Eines der ersten seiner Art war das *KZ Ankenbuck* im südlichen Schwarzwald – ein altes Hofgut zwischen Bad Dürrheim und Villingen. Die Häftlinge dieses Lagers mussten Zwangsarbeit verrichten, und es kam zu schweren Misshandlungen – dokumentiert etwa im Fall des Freiburger KPD-Politikers Kurt Hilbig. Nach knapp einem Jahr wurde das KZ Ankenbuck im März 1934 wieder aufgelöst – die Häftlinge kamen nun ins *KZ Kisla*u bei Bruchsal.

Trotz der Brutalität, mit der die Nazis gegen ihre Gegner vorgingen, gab es Menschen, die sich der Gleichschaltung widersetzten. Ein Beispiel: Der Dorflehrer Adolf Klauser in Siegelau am Westrand des Schwarzwalds (heute zu Gutach im Breisgau gehörend) verbot seinen Schülern den offiziell verordneten Hitlergruß und versteckte das obligatorische Hitler-Porträt hinter der

Wandtafel. Gut sichtbar blieb hingegen das Kreuz an der Wand – Klauser war überzeugter Katholik. Solche Akte des zivilen Ungehorsams konnten unter der Nazi-Diktatur äußerst gefährlich werden. Doch dauerte es immerhin acht Jahre, bis Klauser 1941 zwangsversetzt wurde. Seine Erziehung hatte Früchte getragen: Auch nach seinem Weggang bildete sich in Siegelau keine Ortsgruppe der Hitlerjugend.

Walter Ellwanger zeigt Rückgrat

Ein weiteres Beispiel für mutige Opposition ist der Vikar Walter Ellwanger in Mitteltal (Baiersbronn). Der damals 24-jährige Geistliche kritisierte die Machthaber 1937 offen in einer Predigt. Von der Kanzel aus fragte er: »Wo ist die Freiheit für die eigene Meinung, die Freiheit für die Wahrheit?«

Ellwanger bezahlte für seinen Mut. Er wurde suspendiert und verhaftet. Im Zweiten Weltkrieg musste er in einem Strafbataillon dienen. Er fiel am 2. Dezember 1943 im Alter von 30 Jahren in Bosnien.

Im Zeichen der NS-Ideologie

Bestandteil der NS-Ideologie war die Verklärung des Bauerntums als »Nährstand der Nation« und Hort der »völkischen« Ursprünglichkeit. Allerdings profitierten die Bauern letztlich nicht von den planwirtschaftlichen Maßnahmen der NS-Wirtschaftspolitik: Die angestrebten Produktionssteigerungen wurden nicht erreicht, und die Landflucht – die Abwanderung aus ländlichen Regionen in die Städte – setzte sich fort. Das Ziel der NS-Politik, unabhängig von Agrarimporten zu werden, blieb Wunschdenken.

Wirkungsvoller war das 1935 in Kraft getretene Reichsnaturschutzgesetz. Obwohl es auch vorher schon – nicht zuletzt im Schwarzwald – geschützte Bannwälder gegeben hatte, wurden mit diesem Gesetz erstmals deutschlandweit einheitliche Standards geschaffen. Das Gesetz führte auch zur Ausweisung neuer

Naturschutzgebiete, zum Beispiel 1937 am Feldberg.

Obwohl der Naturschutz also Bestandteil der NS-Politik war, wurde er in der Praxis bereitwillig anderen Zielen untergeordnet. Das zeigt sich am Beispiel der Schwarzwaldhochstraße: Naturschützer sprachen sich gegen eine Verlängerung der Straße bis Freudenstadt aus; auch der Schwarzwaldverein wollte das Wanderer-Paradies zwischen Ruhestein und Kniebis nicht durch einen vielgenutzten Verkehrsweg durchschnitten sehen und kämpfte dafür, es zum Naturschutzgebiet zu erklären.

Andererseits nahm der Autoverkehr im Schwarzwald weiterhin deutlich zu. Ein 1936 erschienener Reiseführer mit dem Titel *Der Schwarzwald für Automobilisten und Wintersportler* reagierte bereits auf die Tatsache, dass immer mehr Besucher mit dem eigenen Fahrzeug anreisten. Und die NS-Organisation *Kraft durch Freude (KdF)* förderte und organisierte neben Bahnfahrten auch zunehmend Busreisen in Ferienregionen wie den Schwarzwald, was die Zahl der Besucher ebenso ansteigen ließ wie das Verkehrsaufkommen.

Den eigentlichen Ausschlag für die Fortführung der Schwarzwaldhochstraße gaben letztlich aber militärische Erwägungen – diese hatten für das NS-Regime im Zweifelsfall stets Vorrang. Auf dem Schliffkopf gab es Stellungen für Flugabwehr-Geschütze, die bequem erreichbar sein sollten; außerdem war es erwünscht, ein schnelles Vorrücken nach Frankreich zu erleichtern. 1938 wurde deshalb der Weiterbau der Straße bis zur Alexanderschanze bei Freudenstadt beschlossen – in der Nähe Freudenstadts war bereits ein Führerbunker mit diversen Wohn- und Arbeitsräumen gebaut worden, der inmitten eines Hochmoors lag.

Die NS-Organisation *Kraft durch Freude (KdF)* nutzte auch den Schwarzwald als Ziel staatlich geregelter Urlaubsreisen (im Bild: Souvenir für KdF-Urlauber aus Düsseldorf, 1936)."

Längst steuerten die Nationalsozialisten auf den nächsten Krieg zu. Die Straßenarbeiten wurden in Angriff genommen, waren bis zum Zweiten Weltkrieg aber nicht abgeschlossen und gingen während des Krieges nur noch langsam voran, bis sie gänzlich zum Erliegen kamen. Bei Kriegsende 1945 war die Schwarzwaldhochstraße weiterhin unvollendet.

Auch an anderen Stellen des Schwarzwalds wurden während der NS-Zeit Bunker und sonstige militärische Anlagen aus dem Boden gestampft. Ab 1936 und verstärkt seit 1938 wurde der Westwall gebaut – eine militärische Verteidigungsanlage, die entlang der deutschen Westgrenze von Nord- bis Süddeutschland verlief. Am Westrand des Schwarzwalds wurden daher neben Bunkern etliche Panzersperren, Maschinengewehr-Schartenstände und Gefechtsstände gebaut, unter anderem bei Geroldsau, Bühlertal, Sasbachwalden, Gengenbach und Kandern.

Diskriminiert und verfolgt: Juden im Schwarzwald

Manche Maßnahmen des NS-Regimes – etwa der Straßenbau und die KdF-Reisen – waren durchaus populär. Auch vor der internationalen Öffentlichkeit bemühten sich die Nationalsozialisten, ihren aggressiven außenpolitischen Kurs vorerst zu verschleiern. Als etwa 1936 – dem Jahr, in dem die Olympischen Spiele in Deutschland stattfanden – fünf englische Schüler während eines Schneesturms am Schwarzwaldberg Schauinsland ums Leben kamen, wurde ihnen öffentlichkeitswirksam ein Denkmal gesetzt – als angebliches Zeichen der Völkerverständigung.

Doch jenseits der Propaganda waren Feindseligkeit und staatliche Kontrolle, Diskriminierung und Verfolgung selbst im Alltag der Menschen unübersehbar. Der in der NS-Rassenideologie begründete Hass auf Juden und andere Minderheiten traf auch Bürger mit großen Verdiensten – beispielsweise den Arzt und Sanitätsrat Dr. Julius Levi aus Pfalzgrafenweiler im nordöstlichen

Schwarzwald. Levi, Jahrgang 1851, war von 1876 bis 1926 Orts- und Armenarzt in Pfalzgrafenweiler und den umliegenden Ortschaften gewesen. Durch sein Engagement für die Kranken gehörte er zu den angesehensten Persönlichkeiten am Ort – Patienten, die kein oder wenig Geld hatten, behandelte er kostenlos. Trotz seiner Verdienste zählte der inzwischen über 80-jährige, 1901 zum Ehrenbürger ernannte Levi nach der Machtübernahme der Nationalsozialisten plötzlich zu den Ausgestoßenen der Gesellschaft. Ab 1935 galten die Nürnberger Rassengesetze, die Juden zu Staatsbürgern zweiter Klasse machten. Seit 1937 durften die Juden in Pfalzgrafenweiler selbst Gasthäuser und das örtliche Schwimmbad nicht mehr betreten.

Nach Jahren der zunehmenden Schikane und Diskriminierung brannten in der Nacht vom 9. auf den 10. November 1938 überall im Land die Synagogen. Jüdische Geschäfte wurden geplündert, Juden gedemütigt und misshandelt – so geschehen in Baden-Baden, Freiburg, Offenburg, Rastatt, Karlsruhe, Pforzheim, Rottweil und anderen Städten entlang des Gebirges, aber auch in Haslach im Kinzigtal, wo es – im Gegensatz zu den meisten Ortschaften des Schwarzwalds – eine kleine jüdische Gemeinde gab.

Die zerstörte Synagoge in Gernsbach (1938).

Ab 1941 mussten Juden in der Öffentlichkeit den Judenstern tragen, was sich nicht jeder gefallen ließ: Der Hotelier Aurel Radowitz, 1933 einer von fünf Juden in Wildbad im Schwarzwald, weigerte sich demonstrativ – man stellte ihn daraufhin unter Hausarrest. 1942 wurde Radowitz deportiert und starb im Konzentrationslager Auschwitz.

Die NS-Propaganda verschwieg hässliche Details. Sie konzentrierte sich lieber auf die Produktion harmloser volkstümlicher Unterhaltung. Ein eigentlich idealer Stoff dafür war die dreifach verfilmte Operette *Schwarzwaldmädel*. Das Problem für die Nationalsozialisten: Der Komponist Léon Jessel galt nach ihrer Definition als »Volljude« – übrigens ebenso wie Berthold Auerbach, der längst verstorbene Autor der literarischen Vorlage. Seit 1937 durfte die Operette deshalb nicht mehr aufgeführt werden. Da die Nationalsozialisten auf den vielversprechenden Stoff aber trotzdem nicht ganz verzichten wollten, präsentierten sie der Öffentlichkeit eine »arische Version«: die Operette *Monika*, deren wichtigster Schauplatz ebenfalls ein idyllisches Schwarzwalddorf war.

Der Zweite Weltkrieg beginnt

Als im Spätsommer 1939 der Zweite Weltkrieg begann, war er – vom Schwarzwald aus gesehen – zunächst noch weit entfernt. Zwar wurden schon am 12. Oktober 1939 auf dem Feldberg und der Hornisgrinde Flugabwehrstellungen installiert – die Gipfelbereiche beider Schwarzwaldberge waren von nun an militärisches Sperrgebiet – doch dauerte es noch mehr als fünf Jahre, bis die eigentlichen Kampfhandlungen die Region erreichten.

Trotzdem hatte der Krieg auch im Schwarzwald von Anfang an schmerzhafte Folgen. Es begann mit der Einberufung junger Männer, gefolgt von den ersten Todesmeldungen. Zum Beispiel waren in Neustadt bis Kriegsende 260 Gefallene und Vermisste zu beklagen, in der Großstadt Karlsruhe mehr als 9.000.

Wie im Ersten Weltkrieg wurden auch jetzt wieder Kranke und Verletzte von der Front in den Schwarzwald gebracht – das Hotel *Feldbergerhof* am höchsten Schwarzwaldgipfel diente ebenso als Lazarett wie das Klostergebäude von St. Blasien.

Der Fremdenverkehr brach nach Kriegsbeginn schlagartig ein. An die Stelle der Touristen und Kurgäste traten seit 1940 allerdings zahlreiche Evakuierte aus anderen Teilen Deutschlands: Zunächst waren es vor allem Kinder und Jugendliche aus Großstädten, die besonders von Luftangriffen bedroht waren und meist ohne ihre Eltern einquartiert wurden – der Schwarzwald zählte zu den bevorzugten Zielen der großangelegten Kinderlandverschickung. Als Quartier diente zum Beispiel das Kurhaus *Ruhestein* an der Schwarzwaldhochstraße, wo seit Dezember 1942 etwa 100 Jugendliche lebten.

Seit 1943 kamen zunehmend auch ganze Familien aus ausgebombten oder stark gefährdeten Städten in den Schwarzwald. Beispielsweise wurden der Adler und das Gasthaus zum Bären auf dem Feldberg beschlagnahmt, um dort »Massenquartiere für Umquartierte aus dem Raum Mannheim« einzurichten.

Massenmord und Zwangsarbeit

Die Deportation und systematische Ermordung von Juden, Sinti und Roma, Zeugen Jehovas, geistig behinderten Menschen und anderen verfolgten Gruppen begann 1940. Zahlreiche *Stolpersteine* des Künstlers Gunter Demnig erinnern heute daran. Zu finden sind die kleinen, quadratischen, aus Messing gefertigten Gedenktafeln vor den ehemaligen Wohnhäusern der NS-Opfer.

Ein Stolperstein in Hausach im Kinzigtal erinnert an Eugen Decker, der wegen seiner geistigen Behinderung in die Tötungsanstalt *Grafeneck* gebracht und dort ermordet wurde; ein anderer Stein dient dem Andenken an den Hausacher Bürger Franz Sengle – einen einfachen Maschinenbauer, der sich nicht gescheut hatte, das NS-Regime zu kritisieren, hierfür denunziert und verhaftet, in verschiedenen Konzentrationslagern festgehalten und 1941 im KZ Dachau ermordet wurde. Ebenso erinnern Stolpersteine in Lahr/Schwarzwald an die fünf Mitglieder der jüdischen Familie Lederer, die vor ihrer Deportation am 22. Oktober 1940 in der Lotzbeckstraße 15 gewohnt hatte.

Julius Levi, der frühere Armenarzt aus Pfalzgrafenweiler, war bei Beginn der Deportationen bereits verstorben. Doch seine Kinder Clara, Josefine und Erich wurden ebenfalls Opfer des Holo-

Dieser Stolperstein erinnert heute an den Hausacher Bürger Franz Sengle, der für mutige Kritik am NS-Regime mit dem Leben bezahlte.

caust. An Levi erinnert seit dem Jahr 2000 eine Gedenktafel am Rathaus von Pfalzgrafenweiler.

Ein weiteres dunkles Kapitel der Kriegsjahre und der NS-Herrschaft ist die Zwangsarbeit. Zahlreiche Kriegsgefangene und aus ihrer Heimat verschleppte Frauen und Männer wurden im Schwarzwald während des Krieges in Rüstungsbetrieben, in der Landwirtschaft oder bei Bauprojekten eingesetzt – in noch weit größerem Umfang als im Ersten Weltkrieg. Zum Beispiel lebten allein in Nagold im Nordschwarzwald zwischen 1939 und 1945 etwa 1.000 Zwangsarbeiterinnen und Zwangsarbeiter aus Tschechien, Polen, Russland, der Ukraine, Frankreich und anderen besetzten Ländern, in Neustadt waren es bis Kriegsende 653. Manche von ihnen wurden vergleichsweise gut behandelt – insbesondere diejenigen, die als Hilfskräfte auf Bauernhöfen untergebracht waren. Doch in den größeren Sammellagern herrschten menschenunwürdige Bedingungen.

Am 6. Juni 1944 landeten alliierte Truppen in der Normandie und marschierten in Richtung Deutschland. Auf der linken Rheinseite kamen die deutschen Truppen bald in Bedrängnis, und ab August 1944 wurden KZ-Häftlinge aus dem elsässischen Lager *Schirmeck* nach Baden verlegt. Um sie aufzunehmen, entstand bei Gaggenau das Sicherungslager *Rotenfels*. Dessen Insassen mussten unter anderem Zwangsarbeit im nahegelegenen

Daimler-Benz-Werk verrichten. Insgesamt wurden dort fast 1.500 Zwangsarbeiter eingesetzt, bis schwere Luftangriffe die Produktion im Herbst 1944 zum Erliegen brachten.

Auch bei Haslach im Schwarzwald entstand im September 1944 ein von SS-Mannschaften bewachtes KZ-Außenlager, an dessen Standort sich heute eine Gedenkstätte befindet. Die rund 1.700 Häftlinge, die unter anderem aus Russland, Polen, Frankreich und den Niederlanden stammten, mussten unterirdische, vor Fliegerbomben geschützte Stollen für die Rüstungsindustrie bauen, wobei mehr als 200 von ihnen ums Leben kamen.

Beschrieben wurden die Zustände im KZ-Außenlager Haslach von einem der ehemaligen Häftlinge, dem Niederländer Henk C. Saakes – er schrieb über den Hunger, den Essensentzug als Disziplinarmaßnahme, die körperlich aufzehrende Arbeit, vergebliche Fluchtversuche, epidemische Krankheiten, den Schmutz in den Wohnbaracken, die grausame Behandlung durch die Aufseher, gnadenlose Bestrafungen und willkürliche Misshandlungen. Von Haslach aus wurde Saakes kurz vor Kriegsende nach Sulz verlegt. Anfang April 1945 konnte er während eines Fußmarschs durch den Wald fliehen, fand vorübergehend auf einem Bauernhof Unterschlupf. Gerettet war er, als er in Villingendorf bei Rottweil auf französische Soldaten stieß.

Tor des KZ-Außenlagers Haslach nach Kriegsende.

Schwere Luftangriffe in der Schwarzwald-Region

In der Endphase des Krieges, als die alliierten Truppen immer näher rückten, kam es zu besonders schweren Luftangriffen auf viele Städte der Schwarzwaldregion. Im November 1944 wurde Freiburg, im Februar 1945 Pforzheim in Schutt und Asche gelegt. Die obdachlos gewordenen Überlebenden flohen häufig in den Schwarzwald. Beispielsweise entstand in Neustadt, wo das Bahnhofsgelände vollständig mit Flüchtlingen angefüllt war, eine Auffangstation für die Freiburger Flüchtlinge, die von dort aus im Kreisgebiet verteilt wurden.

Im Februar 1945 zu großen Teilen zerstört: Pforzheim am nördlichen Schwarzwaldrand.

Neben Menschen wurden auch ganze Institutionen in den Schwarzwald verlegt, beispielsweise Institute der Technischen Hochschule in Karlsruhe oder der Freiburger Universität. In der Abgeschiedenheit des mittleren Schwarzwalds kam es im Herbst 1944 gar zu einer Neugründung: Der Freiburger Mathematik

Professor und Vorsitzende der Deutschen Mathematiker-Vereinigung Wilhelm Süss rief in Oberwolfach das *Reichsinstitut für Mathematik* ins Leben, das anwendungsnahe, »kriegswichtige« Forschung betreiben sollte – es waren die Ursprünge des späteren *Mathematischen Forschungsinstituts Oberwolfach*. Unter seinem neuen Namen etablierte sich dieses nach dem Krieg als Hochburg der mathematischen Grundlagenforschung und genießt bis heute einen guten internationalen Ruf. Wegen seiner Verstrickungen in der NS-Zeit wurde Institutsgründer Süss nach Kriegsende nur vorübergehend suspendiert. Er leitete das Institut bis zu seinem Tod 1958.

In den letzten Kriegsmonaten wurden zunehmend auch kleinere Städte und Gemeinden des Schwarzwalds aus der Luft bombardiert. Besonders gefährdet waren Orte, die entlang der Eisenbahnlinien lagen. Am 27. September 1944 wurde der erste Luftangriff im Hochschwarzwald geflogen, der dem Bahnhof Titisee galt. Am 24. Februar 1945 warfen amerikanische Flugzeuge erneut Sprengbomben über Titisee ab, was 27 Menschen das Leben kostete. Hornberg war seit Februar 1945 ebenfalls Ziel alliierter Luftangriffe. Und Neustadt erlebte am 5. April 1945 einen Angriff durch zwölf Jagdbomber, die vor allem die Eisenbahn im Visier hatten, aber auch Wohnhäuser zerstörten. Freudenstadt traf es noch kurz vor Kriegsende besonders hart: Am 16. und 17. April 1945 wurde die Stadt bei einem Bombardement durch Flugzeuge und Artillerie-Geschütze nahezu vollständig verwüstet.

Gewalt und Chaos: Die letzten Kriegswochen

Während der letzten Kriegswochen herrschte überall im Schwarzwald Chaos. Die Durchhaltementalität, die vom NS-Regime eingefordert wurde, stand einer friedlichen Machtübergabe an die einrückenden Alliierten im Weg. Der ohnehin verlorene Krieg sollte nach dem Willen der Nationalsozialisten möglichst noch verlängert werden – selbst Jugendliche und alte Männer wurden nun als letztes Aufgebot zum Volkssturm einberufen.

Elisabeth Zepf aus Hinterzarten, damals 17 Jahre alt, erinnerte sich im Rückblick, wie noch kurz vor Kriegsende »eine große Einheit ganz junger Soldaten, wahrscheinlich waren es Hitlerjungen im Alter von 15 bis 16 Jahren, die große Angst hatten und fürchterlich froren«, in die Gegend kamen: »Sie hatten zwei Panzerfäuste, mit denen sie auf die nachrückenden Franzosen schießen sollten. Am nächsten Morgen sind sie weitergezogen. Es sollen einige von ihnen später noch gefallen sein, wie ich erfahren habe« , erzählte Elisabeth Zepf 60 Jahre später.

Wer aber nicht mehr kämpfen wollte oder desertierte, wurde meist standrechtlich erschossen, wenn man seiner habhaft wurde. Zudem verübten SS- und Wehrmachtsangehörige noch in den letzten Wochen vor Kriegsende zahlreiche Verbrechen und regelrechte Massaker an Zwangsarbeitern und Oppositionellen, so zum Beispiel am 17. April 1945 in Wolfach im Kinzigtal: 16 Häftlinge des örtlichen Amtsgefängnisses starben wenige Tage vor dem Eintreffen französischer Soldaten; sie wurden von SS-Männern erschossen und in einer Grube verscharrt – unter den Toten war der elsässische Pfarrer Joseph Stamm, der 1942 dem kriegsgefangenen französischen General Giraud zur Flucht in die Schweiz verholfen hatte.

Dazu kam die Zerstörung von Brücken, Tunneln und Straßen mit dem Ziel, die Gegner auf ihrem Vormarsch zu behindern. Die berühmte *Ravenna-Eisenbahnbrücke* wurde noch am 22. April 1945 gesprengt – was alliierte Flugzeuge seit Herbst 1944 mehrmals versucht hatten, erledigten die deutschen Truppen nun selbst; der zuständige Offizier, der die Sprengung auf Befehl ausführen ließ und kurz darauf fiel, soll die Maßnahme als den »größte[n] Blödsinn in seinem Leben« bezeichnet haben.

Als die Alliierten einrückten, kam es in den Städten und Dörfern des Schwarzwalds trotz Durchhalteterror nur noch in Ausnahmefällen zu Widerstand. Die meisten Gemeinden kapitulierten kampflos und vermieden damit – oftmals auch unter dem mäßigenden Einfluss der Pfarrer vor Ort – weiteres Blutvergießen. Zuerst erreichten französische Truppen den Nordschwarzwald und stießen von dort aus nach Süden vor. Bereits am 18. April wurde auf dem Kirchturm von Baiersbronn die weiße Fahne gehisst. In Hornberg trafen die Franzosen am 24. April ein, am Tag darauf in Neustadt.

Die letzten Kämpfe zwischen französischen Einheiten und regulären deutschen Truppen fanden im Schwarzwald zwischen dem 19. und 27. April statt. Mehrere deutsche Divisionen hatten im Schutz des Waldes Stellung bezogen, waren der Übermacht aber nicht mehr lange gewachsen. Am 8. Mai folgte die endgültige deutsche Kapitulation.

Die einrückenden französischen Truppen suchten nach versprengten deutschen Soldaten, beschlagnahmten in den Ortschaften und auf den Bauernhöfen Essbares wie Hühner, Kälber und Schweine, ebenso Wertsachen. Es gab in dieser chaotischen Phase auch Misshandlungen und Vergewaltigungen. Eine Einwohnerin von Breitnau-Hinterdorf im Hochschwarzwald erinnerte sich noch 60 Jahre später daran, wie ein Lastwagen mit französischen Soldaten vorfuhr:

»Alles wurde ausgeräumt, was nicht niet- und nagelfest war. Im Schlafzimmer hatten wir einen kleinen Hausaltar, da köpften sie alle Heiligen-Figuren mit ihren Pistolen. Vater drohten sie, den Hof anzuzünden und ihn zu erschießen.«

Am Tag darauf sei der französische Kommandant erschienen und habe sich für seine Männer entschuldigt – danach kam es zu keinen weiteren Vorfällen mehr.

Der Schwarzwald nach der Stunde Null

»So sah ich Freudenstadt als Trümmerhaufen wieder«

Der Krieg war vorbei, und der Schwarzwald wurde nun größtenteils der französischen Besatzungszone zugeschlagen. Nur der nördlichste Zipfel des Gebirges stand unter der Verwaltung des US-amerikanischen Militärgouverneurs.

Eine der ersten organisatorischen Aufgaben für die Besatzungsmächte war es, die Heimkehr der Kriegsgefangenen und Zwangsarbeiter zu organisieren. Nach Kriegsende waren diese oftmals noch in Sammellagern untergebracht, doch bis 1946 konnten fast alle in ihre Heimat zurückkehren.

Nach und nach kamen auch die deutschen Soldaten, die den Krieg überlebt hatten, nach Hause. Und zuweilen trauten sie ihren Augen nicht. Ein Heimkehrer des Jahres 1945 schrieb: »So sah ich nun Freudenstadt vom Lastwagen aus als Trümmerhaufen wieder.«

Französische Soldaten 1945 im weitgehend zerstörten Freudenstadt.

Die Stunde der Hamsterer

Für Deutschland schlug die Stunde Null – nach dem Zeitalter der Weltkriege begann eine neue Epoche. Bei aller Erleichterung über das Ende von Krieg und Diktatur gestaltete sich der Neuanfang zunächst einmal mühsam. In der unmittelbaren Nachkriegszeit herrschten Armut und Mangel an Lebensmitteln, Wohnraum und Heizmaterial. Die Wilderei nahm im Schwarzwald wieder deutlich zu. Und wie zuletzt im Ersten Weltkrieg strömten die Menschen zu Tausenden in den Wald, um dort Essbares zu sammeln. Glück im Unglück war, dass es im Herbst 1945 eine wahrhafte Schwemme an Bucheckern gab, die sich unter anderem zu Speiseöl verarbeiten ließen. Die Menschen fuhren von Karlsruhe und anderen Städten aus in Scharen mit dem Fahrrad oder mit der Bahn in den nahegelegenen Schwarzwald, »um kniend zwischen dem welken Laub und mühsam die winzigen Früchte zusammenzuklauben«.

Ebenso schlug die Stunde der Hamsterer. In der Erinnerung des bei Kriegsende 13-jährigen Zeitzeugen Oskar Ganter aus Hinterzarten ging damals fast jeder »zum Hamstern […], egal wohin, bei den Bauern herum und überall«. Die Stadtbewohner strömten in die nahegelegenen ländlichen Gemeinden und auch auf die abgelegensten Schwarzwaldhöfe, um etwas zu Essen – etwa ein Brot, ein Pfund Butter oder ein Stück Fleisch aus eigener Schlachtung – gegen Geld, Schmuck oder andere Wertgegenstände einzutauschen. Auf dem Schwarzmarkt erzielten die Bauern für ihre Erzeugnisse hohe Preise.

In den ersten Nachkriegsjahren fehlte es oftmals am Nötigsten: Ausgabe von Lebensmitteln an die Einwohner von Freudenstadt (1947).

Allerdings mussten sie auf Anordnung der Militärverwaltung auch beträchtliche Mengen Getreide, Fleisch, Milch und Eier abliefern, um die notleidende Bevölkerung gerade der städtischen Gebiete mit dem Nötigsten zu versorgen.

Da die landwirtschaftliche Eigenproduktion letztlich zu gering war, mussten auch Lebensmittel aus dem Ausland in die Besatzungszonen importiert werden. Zur gleichen Zeit ließen die Militärverwaltungen Industrieanlagen als Schadensersatz für den deutschen Angriffskrieg demontieren. Was den Schwarzwald noch härter traf, war die großflächige Abholzung von Bäumen, die größtenteils nach Frankreich abtransportiert wurden – bis 1949 rund vier Millionen Festmeter Holz.

Demokratischer Neubeginn: Medien und Politik

Zu einem umfassenden Neubeginn kam es in der Medienlandschaft. Nach deren Gleichschaltung während der NS-Zeit ging es darum, die freie Presse als glaubwürdige Stütze der Demokratie wiederzubeleben.

Der *Südwestfunk* geht auf Sendung

In Baden-Baden, wo inzwischen die französische Militärverwaltung ihren Sitz hatte, entstand 1946 eine neue Radioanstalt: der *Südwestfunk* (SWF). Gesendet wurde anfangs aus dem Hotel *Kaiserin Elisabeth*. Die Bäderstadt am Schwarzwaldrand war auch deshalb ein idealer Standort, weil es dort nur geringfügige Kriegszerstörungen gegeben hatte.

Manche Zeitungen, die über eine längere Tradition verfügten, gingen nach Kriegsende mit neuer Lizenz, aber geändertem Namen an den Start: Der in Oberndorf am Neckar erscheinende *Schwarzwälder Bote,* dessen Geschichte bis ins Jahr 1835 zurückreicht, wurde bald nach Kriegsende wieder gedruckt – allerdings bis 1950 unter dem Namen *Schwarzwälder Post*. Weit häufiger waren tatsächliche Neugründungen.

Ausschließlich auf der lokalen Ebene fand anfangs der politische Neubeginn statt. Die Besatzungsmächte suspendierten die meisten Bürgermeister der NS-Zeit und ersetzten sie kommissarisch durch weniger belastete Nachfolger, zum Teil auch durch erwiesene Gegner des NS-Regimes. In Freiburg wurde Franz Kerber, der seit 1933 Oberbürgermeister (und seit 1930 Mitglied der NSDAP) gewesen war, von den französischen Besatzungstruppen inhaftiert; als sein Nachfolger amtierte zunächst der weitgehend unbelastete Verwaltungsjurist Max Keller. Nach Kellers Erkrankung wurde im November 1945 Wolfgang Hoffmann Oberbürgermeister – der frühere Landtagsabgeordnete der demokratischen Zentrumspartei war als Gegner des Nationalsozialismus bekannt.

Ähnliches geschah in kleineren Gemeinden: Zum Beispiel entließ der zuständige französische Kommandant im Mai 1945 den bisherigen Bürgermeister von Schönwald bei Triberg und ernannte gleichzeitig den Schreinermeister Josef Dorer zum vorläufigen Nachfolger – auch Dorer war vor der Gleichschaltung der Parteienlandschaft Mitglied der Zentrumspartei gewesen. Bei den 1946 stattfindenden Kommunalwahlen hatten die Bürger wieder selbst die Möglichkeit, ihre Bürgermeister zu bestimmen – politisch belastete Kandidaten wurden aber nicht zugelassen.

Als nächstes folgte bis Frühjahr 1947 die Neugründung von Ländern, der späteren deutschen Bundesländer. Deren Grenzverlauf war teilweise identisch mit alten politischen Landesgrenzen, orientierte sich aber ebenso an den aktuellen Besatzungszonen. So kam es, dass auf dem Boden Badens und Württembergs vorerst drei Länder entstanden: Erstens das Land Baden mit der Hauptstadt Freiburg, das nur den südlichen, in der französischen Zone liegenden Teil des historischen Landes Baden umfasste – damit aber auch einen Großteil des Schwarzwalds; zweitens das Land Württemberg-Hohenzollern in der französischen Zone mit den Städten Calw, Freudenstadt und Rottweil in der östlichen Schwarzwaldregion; drittens das Land Württemberg-Baden in der US-amerikanischen Zone, das mit den Landkreisen Karlsruhe und Pforzheim ebenfalls Anteil am nördlichen Schwarzwald hatte. 1949 wurden sie alle drei zu Bundesländern der neugegründeten *Bundesrepublik Deutschland.* 1952 folgte dann ihre Vereinigung zum Bundesland Baden-Württemberg in seiner heutigen Gestalt. Im Schwarzwald gibt es seither keine Landesgrenzen mehr.

Besatzungsregime und Wiederaufbau

Die Besatzungsstreitkräfte blieben auch nach Gründung der Bundesrepublik noch viele Jahrzehnte im Schwarzwald präsent – bis nach Ende des Kalten Krieges in den 1990er Jahren. Beispielsweise war der Gipfelbereich der Hornisgrinde nach dem Zweiten Weltkrieg weiterhin militärische Sperrzone: Das französische Militär übernahm die Luftüberwachungsanlagen, die 1939 dort entstanden waren. Erst seit dem endgültigen Abzug der Franzosen im Jahr 1999 steht der gesamte Gipfelbereich wieder für Wanderer und andere zivile Nutzungen zur Verfügung – 2005 wurde der 1909/10 erbaute Aussichtsturm auf der Hornisgrinde neu für Besucher eröffnet.

Auch der Feldberg war nach dem Krieg weiterhin militärisch genutzt. In den *Feldbergerhof* zog im Oktober 1945 eine französische Panzerdivision ein. Als diese das Gebäude 1949 räumte, wurde es zu einem Erholungsheim umgestaltet – vor allem für die Familien französischer Offiziere und Unteroffiziere. Nach Einspruch der Besitzer und längeren politischen Verwicklungen, in die sich sogar der Badische Landtag und das Bundeskanzleramt einschalteten, wurde der für den Skisport traditionell so wichtige Feldbergerhof 1952 wieder gänzlich freigegeben. Doch errichtete die französische Militärverwaltung im Jahr darauf riesige militärische Radaranlagen auf dem Feldberggipfel, die dort bis in die 1990er Jahre standen.

Der zeitweilig diskutierte Plan der französischen Besatzungsmacht, den Mummelsee gänzlich zuzuschütten, um an seiner Stelle einen Truppenübungsplatz anzulegen, wurde glücklicherweise nicht verwirklicht. Das nahegelegene Kurhotel *Bühlerhöhe* diente nach Kriegsende zunächst als Wohnstätte für den französischen General Koenig und dessen Stabsoffiziere mit Ehefrauen. Seit 1949 war es wieder für Kurgäste geöffnet. Einer von ihnen, der in den folgenden Jahren häufiger kam, war der erste deutsche Bundeskanzler Konrad Adenauer – auch im nahegelegenen Kurhaus Hundseck an der Schwarzwaldhochstraße war er regelmäßig zu Besuch.

Konrad Adenauer, erster Kanzler der Bundesrepublik, war regelmäßiger Urlaubsgast im Schwarzwald (rechts im Bild: sein Sohn Georg Adenauer).

Der Wiederaufbau zerstörter Bauwerke und ganzer Städte war bei Gründung der Bundesrepublik längst in vollem Gange. Beispielsweise rollten schon seit Dezember 1947 wieder Züge über die Ravennabrücke, die deutsche Truppen im April 1945 auf dem Rückzug gesprengt hatten. Die als Bestandteil der *Höllentalbahn* verkehrstechnisch wichtige Brücke war auf Anordnung der französischen Militärverwaltung ab Herbst 1946 neu errichtet worden.

Das »Wunder von Freudenstadt«

Das noch kurz vor Kriegsende zerstörte Freudenstadt gilt als Paradebeispiel für einen geglückten Wiederaufbau – Zeitgenossen sprachen gar vom »Wunder von Freudenstadt«. Es gelang dort einerseits, den Charakter der von Heinrich Schickhardt am Ende des 16. Jahrhunderts geplanten Stadt zu bewahren – so nicht zuletzt den großen, charakteristischen Marktplatz (der bis heute größte in Deutschland). Zugleich scheute man sich nicht vor zeitgemäßen Neugestaltungen: Beispielsweise trugen verbreiterte Straßen den Bedürfnissen des modernen, motorisierten Stadtverkehrs Rechnung.

Der Marktplatz von Freudenstadt nach dem Wiederaufbau (1960er Jahre).

Integration der Neubürger

Ein typisches Nachkriegsphänomen, von dem der Schwarzwald ebenso wie viele andere Regionen betroffen war, war der Zustrom von Flüchtlingen und Vertriebenen aus den ehemaligen deutschen Ostgebieten. Vor Kriegsbeginn 1939 hatten in der Schwarzwaldregion rund 463.000 Menschen gelebt. Durch die Neubürger – mehrheitlich aus der Tschechoslowakei, aus Ungarn und den Balkanländern, seltener hingegen aus Polen – waren es 1950 bereits 518.000. Auch einer der damaligen Heimatfilme, *Die Mühle im Schwarzwäldertal* (1953), griff das Thema auf: Die weibliche Hauptperson ist ein ehemaliges Flüchtlingsmädchen, das nun bei einer einheimischen Familie lebt.

Der Zuzug der Neubürger sorgte oftmals für Unruhe. Nicht wenige von ihnen wurden vorübergehend in Privatwohnungen einquartiert – auch gegen den Willen der Eigentümer. Da die meisten Zuwanderer Katholiken waren, verschoben sich in traditionell protestantischen Gegenden die konfessionellen Mehrheitsverhältnisse, was zusätzlichen Wirbel verursachte. Um die

Heimatvertriebenen dauerhaft unterbringen zu können, gab es zwar Wohnungsbauprogramme; doch war es symptomatisch, dass man ihre Wohnhäuser häufig am Ortsrand, nicht selten gar auf der anderen Seite einer Bundesstraße platzierte.

Trotz der anfänglichen Schwierigkeiten gelang die Integration aber relativ schnell. Die Zuwanderer brachten Fähigkeiten und wertvolles Wissen mit – beides war in Zeiten des wirtschaftlichen Neuaufbaus höchst gefragt. Auch waren bei ihnen Ehrgeiz und Motivation, sich eine neue Existenz aufzubauen, oft besonders ausgeprägt. So integrierten sich die Neubürgerinnen und Neubürger nicht nur in den örtlichen Vereinen, sondern gründeten häufig auch erfolgreiche Betriebe.

Unbelehrbar? Ein Besuch auf Heideggers Hütte

Die Schatten der Vergangenheit waren längst nicht verschwunden. Oft genug wurde die NS-Zeit eher verdrängt als aufgearbeitet.

Durchaus typisch für die ersten Nachkriegsjahrzehnte war das Verhalten des weltbekannten Philosophen und Freiburger Professors Martin Heidegger (1889–1976). Heidegger besaß bei Todtnauberg im Südschwarzwald eine kleine, wohnlich eingerichtete Hütte. Diese suchte der Philosoph bis ins hohe Alter regelmäßig auf, um in der Abgeschiedenheit des Schwarzwalds zu wandern, nachzudenken und zu schreiben. 1967 erhielt er dort Besuch von dem Dichter und Holocaust-Überlebenden Paul Celan.

Es kam zu einem Gespräch über Heideggers Haltung zur eigenen, persönlichen Vergangenheit. Denn der Philosoph hatte sich 1933 von den NS-Machthabern bereitwillig zum »Führer-Rektor« seiner Universität küren lassen und den Machtantritt der Nationalsozialisten öffentlich begrüßt, ja geradezu gefeiert. Zwar zog er sich bald wieder aus dem Rektorat zurück – ob er damit aber auch, wie er selbst es später darstellte, auf Distanz zum Nationalsozialismus ging, gilt als fragwürdig.

Nach dem Krieg vermied es Heidegger jedenfalls, sein Verhalten im Jahr 1933 als Fehler zu bezeichnen. Was sich Celan von ihm wünschte – eine klare Distanzierung von der eigenen NS-Vergangenheit – blieb nach dem Gespräch in Heideggers Schwarzwaldhütte weiterhin aus.

Symbol einer Sehnsucht: Der Schwarzwald im Heimatfilm

Auch viele andere Zeitgenossen taten sich mit der Vergangenheit schwer – und meistens schwieg man darüber. Gleichzeitig strömten die Deutschen, erschöpft von den Schrecken der Diktatur und des Krieges, millionenfach in die Kinos, um dort in die heile Welt des Heimatfilms abzutauchen. Zwischen 1947 und 1960 entfiel etwa jeder fünfte deutsche Spielfilm auf dieses höchst erfolgreiche Genre. Präsentiert wurde ein Heimatideal, das wohltuend harmlos und nicht wie in den Jahren des Dritten Reichs von der *Blut-und-Boden-Ideologie* durchtränkt war. Kulisse war stets eine ländliche Idylle – und der Schwarzwald, dessen Mythos eine neue Renaissance erlebte, passte ins Bild.

Der größte Publikumserfolg dieser Jahre war 1950 die Neuverfilmung der Operette *Schwarzwaldmädel* (auch die Operette selbst wurde seit Kriegsende wieder aufgeführt). In den Jahren darauf folgten zwar mehrere weitere Filmproduktionen, die den Schwarzwald als Projektionsfläche für Träume und Sehnsüchte nutzten – unter anderem *Schwarzwaldmelodie* und *Die Rosel vom Schwarzwald* (beide 1956). Doch Schwarzwaldmädel, mit Filmstar Sonja Ziemann in der Hauptrolle, war der mit Abstand größte Kassenschlager und zugleich auch der erste deutsche Farbfilm der

Ein Film trifft den Nerv der Zeit

Am 7. September 1950 wurde *Schwarzwaldmädel* in den Stuttgarter Universum-Lichtspielen uraufgeführt und war bald auch in den Karlsruher und Freiburger Kinos zu sehen, ebenso in der übrigen Republik. Die Besucher standen Schlange, was ihrer Begeisterung keinen Abbruch tat. Allein in Freiburg sahen den Film innerhalb von zehn Tagen 43.359 Menschen. Mit rund 15 Millionen Zuschauern ist er bis heute der erfolgreichste deutsche Kinofilm aller Zeiten.

Den Heimatfilm *Schwarzwaldmädel* sahen rund 15 Millionen Zuschauer. Vintage Photography Archive.

Nachkriegszeit – die satten Farben der Schwarzwaldtracht und der blühenden Landschaft kamen dadurch ideal zur Geltung. Und der leuchtend rote Bollenhut entwickelte sich nun endgültig zu einem Synonym für den Schwarzwald schlechthin.

Steil bergauf: Das Wirtschaftswunder im Schwarzwald

Während das Schwarzwaldmädel die Menschen verzauberte, begann die Wirtschaft nach den schwierigen ersten Nachkriegsjahren von Neuem aufzublühen. Seit 1950 ging es derart steil bergauf, dass sich für den Boom der 1950er und 1960er Jahre die Bezeichnung *Wirtschaftswunder* einbürgerte. Mit Fleiß und unternehmerischem Geschick gelangen unter günstigen Rahmenbedingungen etliche Erfolgsgeschichten.

Einen neuen Aufschwung erlebte zum Beispiel die alte Schwarzwälder Uhrenbranche: Waren in der Zwischenkriegszeit vor allem die preisgünstigen, aber auch weniger hochwertigen *Jockele-Uhren* Umsatzgaranten gewesen, so verkauften sich nun auch teurere Kuckucksuhren mit hoher Qualität und Präzision wieder deutlich besser. In den ersten Nachkriegsjahren waren es oft alliierte Besatzungssoldaten, die eine Kuckucksuhr als Andenken mit nach Hause nahmen.

In den 1950er Jahren halfen auch technische Verbesserungen, die klassische Schwarzwälder Kuckucksuhr wieder fest auf dem internationalen Markt zu etablieren. Traditionsreiche Unternehmen wie die *Badische Uhrenfabrik* (Baduf) florierten. Besonders der amerikanische Markt war und blieb wichtig: So verkauften 1961 allein die Uhrenfachgeschäfte in den USA nicht weniger als 84.718 Kuckucksuhren aus dem Schwarzwald. 1967 wurden in der Region insgesamt rund 477.000 Exemplare produziert. Aber auch andere, nicht auf Kuckucksuhren spezialisierte Uhrenhersteller wie *Junghans* in Schramberg waren in der Zeit des Wirtschaftswunders höchst erfolgreich.

Auch gänzlich neue Ideen und Produkte hatten Konjunktur: Zum Beispiel gründeten die Brüder Hermann und Edwin Faller 1946 in Gütenbach im mittleren Schwarzwald eine Firma, die durch Baukästen für Modelleisenbahn-Zubehör berühmt wurde. Von wirklichkeitsgetreuen Bahnhofsgebäuden und Tunnels über Schwarzwaldhäuser und Wassermühlen bis hin zur Miniatur-Tankstelle entlang der Strecke erweiterte die Firma Faller ihr Sortiment Schritt für Schritt – und profitierte davon, dass sich Spielzeug-Eisenbahnen zu einem der großen Verkaufserfolge der Wirtschaftswunderzeit entwickelten.

Die Modellbauwelten aus Gütenbach hielten in unzählige Wohnungen Einzug, und die Faller-Bausätze gehörten zu den häufigsten Präsenten unter den Weihnachtsbäumen der 1950er und 1960er Jahre. Das Unternehmen konnte sich so aus kleinsten handwerklichen Anfängen zu einem boomenden Industriebetrieb entwickeln. Bestanden die Modellbausätze anfangs noch ausschließlich aus Holz und Pappe, setzte Faller 1953 bereits auf Kunststoff-Spritzguss mit Hilfe moderner Maschinen.

Das Wirtschaftswunder der 1950er und 1960er Jahre führte auch im Schwarzwald zu einem rasanten Aufschwung – zum Beispiel beim Korbproduzenten Welzel in Hausach.

Idealtypisch für den Unternehmer- und Erfindergeist, der im Schwarzwald seit Jahrhunderten zu Hause war, sind auch Persönlichkeiten wie Artur Fischer (1919–2016), der seine Firma 1948 als Ein-Mann-Betrieb in Hörschweiler im Nordschwarzwald gründete. Fischer, Sohn eines Dorfschneiders, erfand unter anderem einen elektrischen Zigaretten-Anzünder (als Ersatz für die nach dem Krieg meist knappen Streichhölzer), einen elektrischen Webstuhlschalter und den Synchronblitz für Fotoapparate, den er sich 1949 patentieren ließ. Insbesondere durch die Fertigung der 1958 selbst entwickelten randlosen S-Dübel aus spreizbarem Nylon konnten die *Fischerwerke* ihre Umsätze und Gewinne binnen kürzester Zeit vervielfachen. Die Firma, deren früheste Mitarbeiter zum Teil noch mit Speck und Butter bezahlt worden waren, stieg zu einem Global Player auf.

Etliche weitere Firmen aus der Region waren Teil des Wirtschaftswunders. Unter ihnen gab es auch alte Bekannte wie *Mercedes-Benz* – nach dem Entnazifizierungs-Verfahren der Besatzungsbehörden mit ausgetauschter Führungsspitze. Das Gaggenauer Werk hatte seinen Betrieb schon im Sommer 1945 wieder aufgenommen. Im Januar 1951 begann die Produktion des weltweit erfolgreichen und bald schon legendären Klein-Lkw *Unimog* – bis

Mai 1966 wurden in Gaggenau 100.000 Exemplare gefertigt.

Bald schon herrschte in der Bundesrepublik Vollbeschäftigung. Der boomenden Industrie fehlte es nun sogar an Arbeitskräften. Deshalb begann die Anwerbung von Gastarbeitern – zunächst vor allem aus Italien, dann aus dem damaligen Jugoslawien, aus Griechenland, Spanien, Portugal oder der Türkei. Die Gastarbeiter ließen sich auch im Schwarzwald nieder. Manche von ihnen brachten ihre Familien mit und blieben für immer. Lebensgeschichten wie die von Giuseppe Boscia, der – aus Sizilien stammend – 1960 mit seinen Eltern und drei Geschwistern per Bummelzug in Hausach im Schwarzwald eintraf, stehen exemplarisch für viele andere.

Die Boscias waren die erste Gastarbeiter-Familie in der kleinen Gemeinde. Der Vater hatte dort eine Anstellung in einer Hammerschmiede gefunden. In Boscias 2012 erschienenen Erinnerungen mischen sich Gutes und Schlechtes – hilfsbereite Einheimische und erste Freundschaften auf der einen, Fremdenfeindlichkeit und Beschimpfungen als »Spaghettifresser« auf der anderen Seite. Es geht um die Schwierigkeiten der Integration, die letztlich aber gelang.

Heftig umkämpft: Die Schwarzwald-Autobahn scheitert

Der langanhaltende wirtschaftliche Boom ließ den Lebensstandard erheblich steigen. Immer mehr Menschen konnten sich beispielsweise ein eigenes Auto oder zumindest ein Moped leisten. So nahm der Straßenverkehr weiterhin stark zu. Die *Schwarzwaldhochstraße*, deren letzter Streckenabschnitt im Zweiten Weltkrieg unvollendet geblieben war, wurde in den 1950er Jahren fertiggestellt und neu asphaltiert.

Etwas später kamen sogar Pläne auf, von Freiburg nach Donaueschingen eine Autobahn durchs Gebirge zu bauen. Die *Schwarzwald-Autobahn*, die in der öffentlichen Debatte auch als A 86 kursierte, sollte die Wirtschaftsräume westlich und östlich des südlichen und mittleren Schwarzwalds besser vernetzen und auch für die Schwarzwaldgemeinden entlang der Trasse wirtschaftliche Vorteile bringen. Denn die Bundesstraße 31 durch das Höllental war durch die Zunahme des Straßenverkehrs bereits stark überlastet.

Diese Broschüre aus den 1960er Jahren warb für die Schwarzwald-Autobahn. Doch das Projekt scheiterte an heftiger Gegenwehr.

Das Regierungspräsidium Freiburg trieb die Planungen für die neue Fernstraße in den 1960er Jahren entschlossen voran. Allerdings gab es früh auch Gegenwehr – die Autobahn drohte der Land- und Forstwirtschaft zu schaden und den Fremdenverkehr durch die Verschandelung des Landschaftsbildes zu beeinträchtigen. In den Gemeinden, in Verbänden und Aktionsgemeinschaften regte sich Widerstand. Einige Bauern im Jostal, deren Grund und Boden durch die Trasse durchschnitten werden sollte, drohten sogar damit, ihr Land und ihre Höfe notfalls mit der Flinte zu verteidigen. Der Protest wurde immer lauter – und hatte letztendlich Erfolg: 1975 wurden die Pläne für die *Schwarzwald-Autobahn* endgültig begraben. Stattdessen wurde die vorhandene B 31 dreispurig ausgebaut. Eine Pionierleistung war dabei die 1981 fertiggestellte, 617 Meter lange und bis zu 107 Meter hohe *Gutachtalbrücke*. Sie beschrieb nicht nur eine Kurve, sondern bewältigte auch eine ungewöhnliche Steigung von mehr als vier Prozent.

Stillgelegt: Das Sterben der Bahnstrecken

Ganz im Gegensatz zum Straßenverkehr hatte die Eisenbahn ihren Zenit überschritten. Immer weniger Menschen waren auf sie angewiesen. In den 1960er Jahren begann bereits die Stilllegung von nicht mehr ausgelasteten Bahnstrecken. Dieser Entwicklung fiel zum Beispiel die *Wutachtalbahn* – wegen ihres kurvigen Streckenverlaufs als *Sauschwänzlebahn* bekannt – zum Opfer: Nachdem erste Abschnitte bereits stillgelegt und durch Omnibusbetrieb ersetzt worden waren, kam 1976 das Aus für die gesamte Strecke. Immerhin folgte in diesem Fall eine baldige Auferstehung als Museumsbetrieb für Liebhaberfahrten: Mit Dampflokomotive und historischen Waggons entwickelte sich die *Sauschwänzlebahn* seit 1977 zu einem Touristenmagneten und einer (bis heute) lebenden Legende.

Bis heute für Liebhaberfahrten genutzt: Die legendäre Sauschwänzlebahn.

Nie ernsthaft zur Diskussion stand zumindest die berühmteste Zugstrecke des Schwarzwalds, die badische *Schwarzwaldbahn* von Offenburg nach Singen (Hohentwiel). 1956 fuhren erstmals Diesel- statt Dampflokomotiven auf der Strecke, und von 1972 bis 1975 wurde die gesamte Schwarzwaldbahn elektrifiziert. Ihrem Mythos tat die Ausrangierung der romantischen Dampfloks keinen Abbruch. Bis heute gilt sie vielen als »schönste Gebirgsbahn Deutschlands«.

Tourismus in neuen Dimensionen

Mit dem Wirtschaftswunder kamen in den 1950er und 1960er Jahren die Touristen zurück in den Schwarzwald – zahlreicher als je zuvor. Sie kamen mit Sonderzügen von *Hapag-Lloyd* oder *Touropa*, mit dem Bus oder dem eigenen Auto. Die Gemeinde Titisee registrierte 1950 schon 76.827 Gästeübernachtungen – eine Steigerung um die Hälfte im Vergleich zum Vorjahr. Und das war erst der Anfang. Vor Ort war man nicht untätig und tat viel, um den Schwarzwald für Touristen attraktiver zu machen: Zeltplätze wurden ausgewiesen, neue Straßen und Minigolfplätze gebaut, die Abfallbeseitigung organisiert, Feste veranstaltet und im Winter der Skibetrieb angekurbelt. Das *Schwarzwaldmädel* und die *Schwarzwaldmelodie* machten zusätzliche kostenlose Werbung für die Region.

Imagegeber: Der Held von Squaw Valley

Es trug auch zum positiven Image des Schwarzwalds bei, dass zu dieser Zeit ein sympathischer Schwarzwälder, Georg Thoma, im Skisport spektakuläre Erfolge feierte. Thoma, 1937 geboren, war in seiner Kindheit *Hirtebub* am Feldberg gewesen. Das Skifahren über längere Strecken hatte er auf dem beschwerlichen Schulweg gelernt. Von 1954 bis 1966 siegte Thoma 19-mal bei deutschen Meisterschaften. In der *Nordischen Kombination*, bestehend aus Skispringen und Langlauf, gewann er 1960 die Goldmedaille bei den Olympischen Winterspielen von

Der Olympiasieger von Squaw Valley ist im Schwarzwald ein Held geblieben: Das *Georg-Thoma-Haus* in Freiburg ist heute offizieller Olympiastützpunkt.

Squaw Valley in den USA – eine Sensation: Traditionell war die Disziplin von Skandinaviern und Russen dominiert worden. Die Skier, mit denen Thoma den Olympiasieg errang, sind heute im *Schwarzwälder Skimuseum* in Hinterzarten ausgestellt. Und Thoma selbst avancierte zu einem zugkräftigen Botschafter seiner Heimatregion.

Der Mythos Schwarzwald als Zugpferd

Der Tourismus entwickelte sich ab den 1950er Jahren »zum bedeutendsten und bis heute umsatzstärksten Wirtschaftszweig des Hochschwarzwaldes«, ebenso des Schwarzwalds im Allgemeinen: Bis ins frühe 21. Jahrhundert stieg die Zahl der Arbeitsplätze innerhalb der Branche auf mehr als eine halbe Million. Nun, als der allgemeine Wohlstand nie gekannte Höhen erreichte, fanden sich selbst in illustren Kurorten wie St. Blasien erstmals Normalbürger in größerer Zahl ein. Da die Deutschen in der Wirtschaftswunder-Zeit noch meistens im eigenen Land Urlaub machten, gehörte der Schwarzwald zu ihren bevorzugten Reisezielen.

Immerhin ein Sechstel der touristischen Übernachtungen im Schwarzwald entfiel schon zu Beginn der 1950er Jahre auf ausländische Gäste aus der Schweiz, aus Frankreich, Großbritannien, den USA, den Beneluxländern und Skandinavien. Der *Mythos Schwarzwald* half erneut. Ein Werbeplakat einer US-amerikanischen Fluggesellschaft warb in den frühen 1950er Jahren mit einer Schwarzwälder Kuckucksuhr für Reisen nach Deutschland. Der Schwarzwald war und blieb ein internationales Aushängeschild. Auch die bisher nur mäßig bekannte *Schwarzwälder Kirschtorte* trat seit den 1950er Jahren ihren eigentlichen globalen Siegeszug an.

Werbeplakat von 1960.

Gut gefüllt: Schwimmbecken im Kurort Bad Wildbad, Nordschwarzwald (1960er Jahre).

Der Andrang der Besucher nahm weiter zu. Immer mehr Sitzbänke, Wanderhütten und Wegauszeichnungen, Loipen, Pisten und Skilifte zogen Natur- und Sportfreunde an. Dazu kam ein dichtes Netz von Hotels, Pensionen und Bädern. Auch gehörte eine wachsende Zahl von Museen zum touristischen Angebot der Region. Eines der wenigen, die schon vor dem Krieg existiert hatten –

das auf das 19. Jahrhundert zurückgehende *Furtwanger Uhrenmuseum* – zog 1959 in einen Neubau, der ein baufälliges Holzgebäude ersetzte. 1978 wurde es zum *Deutschen Uhrenmuseum* umbenannt und mauserte sich zu einer überregional bekannten Adresse.

Das Schwarzwälder Freilichtmuseum

Als eines der ersten seiner Art wurde 1964 das *Schwarzwälder Freilichtmuseum Vogtsbauernhof* in Gutach (Schwarzwaldbahn) eröffnet. Zu besichtigen war dort der frisch restaurierte Gutacher Vogtsbauernhof aus dem Jahr 1612, der bis heute Namensgeber des Museums ist. Der Hof selbst verdankte den Namen einem seiner früheren Besitzer: dem Talvogt Martin Schuhmacher. Das Gebäude war noch bis zum Herbst 1965 bewohnt, als es bereits Museum war: Die Familie Aberle, die den Hof 1963 an den Landkreis Wolfach verkaufte, sicherte sich bei Vertragsabschluss das bleibende Wohnrecht, verzichtete dann aber freiwillig darauf.

Das Museum entwickelte sich schnell zum Besuchermagneten und wurde bald schon durch weitere, von ihrem ursprünglichen Standort nach Gutach überführte Gebäude erweitert: 1966/67 kam der 1599 in Furtwangen-Katzensteig erbaute *Hippenseppenhof* dazu, 1972 der *Lorenzenhof* aus Oberwolfach (Baujahr 1608) – und auch in den folgenden Jahrzehnten ging das Wachstum weiter. Das Museumsgelände ist heute rund sieben Hektar groß.

Der Vogtsbauernhof in Gutach vor der Umnutzung zum Freilichtmuseum (ca. 1960).

Bewahrenswert: Schutz der Natur- und Kulturlandschaft

Der beispiellose Boom des Schwarzwald-Tourismus war auch eine Herausforderung für den Naturschutz. So erwünscht die zahlreichen Gäste waren, galt es doch, Rückzugsräume für Tiere und Pflanzen zu schaffen und Naturlandschaften zu bewahren – manchmal auch zum Nachteil des Tourismus. Manche Gebiete blieben, während man andernorts neue Straßen baute, nur für Wanderer erreichbar. Der *Belchen* – wegen seiner ans Hochgebirge erinnernden Tier- und Pflanzenwelt oftmals als »subalpine Insel« oder »König der Schwarzwaldberge« gerühmt – wurde 1949 zum Naturschutzgebiet erklärt. Der Bau einer Seilbahn auf den Gipfel wurde damals verhindert (ein halbes Jahrhundert später allerdings doch noch Realität).

Auch gab es weiterhin Bestrebungen, die Vielfalt der Tierwelt nicht nur zu erhalten, sondern zu erweitern. Am 10. Juni 1954 wurden am Hinterwaldkopf im Hochschwarzwald in einer Höhe von 1.100 Metern sechs Murmeltiere aus dem Schweizer Kanton Graubünden in die Freiheit entlassen, 1957 folgten sechs Artgenossen aus Kärnten. 1959 wurde der Bestand bereits auf 35 bis 40 Murmeltiere geschätzt – und bis heute leben die scheuen Tiere, die sonst eher im Hochgebirge zu Hause sind, im südlichen Schwarzwald.

Als erhaltenswert galten neben der Natur auch traditionelle Kulturlandschaften, so nicht zuletzt die Schwarzwald-typischen *Grinden*: Durch Rodungen im Mittelalter entstanden, hatten diese Heideflächen auf den Hochebenen des nördlichen Schwarzwalds jahrhundertelang als Weiden gedient. Da man sie inzwischen aber kaum noch zu ihrem ursprünglichen Zweck nutzte – die Weidewirtschaft war dort nicht mehr rentabel –, drohten sie verloren zu gehen. Denn ohne Bewirtschaftung hätte der Wald die Bergheiden, die bis heute unzählige Wanderer anziehen und Lebensraum für seltene Tier- und Pflanzenarten sind, innerhalb weniger Jahre zurückerobert. Man half also nach – zum Beispiel durch die *Schliffkopf-Aktion* am gleichnamigen Schwarzwaldberg, die seit 1960 regelmäßig stattfindet: Immer im Herbst sorgen freiwillige Helferinnen und Helfer mit Sägen und Scheren dafür, dass die Grinden offen bleiben.

No Future? Jahrzehnte der Orientierungssuche

Der Wohlstand steigt – und Höfe sterben

Zu Beginn der 1970er Jahre schien das Wirtschaftswunder nicht enden zu wollen. Der Wohlstand war rapide gestiegen – teilweise auch mit unliebsamen Folgen: Übergewicht und Herzkreislauferkrankungen nahmen drastisch zu. Auch im Schwarzwald entstanden daher in den 1970er und 1980er Jahren *Trimm-dich-Pfade* mit Fitness-Stationen, um die Bürger zum Abtrainieren ihres Wohlstandsspecks anzuspornen.

In der Zeit des Wirtschaftswunders war erstmals der Großteil der Arbeitnehmer in der Industrie beschäftigt, und die Bauern waren zu einer Minderheit geworden. Zwar blieb die Landwirtschaft im Schwarzwald und anderen ländlichen Regionen weiterhin relativ stark, allerdings war sie auch hier kontinuierlich auf dem Rückzug – eine Entwicklung, die sich ab den 1970er Jahren weiter beschleunigte: Zwischen 1974 und 1994 gaben mehr als die Hälfte der Vollerwerbs-Landwirte im Schwarzwald ihren Hof auf, weil die Betriebe kaum noch rentabel waren oder sich keine Nachfolger mehr fanden.

Sicco Mansholt, damals Kommissar der *Europäischen Wirtschaftsgemeinschaft*, prophezeite bereits 1968, es werde im Jahr 2000 keine Landwirtschaft mehr im Schwarzwald geben. Jahrtausendelang hatte die bäuerliche Lebensweise die Region geprägt – nun war sie akut vom Aussterben bedroht. Immerhin gab es für kleinere Bauernhöfe im Schwarzwald, die im Preiskampf mit Großbetrieben unterlegen waren, einen Hoffnungsschimmer: den anfangs noch zaghaften Trend zur Bio-Landwirtschaft. Denn diese, gekennzeichnet durch vergleichsweise artgerechte Tierhaltung und ökologisch nachhaltige Anbaumethoden, bot auch kleineren Betrieben eine Chance, im Wettbewerb bestehen zu können. Seit 1992 honorierte ein Förderprogramm des Landes Baden-Württemberg eine betont umweltschonende und nachhaltige Wirtschaftsweise. Und die Produkte der Bio-Bauern waren – trotz höherer Preise – zunehmend am Markt gefragt. Obwohl viele Landwirte in der Region weiterhin zu kämpfen hatten, trat Mansholts düstere Prognose nicht ein.

Strukturwandel: Traditionsunternehmen im freien Fall

Als das Wirtschaftswunder nach dem Ölpreisschock im Herbst 1973 fast von heute auf morgen zu Ende ging und eine tiefe Rezession folgte, erfasste der Strukturwandel die Industrie: Wegen der hohen Lohnkosten in Deutschland, aber oftmals auch wegen mangelnder Innovationsfähigkeit oder verkrusteten Strukturen konnten viele Unternehmen auf dem Weltmarkt nicht mehr mithalten. Davon war besonders die Schwarzwälder Textil- und Papierindustrie betroffen. Mancher Betrieb kämpfte zwar zäh ums Überleben, musste schließlich aber doch die Segel streichen – so 1991 die traditionsreiche *Zell-Schönau Textil GmbH* im Wiesental (Südschwarzwald), Produzent der einstmals berühmten *Irisette*-Bettwäsche.

Auch ein Großteil der Schwarzwälder Uhrenindustrie kam in Turbulenzen. Noch um 1970 hatte Optimismus in der Branche geherrscht. Aber als moderne Quarz-, Digital- und Funkuhren den Markt fluteten, gerieten die Schwarzwälder Uhrenfabriken ins Hintertreffen – sie reagierten zwar auf die neue Entwicklung, aber hatten ihre Geschwindigkeit unterschätzt. Zum Beispiel führte der klassische mechanische Wecker bald nur noch ein Nischendasein. Die Villinger *Weckerfabrik Josef Kaiser* mit ihren 600 Mitarbeitern musste schon 1974 Konkurs anmelden.

In der gesamten deutschen Uhrenindustrie sank die Zahl der Beschäftigten während der 1970er Jahre nahezu um die Hälfte, und in den 1980er Jahren setzte sich der dramatische Trend fort. Die *Blessing-Werke* in Waldkirch stellten 1977 ihren Betrieb ein, die *Badische Uhrenfabrik Furtwangen* und die *Uhrenfabrik Schatz* in Triberg blieben Mitte der 1980er Jahre auf der Strecke. Junghans, 1861 in Schramberg gegründet, durchlitt ebenfalls eine schwere Krise: die Belegschaft schrumpfte von mehreren Tausend auf weniger als hundert Mitarbeiter; dass *Junghans* 2011 das 150-jährige Firmenjubiläum feiern konnte, war einem Investor aus der Region zu verdanken, der das Unternehmen nach zeitweiliger Insolvenz übernahm und weiterführte.

Der markante *Junghans*-Terrassenbau, in den Jahren 1916 bis 1918 errichtet, beherbergt heute auch ein Museum zur Geschichte des Uhrenbaus im Schwarzwald.

Glanzvolle Namen, die zu Opfern des industriellen Niedergangs wurden, gab es auch in anderen Branchen: Der einst so strahlende Global Player *Dual* überstand das Ende des Schallplatten-Zeitalters nicht und musste 1982 den Betrieb einstellen. Noch in den 1960er Jahren hatte Dual 3.500 Mitarbeiter in mehreren Werken beschäftigt und 1971 den Konkurrenten *Perpetuum-Ebner* übernommen. Jetzt ging das Traditionsunternehmen sang- und klanglos unter. Lediglich eine kleine Nachfolgefirma, die auf Plattenspieler gehobener Preisklasse spezialisiert ist, existiert bis heute.

Ähnlich erging es der Firma *SABA* in Villingen, die jahrzehntelang erfolgreich Radio- und Fernsehgeräte produziert hatte. 1980 verkaufte die Inhaberfamilie den Betrieb, bald darauf folgte das endgültige Aus.

Aus Bergwerken werden Museen

Schon in den ersten Nachkriegsjahrzehnten war auch der Bergbau im Schwarzwald fast völlig zum Erliegen gekommen. Die wenigen Bergwerke, die den Strukturwandel des 19. Jahrhunderts überlebt hatten, waren nun ebenfalls kaum noch rentabel. Doch immerhin: Seit den 1970er Jahren wurden mehrere von ihnen zu Beispielen gelungener Umnutzung.

Die *Grube Anton*, ein altes Erzbergwerk bei Wolfach und Schiltach, mutierte 1972 zum geophysikalischen Observatorium – es wird bis heute vom Karlsruher Institut für Technologie (KIT) und der Universität Stuttgart betrieben. In störungsfreier Umgebung messen dort hochsensible Geräte selbst kleinste Veränderungen der Erdschwere.

Gänzlich neue Nutzungsmöglichkeiten fanden sich auch im Schauinsland-Revier bei Freiburg: Der Betrieb wurde dort 1954 eingestellt – nach rund 800 Jahren. Seit 1975 befand sich im *Barbarastollen* des Schauinslands – es war die Zeit des Kalten Krieges – ein atombombensicheres und lange Zeit geheimgehaltenes Depot, in dem die wertvollsten Dokumente der deutschen Geschichte als Mikrofilm-Kopien verwahrt wurden (und bis heute werden). Zudem entstand im ehemaligen Schauinsland-Revier eine neue Art von Museum – ein Schaubergwerk: Seit den späten 1970er Jahren liefen die Vorbereitungen für das aufwändige Unterfangen, 1997 fand die Eröffnung statt. Seitdem zählt das *Museums-Bergwerk Schauinsland* zu den größten und meistbesuchten in Deutschland.

Die Grube Frischglück bei Neuenbürg.

Dass aus Bergwerken Museen wurden, spiegelte einen zeittypischen Trend. Das Schauinsland-Revier war im Schwarzwald ein aufsehenerregendes, aber keineswegs das einzige und auch nicht das erste Beispiel: Schon 1970 waren der *Hella-Glück-Stollen* in Neubulach und das *Besuchsbergwerk Teufelsgrund* im Münstertal für Touristen geöffnet worden. 1982 folgte die *Grube Finstergrund* bei Wieden im Südschwarzwald, 1985 die *Grube Frischglück* bei Neuenbürg. Und mit der Zeit kam eine Reihe weiterer Schaubergwerke dazu. Zusätzlich informiert seit 1982 das *Landesbergbaumuseum Baden-Württemberg* in Sulzburg über die lange Geschichte des Bergbaus in der Region.

Grube Clara – die letzte ihrer Art

Das einzige Bergwerk des Schwarzwalds, das bis heute in Betrieb ist, ist die *Grube Clara* bei Oberwolfach. Seit 1898 werden dort Fluss- und Schwerspat sowie Buntmetallerze abgebaut. Ein Anziehungspunkt für Touristen ist die Grube dennoch geworden: In direkter Nachbarschaft zeigt ein Museum seit 1989 sehenswerte Mineralien aus der Region, zum Beispiel »Schwarzwaldjuwelen« wie Achat und Jaspis. Und die *Mineralienhalde* in Wolfach-Kirnbach gibt Besuchern Gelegenheit, selbst auf die Suche nach Fundstücken zu gehen.

Zeugen der Vergangenheit

Das alte Glasgewerbe erlebte ebenfalls einen Niedergang, ohne gänzlich zu verschwinden. So wirbt die *Dorotheenhütte* in Wolfach heute damit, die letzte aktive Kristallglashütte des Schwarzwalds zu sein. Auch sie hat sich für Touristen, die den Glasbläsern über die Schulter schauen oder das benachbarte Glasmuseum besuchen, geöffnet. Mit Hilfe des Fremdenverkehrs lässt es sich in der Nische überleben.

Die Musealisierung älterer, teils untergegangener Branchen lässt sich im Schwarzwald an etlichen weiteren Beispielen festmachen. Seit 1972 lockt etwa in St. Georgen, dem ehemaligen Standort der Grammophon- und Plattenspieler-Produzenten Dual und Perpetuum Ebner, das *Deutsche Phonomuseum*. Es zeigt

Teufelsgrund Münstertal

Erstes Besuchsbergwerk
im Schwarzwald

Highlights:

- **Schatzsuche mit Edelsteinschürfen**
  Immer Donnerstag und Samstag um 14.15 Uhr,
  Anmeldung erforderlich!
- **Atemtherapie im Heilstollen**
  Jeden Samstag um 10.30 Uhr,
  Anmeldung erforderlich!

Öffnungszeiten

1. April bis 31. Oktober
Dienstag, Donnerstag, Samstag:
10.00 - 16.00 Uhr
Sonn- und Feiertag:
13.00 -16.00 Uhr

Juli und August
zusätzlich Mittwoch und Freitag:
13.00–16.00 Uhr
Letzter Einlass jeweils um **16.00** Uhr

www.besuchsbergwerk-teufelsgrund.de

Ein Abenteuer
für die **ganze** Fa
bei jedem
Wette

historische Phonographen, Grammophone und Plattenspieler. Die Geschichte des Orgelbaus im Schwarzwald erzählt das 1985 eröffnete *Elztalmuseum* in Waldkirch. *Das Flößerei- und Verkehrsmuseum* in Gengenbach, das in einem ehemaligen Bahnwärterhäuschen untergebracht ist, macht seit 1991 die Geschichte des Flößereigewerbes lebendig. Und das 1996 in Zell im Wiesental eröffnete *Wiesentäler Textilmuseum* veranschaulicht die Anfänge der Industrialisierung in der Region – insbesondere der damals so wichtigen, inzwischen fast ganz aus dem Schwarzwald verschwundenen Textilindustrie.

Der Rohstoff Wissen

Obwohl sich der Schwarzwald also mehr denn je zu einer Museumsregion entwickelte und alte Branchen teilweise nur noch in der Erinnerung weiterlebten, gab es in Zeiten des Strukturwandels auch innovative Neuanfänge im regionalen Wirtschaftsleben. So konnte die traditionell verwurzelte Uhrenbranche, wenngleich selbst in der Krise, wichtige Impulse für neue Unternehmen der Elektroindustrie geben.

Die frühere Uhrmacherschule in Furtwangen hatte sich zunächst zur *Staatlichen Ingenieurschule* weiterentwickelt, seit 1971 führte sie den Titel einer Fachhochschule mit der Spezialrichtung Informatik und Elektronik (heute Hochschule Furtwangen).

Auf dem Weg zur Digitalen Revolution trug die FH Furtwangen ebenso zum Transfer von unternehmerisch nutzbarem Knowhow bei wie die Universitäten in Karlsruhe oder Freiburg, die Fachhochschulen in Karlsruhe, Offenburg und Pforzheim oder die 1975

Campus der Hochschule Furtwangen im Jahr 2014.

gegründete *Berufsakademie* (heute Duale Hochschule) in Villingen-Schwenningen. Nachdem klassische Rohstoffe wie Holz oder Eisenerz an wirtschaftlicher Bedeutung verloren hatten, zählte mehr denn je der *Rohstoff Wissen.*

Vom Hotzenblitz zur Ultraschall-Maschine

Auch jetzt gab es im Schwarzwald wieder ehrgeizige Visionen und innovative Geschäftsmodelle – obwohl sich diese nicht immer bewährten: Zum Beispiel konnte die *Hotzenblitz Mobile GmbH & Co. KG* in Ibach (Südschwarzwald), die sich schon in den frühen 1990er Jahren auf Elektro-Autos spezialisierte, am Markt nicht bestehen – die Zeit war noch nicht reif.

Seiner Zeit voraus: Hotzenblitz-Elektroauto.

Andere junge Industrieunternehmen überlebten den Realitätstest. Manche von ihnen entwickelten sich zu exportstarken *Silent Leaders* und *Hidden Champions.* Mit den Hochschulen der Region pflegten sie Kooperationen, zumal die dortigen Absolventen als qualifizierte Nachwuchskräfte bereitstanden.

Beispiele für Unternehmen aus der Region, die auf die Zeit des Strukturwandels zurückgehen, sind die 1974 entstandene *Sonotronic Nagel GmbH* in Karlsbad (Nordschwarzwald), die sich als Hersteller von Ultraschall-Maschinen einen Namen machte, oder das 1979 gegründete Medizintechnik-Unternehmen *Stratec* in Birkenfeld bei Pforzheim.

Orte mit Bindestrich-Namen: Die Gemeindereform

In die Zeit des wirtschaftlichen Strukturwandels fiel auch eine von oben verordnete Umgestaltung der politisch-geografischen

Strukturen in Baden-Württemberg – unter anderem die Gemeindereform der frühen 1970er Jahre. Bislang eigenständige Gemeinden wurden zu größeren Gebilden zusammengefasst, um ihre Verwaltung zu vereinfachen. Manchmal kreierte man – teils mit Rückgriff auf die Geschichte – gänzlich neue Ortsnamen: Da in Langensteinbach (Nordschwarzwald) während des 18. Jahrhunderts ein Fürstenbad existiert hatte, erhielt die neue Gemeinde beim Zusammenschluss mit mehreren umliegenden Ortschaften den klingenden Namen *Karlsbad* – denn der Begründer des inzwischen längst abgerissenen Bades war Markgraf Karl Wilhelm von Baden-Durlach gewesen.

Oftmals entstanden durch die Reform auch Bindestrich-Namen wie Titisee-Neustadt oder Bad Teinach-Zavelstein – durch den Zusammenschluss verlor Zavelstein seinen bisherigen Status als kleinste Stadt Baden-Württembergs. Die Gemeinde Böllen im Südschwarzwald konnte sich hingegen erfolgreich gegen jegliche Eingemeindungsversuche wehren: Mit ihren nur etwa hundert Einwohnern ist sie bis heute eigenständig geblieben – ein seltener Ausnahmefall.

Das Ende der Hirtenschulen

Auswirkungen auf den Schwarzwald hatte seit den 1970er Jahren auch der Umbau des Bildungswesens. Viele kleine Dorf- beziehungsweise *Zwergschulen* wurden geschlossen, darunter die *Hirtenschulen* der Region. Diese waren im 19. Jahrhundert entstanden, als die allgemeine Schulpflicht flächendeckend durchgesetzt wurde. Sie befanden sich meistens in gewöhnlichen Wohnhäusern abgelegener Landstriche; die einheimischen Kinder wurden hier gemeinsam mit schulpflichtigen Hirten unterrichtet, die – von ihren Eltern getrennt – auf den Schwarzwaldhöfen lebten. Nun aber verschwanden die Hirtenschulen endgültig.

Ziel der Reform war es, die Bildungsqualität und -gerechtigkeit für die junge Generation zu verbessern – und tatsächlich stieg die Zahl der Abiturienten bald deutlich. In ländlichen Gegenden machte sich nun aber zunehmend das Gefühl breit, abgehängt zu sein. Denn in den Dörfern wurden nicht nur Schulen geschlossen, auch die Stilllegung von wirtschaftlich unrentablen Eisenbahnstrecken setzte sich fort. Was um 1900 als Errungenschaft gefeiert worden war – die Anbindung auch kleinerer Gemeinden an das Eisenbahnnetz – wurde schrittweise rückgängig gemacht.

Bürger protestieren

Der Rückbau von Eisenbahnstrecken provozierte den Widerstand der Einheimischen. Zwar verhallte deren Protest oftmals ungehört. Doch es gab auch Erfolge – so im Fall der traditionsreichen *Dreiseenbahn* im Hochschwarzwald: Deren geplante Stilllegung wurde 1978 durch Tausende Demonstranten vereitelt.

Allgemein wuchs der Wille zur außerparlamentarischen Opposition. Protest wurde zu einem Signum der Epoche – angefangen mit der 68er-Bewegung, zu deren Hochburgen auch die Freiburger Universität zählte, und bis hin zu terroristischen Auswüchsen: In den leerstehenden Gebäuden des früheren Kurorts Bad Boll in der Wutachschlucht suchte die Polizei 1977 nach Linksterroristen der *Rote Armee Fraktion* (RAF), die den Arbeitgeberpräsidenten Hanns Martin Schleyer entführt hatten und später ermordeten. Der einstige Schwarzwald-Badeort galt als mutmaßlicher Unterschlupf der Entführer. Allerdings suchten die Ermittler vergeblich.

In aller Regel verlief der bürgerliche Protest friedlich. Und auch im Schwarzwald gab es eine Reihe von Themen, an denen er sich entzündete. Ein großes Streitthema dieser Zeit war die Kernenergie. Deren Gegner betonten die Risiken der radioaktiven Strahlung. Die Diskussion hatte einen direkten Bezug zur Region. Denn die Kernkraftwerke waren auf radioaktives Uran angewiesen – und natürliches Uranerz gab es auch im Schwarzwald. Die Freiburger Geologie-Studenten Manfred Lutz und Theo Beck waren auf der Suche nach Flussspat gewesen, als sie am 5. Mai 1957 im Krunkelbach bei Menzenschwand auf Uranglimmer stießen. Ab 1961 wurde Uran-Bergbau in der *Grube Krunkelbach* betrieben, in unmittelbarer Nähe des Feldbergs.

Das allerdings forderte Proteste heraus. Zum einen fürchteten viele Menschen vor Ort die gesundheitlichen Risiken – und tatsächlich erhöhte sich die Strahlenbelastung in der Umgebung. Es war daher auch zu fürchten, dass Touristen die Gegend meiden würden. Bedenken der Naturschützer kamen dazu.

Trotz heftiger Gegenwehr blieb ein schneller Erfolg aus. Doch die Gegner des Uran-Abbaus bewiesen einen langen Atem: Nach jahrzehntelangen Auseinandersetzungen und diversen Gerichtsverfahren wurde das Uran-Bergwerk 1991 stillgelegt. Ironischerweise wurde die radioaktive Strahlung weiterhin genutzt – nun aber zum Wohl des Tourismus: Das *Radon-Bad* in Menzenschwand verdankt seinen Heilbad-Status ausgerechnet der schwachen Radioaktivität des dortigen Quellwassers.

Die Schönauer Stromrebellen

1986 brachte die Nuklear-Katastrophe von Tschernobyl den Kernkraftgegnern einen neuen Schub: Ein Reaktor des ukrainischen Atomkraftwerks explodierte – mit verheerenden Auswirkungen. Die Strahlenwolke erreichte auch den Schwarzwald. Freilandgemüse galt plötzlich als Gefahr für die Gesundheit.

In den Augen vieler Zeitgenossen war das Fass jetzt endgültig übergelaufen. In Schönau im südlichen Schwarzwald formierte sich eine Bürgerinitiative, die durch das große Medienecho weit über die Region hinaus als die *Schönauer Stromrebellen* bekannt wurde – mehrmals kamen Fernsehteams in die kleine Schwarzwaldgemeinde. Es waren Menschen wie das Ehepaar Ursula und Michael Sladek, die sich an die Spitze der Bewegung stellten. Bislang hatten sie ein gewöhnliches Leben geführt – Michael Sladek betrieb eine Arztpraxis vor Ort. Die Sorge um die Zukunft ihrer Kinder war es, die für die Protagonisten der Initiative den Anstoß zum Handeln gab. Das gemeinsame Ziel lautete, die Kernkraft verzichtbar zu machen – und den Anfang machte man in der eigenen Gemeinde.

Es gelang den Schönauer Stromrebellen nach Bürgerentscheiden 1991 und 1996, das örtliche Stromnetz von den Kraftübertragungswerken Rheinfelden zu übernehmen und es in die Verantwortung der 1994 begründeten *Elektrizitätswerke Schönau* zu übergeben – einer Gesellschaft bürgerlichen Rechts (GbR) mit mehreren hundert Gesellschaftern in ganz Deutschland, die den Ansatz unterstützten. Fortan (und bis heute) versorgten die Elektrizitätswerke Schönau die Gemeinde mit Ökostrom, also mit Hilfe erneuerbarer Energien – gänzlich ohne Atomkraft und ohne die Nutzung fossiler Energieträger.

In einer Zeit, in der sich die große Energiewende auf nationaler und internationaler Ebene erst zaghaft anzubahnen begann, wurde das Schönauer Modell zu einem Vorbild mit (nicht-nuklearer) Strahlkraft. Bald versorgten die Schönauer Elektrizitätswerke auch Abnehmer in anderen Gemeinden. 2009 wurde aus der ursprünglichen GbR eine Genossenschaft, die heute mehr als 8.000 Mitglieder hat.

Wasser, Wind und Sonne: Energiewende im Schwarzwald

Zu einer frühen Modellregion für die Nutzung regenerativer Energien entwickelte sich der Schwarzwald allerdings nicht allein wegen der Schönauer Stromrebellen. Die Stromgewinnung aus Wasserkraft hatte hier ohnehin eine lange Tradition – nun erlebte sie eine Renaissance: Es entstanden neue Wasserkraftwerke, und historische, bereits stillgelegte Anlagen wie das Kraftwerk *Stallegg* in der Wutachschlucht wurden – begünstigt durch ein Stromeinspeisungsgesetz, das 1991 in Kraft trat – reaktiviert.

Windräder sind im Schwarzwald Teil des Landschaftsbildes geworden – hier der Blick vom Schauinsland (2014).

Andere Technologien kamen dazu: 1992 ging eine Windkraftanlage auf dem 1.123 Meter hohen Hohwart im Hochschwarzwald ans Netz, die pro Jahr rund 300.000 Kilowattstunden Strom erzeugte. Auf der Hornisgrinde wurde von 1994 bis 1996 gar ein kleiner, aus drei Anlagen bestehender Windpark installiert – damals der höchstgelegene Europas. Er brachte wegen des häufigen und starken Windes auf dem höchsten Gipfel des Nordschwarzwalds Erträge von jährlich bis zu 600.000 Kilowattstunden.

Während die Windräder aber aus Gründen des Natur- und Landschaftsschutzes im Schwarzwald dauerhaft umstritten blieben, bewährte sich eine andere Technologie ohne vergleichbaren Gegenwind: Bereits im Sommer 1987 wurde mit Unterstützung des 1981 gegründeten Freiburger *Fraunhofer-Instituts für Solare Ener-*

giesysteme eine Photovoltaik-Anlage auf einer Höhe von 1.027 Metern in der Nähe des Schauinslands errichtet – auf dem Dach der *Rappenecker Hütte*, eines denkmalgeschützten Schwarzwaldhauses, das bis heute als Gaststätte dient. Die Hütte wurde so zum ersten solarbetriebenen Gasthaus Europas. Und Freiburg samt Umland etablierte sich mehr und mehr als Pionier-Region für die Nutzung der Solarenergie.

»Erst stirbt der Wald, dann stirbt der Mensch«

Neben der Atomkraft gab es eine Reihe weiterer Reizthemen, die zu lautstarken Protesten der außerparlamentarischen Opposition führten. So konzentrierte sich die Umweltbewegung seit den frühen 1980er Jahren auf ein Phänomen, das in der gesamten Öffentlichkeit heftig diskutiert wurde und kaum jemanden kalt ließ: In den Wäldern zeigten sich zunehmend schwere Schäden an den Wurzeln, Nadeln und Blättern vieler Bäume. Ganze Waldbestände drohten zugrunde zu gehen – und das vielleicht binnen weniger Jahre. Das Problem sorgte als Waldsterben für Angst und Schrecken.

Die Hinweise verdichteten sich, dass die massenhafte Erkrankung der Bäume mit der Luftverschmutzung durch Industrie, Straßenverkehr und – als Folge davon – mit dem sauren Regen zusammenhing. Zwischen 1966 und 1985 stieg der Stickstoffdioxidgehalt der Luft nachweislich um rund 50 Prozent. Die Zukunftsprognosen für die Wälder fielen düster aus.

Der Schwarzwald war vom Waldsterben stark betroffen. »Im Schwarzwald sind 50 bis 70 Prozent und stellenweise zwischen 75 und 90 Prozent der Nadelbäume todkrank« , schrieb ein Buchautor 1985. Auch die Schreckensvision eines vollständigen Absterbens des Waldes schien nicht mehr ausgeschlossen. Das Thema wurde von Wissenschaftlern und Politikern debattiert, ebenso formierte sich eine breite Bewegung, die geeignete Gegenmaßnahmen forderte. Demonstrationen, Aktionen und Plakate waren besonders in den frühen 1980er Jahren an der Tagesordnung.

»Erst stirbt der Wald, dann stirbt der Mensch« lautete eine verbreitete Losung. Eine Besonderheit bei den Protesten gegen das Waldsterben war, dass sich Menschen verschiedenster politischer Richtungen und Generationen zusammenfanden – vom älteren Wanderfreund über den jungen Forststudenten bis hin zum linksalternativen Öko. Auch die Schwarzwälder Bauern gingen auf die Straße.

Die Mitglieder der *Freudenstädter Aktionseinheit* installierten 1983 ein Mahnmal gegen das Waldsterben.

Der Wandel der öffentlichen Wahrnehmung blieb nicht folgenlos. Zum Beispiel schlug nun das letzte Stündlein für das traditionelle Bergrennen am Schauinsland, das Motorsportfreunde seit 1925 angezogen hatte. Vor dem Hintergrund des Waldsterbens schien ein derart großes Motorsportereignis inmitten des Schwarzwalds unangemessen. Nach jahrelangen Diskussionen entschied das Freiburger Regierungspräsidium 1988, das Rennen nicht mehr zu genehmigen.

Allgemein war der Schwarzwald in der Debatte um das Waldsterben sehr präsent. Und nicht jedem gefiel das. In der Region wurde bereits vor Schäden für den Tourismus gewarnt, wenn das Problem übertrieben werde – es entstehe das Bild, dass es schon jetzt kaum noch Bäume im Schwarzwald gebe. Für entsprechende Empörung sorgte 1984 eine Postkarte, die von einer kleinen Druckerei in Kirchzarten vertrieben wurde. Die Karte zeigte eine Bollenhutträgerin mit Gasmaske vor einer zerstörten Waldlandschaft.

Doch die Mehrheit der Menschen nahm das Problem ernst. In Freudenstadt wurde 1983 während eines bundesweiten Treffens von Umweltschützern die *Freudenstädter Aktionseinheit* gegründet – eine Bürgerinitiative gegen das Waldsterben. Diese schrieb sich auf die Fahnen, die Öffentlichkeit aufzuklären und Druck auf die Politik zu machen. Jedem Bundestagsabgeordneten wurde ein Schwarzwaldbaum gewidmet, um die Volksvertreter an ihre Verantwortung zu erinnern. Politiker, die den Dialog suchten, wurden vor Ort mit den Waldschäden konfrontiert.

Der öffentliche Druck wirkte. Im Rahmen des 1983 von der Bundesregierung eingeleiteten Aktionsprogramms *Rettet den Wald* folgten Maßnahmen wie die verpflichtende Einführung des Katalysators für Kraftfahrzeuge. Ebenfalls 1983 trat das *Übereinkommen über weiträumige grenzüberschreitende Luftverunreinigung* in Kraft, an dem neben zahlreichen europäischen Staaten auch die damaligen Supermächte USA und UdSSR beteiligt waren. Durch die internationale Kooperation wurde vorerst das Schlimmste verhindert – zumindest ging die Schadstoffbelastung des Regens und damit die Versäuerung der Böden seitdem deutlich zurück. Viele Bäume waren zwar weiterhin geschädigt, aber der negative Trend schien wenn nicht gestoppt, dann zumindest deutlich gebremst. Das befürchtete Absterben ganzer Wälder innerhalb kürzester Zeit blieb jedenfalls aus. Und in den späten 1990er Jahren spielte das Thema in der Öffentlichkeit keine allzu große Rolle mehr.

Heiß und trocken: Das Waldsterben 2.0

Erst nach der Jahrtausendwende begann sich das wieder zu ändern: An zahlreichen Bäumen zeigten sich nun Schäden, die zwar weniger mit der Luftverschmutzung, offensichtlich aber mit der Klimaerwärmung zusammenhingen. Der Befund war klar: Längere Dürreperioden wurden vom Ausnahmephänomen zu einem regelmäßig wiederkehrenden Problem. Hatte die Jahresmitteltemperatur beispielsweise in Furtwangen während der 1980er Jahre noch bei 5,3 Grad gelegen, betrug sie in den 1990er Jahren 5,8 Grad und im vorläufigen Rekordjahr 2002 bereits 7,3 Grad.

Der Rekord währte nicht lange: 2003 wurde er um weitere 0,8 Grad übertroffen. Es war das mit Abstand wärmste Jahr seit Beginn der Wetteraufzeichnungen. Gerade die Fichte, häufigste Baumart im Schwarzwald, war dadurch gefährdet: Als relativ flachwurzliger Baum litt sie ganz besonders unter Hitze und Trockenheit und wurde so anfälliger für Krankheiten und Schädlingsbefall. Bald schon war vom *Waldsterben 2.0* die Rede.

Durch den Klimawandel nahmen auch heftige Stürme deutlich zu. Als am zweiten Weihnachtsfeiertag 1999 der Orkan *Lothar* durch die Region fegte, kam es im Schwarzwald zum Kahlschlag ganzer Flächen. Bereits in den vorherigen Jahren hatte es schwere Stürme gegeben – 1990 etwa das Orkantief *Vivian* mit einer Windgeschwindigkeit von bis zu 128 Stundenkilometern. *Lothar*, der eine Geschwindigkeit von stellenweise mehr als 200 Stundenkilometern erreichte, übertraf jedoch alles und hinterließ besonders im nördlichen und mittleren Schwarzwald eine Spur der Verwüstung: Gerade Nadelbäume, die durch ihre üppigen Kronen auch im Winter große Angriffsfläche für Stürme bieten, gingen in die Knie. Reine Fichtenwälder erwiesen sich als besonders anfällig.

Um den Wald für künftige Stürme besser zu wappnen, setzte die Forstverwaltung auf einem Teil der kahlen Flächen auf die Selbstheilungskräfte der Natur: In einem zum Bannwald erklärten, zehn Hektar großen Gebiet südlich des Schliffkopfs verzichtete

Der Orkan *Lothar* hinterließ 1999 eine Spur der Verwüstung im Schwarzwald.

man bewusst auf eine möglichst schnelle Neuaufforstung. Weitgehend frei von menschlichen Eingriffen konnte sich dort ein natürlicher Mischwald aus Nadel- und Laubbäumen entwickeln. Dieser kommt dem ursprünglichen, nicht von Menschen bewirtschafteten Wald am nächsten und kann Stürmen besser standhalten als die Monokulturen herkömmlicher Wirtschaftswälder.

Das zugrundeliegende Problem – der Klimawandel – blieb aber nicht nur bestehen, sondern verschärfte sich weiter. Und auch aus dieser Tatsache zog ein neuer bürgerlicher Aktivismus seine Relevanz, Dringlichkeit und Energie. So begann sich gerade aus der Debatte um den Klimawandel eine neue Bewegung zu entwickeln, die im Kampf für eine klimaschonende Politik und Wirtschaftsweise ihr größtes und wichtigstes Thema fand.

Die Marke Schwarzwald

Großer Gewinner des Strukturwandels der 1970er und 1980er Jahre war der sogenannte *tertiäre Sektor* – der Dienstleistungsbereich. Während ganze Industriebranchen in die Krise gerieten und Kommentatoren schon das *post-industrielle Zeitalter* proklamierten, waren Dienstleister zunehmend gefragt. Hierzu zählte im Schwarzwald vor allem die Gastronomie – und mit ihr die gesamte Tourismus-Branche.

Die *Marke Schwarzwald* bewährte sich. Längst hatte sich die Region als Urlaubsziel in- und ausländischer Touristen etabliert. Und die Dichte an touristischen Attraktionen nahm weiter zu. Zum Beispiel lockte seit 1980 in Schonach die damals größte Kuckucksuhr der Welt – erbaut von Josef Dold mit einer Gesamthöhe von etwa sieben Metern. 1997 wurde der Rekord zwar übertroffen, aber auch die neue weltgrößte Kuckucksuhr stand im Schwarzwald: Es war die mehr als 15 Meter hohe Uhr der Firma *Eble* in Triberg.

Als massenwirksames Aushängeschild für den Schwarzwald diente seit den 1980er Jahren die erfolgreichste deutsche TV-Se-

Weltgrößte Kuckucksuhr der Firma *Eble* in Triberg.

rie aller Zeiten, die teilweise mehr als 20 Millionen und im Spitzenwert fast 28 Millionen Menschen vor den Fernsehgeräten versammelte: *Die Schwarzwaldklinik*. Die erste Folge wurde im Herbst 1985 ausgestrahlt, die letzte 1989 – es folgte eine Reihe von Wiederholungen. Das Krankenhauspersonal um Chefarzt Brinkmann, gespielt von Klausjürgen Wussow, und die von Gaby Dohm verkörperte Krankenschwester, spätere Ärztin und Brinkmann-Ehefrau Christa Mehnert wuchs dem Millionenpublikum ans Herz. Liebe und Glück, Feindschaft und Intrigen, Krankheit und Tod: die Serie bot eine breite Palette an großen Gefühlen, wenngleich sie von Kritikern – ähnlich wie die Heimatfilme der 1950er Jahre – als Kitsch verschmäht wurde.

Nach dem Fall der Berliner Mauer und der deutschen Wiedervereinigung verbuchte die Region zu Beginn der 1990er Jahre neue Besucherrekorde: Touristen aus der ehemaligen DDR hatten nun erstmals die Möglichkeit, den Schwarzwald zu bereisen – und viele nutzten sie.

Weiterhin gab es erfreuliche Entwicklungen: So avancierte Baiersbronn im Nordschwarzwald in den 1990er Jahren zu einer Hochburg der Spitzengastronomie: *Die Schwarzwaldstube im Hotel Traube* wurde ab 1992 Jahr für Jahr mit der Bestnote von drei Michelin-Sternen ausgezeichnet. Der dortige Koch Harald Wohlfahrt (geb. 1955), der seit 1978 in der Schwarzwaldstube kochte, galt lange Zeit als einer der besten Köche Deutschlands. Die *Traube*, in der 1920 die ersten Touristen-Zimmer eingerichtet worden waren, entwickelte sich mit 301 Angestellten und Platz für 360 Gäste (Stand 2011) zum größten Arbeitgeber vor Ort, doch sie war nicht die einzige Spitzenadresse in der Gemeinde: Wohlfahrts Kollege Claus-Peter Lumpp (geb. 1964), der in den frühen 1980er

Siegeszug einer Fernsehserie

Die Wirkung der *Schwarzwaldklinik* übertraf alle Erwartungen. Heerscharen hunderttausender Fans pilgerten ins Glottertal bei Freiburg, wo die *Klinik Glotterbad* als Drehort diente, ebenso zum Heimatmuseum *Hüsli* in Grafenhausen im Hochschwarzwald, dessen Außenansicht den Fernsehzuschauern als Wohnhaus der Familie Brinkmann bekannt war. Auch der Titisee und andere Orte des Schwarzwalds dienten der Serie als Kulisse. Entsprechend groß war die Werbewirkung für die Region – übrigens auch im Ausland: Die Serie wurde von Frankreich bis Südafrika in Dutzenden Ländern ausgestrahlt.

Der Carlsbau (damals Klinik Glotterbad) in Glottertal bei Freiburg wurde als Außenkulise der *Schwarzwaldklinik* berühmt.

Jahren in Baiersbronn sein Handwerk erlernt hatte, kehrte 1992 zurück und übernahm die Küche des Restaurants *Bareiss*. 2007 erhielt auch Lumpp seinen dritten Michelin-Stern. Und seit 1993 war ebenso Jörg Sackmann (geb. 1960), Koch des gleichnamigen Hotels in Baiersbronn, mit einem Stern dekoriert.

Grenzen des Booms: Der Tourismus stagniert

Allerdings fiel der Aufstieg der Baiersbronner Gastronomie in eine Zeit, in der für den Schwarzwald-Tourismus bereits dunkle Wolken heraufzogen. Und das aus weitgehend heiterem Himmel: Als man 1991 den neuesten Besucherrekord feierte, ahnte noch niemand, dass dieser ein Vierteljahrhundert lang Bestand haben würde. Der Zenit war vorerst überschritten. Von 1992 bis 1994 gingen die Besucherzahlen zurück und stagnierten danach. Die Gäste wurden nicht nur weniger, sondern blieben im Durchschnitt auch kürzer als zuvor. Zu allem Übel brach 1996 die Zahl der Kurgäste infolge einer Gesundheitsstrukturreform drastisch ein.

Für die Änderung der Rahmenbedingungen war man im Schwarzwald nicht verantwortlich. Doch die Krise ging tiefer und war zu Teilen auch hausgemacht. Man musste feststellen, dass gerade jüngere Menschen und Familien den Schwarzwald nur noch selten als attraktives Reiseziel wahrnahmen. An vielen Urlaubsorten zeigte sich zudem ein deutlicher Investitionsstau, und der Service ließ zu wünschen übrig. Um die Jahrtausendwende war es offensichtlich: Der Schwarzwald steckte in einer Image-Krise.

Einerseits war die *Marke Schwarzwald* weiterhin existent – und es gab durchaus Fortschritte im Bestreben, sie zu stärken: Beispielsweise wurde der berühmte *Schwarzwälder Schinken* 1997 als geschützte Marke eingetragen; das benötigte Schweinefleisch durfte zwar importiert werden, musste aber in der Region nach traditionellem Rezept zubereitet und geräuchert sein. Andererseits: Auf der Suche nach einem neuen, frischeren Image nützte das eher wenig.

Was die Menschen lange Zeit angezogen hatte, schien manchem auf einmal provinziell. Dass der Orkan Lothar just zu dieser Zeit ganze Waldstücke abholzte, passte zur Stimmung unter den Touristikern der Region.

Die *Schwarzwaldklinik* war Geschichte. *Die Fallers* – eine neue Serie, die im Schwarzwald angesiedelt war – lief nur noch im südwestdeutschen Regionalfernsehen und sprach eher die älteren Zielgruppen an. Sie hatte für die Region keinen nachhaltigen Effekt.

Das gleiche galt für den Skisprung-Hype, der in den späten 1990er Jahren ausbrach: 1999 gewannen Martin Schmitt, Sven Hannawald, Christof Duffner und Dieter Thoma (Neffe des früheren Olympiasiegers Georg Thoma) im Mannschaftsspringen den Weltmeistertitel – 1998 war eine Silbermedaille bei Olympia vorausgegangen. Mit Ausnahme Hannawalds waren die deutschen Skisprung-Stars dieser Jahre allesamt im Schwarzwald aufgewachsen. Die *Schwarzwald-Adler*, wie sie genannt wurden, galten als Boygroup des Skisports. Gegen die Image-Krise der Region half der Skisprung-Boom allerdings nur bedingt – zumal der Hype seit 2003 wieder abebbte.

Der Schwarzwald hat ein Image-Problem

Die Krise der Jahrtausendwende ließ sich an zahlreichen Einzelproblemen festmachen. Zum Beispiel war die glorreiche Zeit der Schwarzwaldhochstraße vorerst vorbei: Die dortigen Kurhäuser und Hotels waren bestenfalls noch ein Schatten ihrer selbst. Die vom Kurhaus zum Luxushotel avancierte *Bühlerhöhe* erlebte zwar Ende der 1990er Jahre eine kurzlebige Renaissance, weil sich mit SAP-Gründer Dietmar Hopp ein zahlungskräftiger Investor fand. Als Hopp das Hotel 2010 aber wieder verkaufte, folgten die Schließung und ein langer Dornröschenschlaf. Schlimmer und früher

Im Dornröschenschlaf: Das Schlosshotel *Bühlerhöhe* an der Schwarzwaldhochstraße.

traf es andere Hotels der Umgebung: Das *Kurhaus Ruhestein* war schon 1971 geschlossen und 1972 abgerissen worden, das *Hotel Kniebis-Lamm* ereilte in den 1980er Jahren das gleiche Schicksal. Für das altehrwürdige *Kurhaus Hundseck* kam 1982 ebenfalls das Aus – 2010 wurde das Dach bei einem Sturm zerstört, es folgte der Teilabriss. Das *Kurhaus Sand* war ab 1994 lediglich für geschlossene Gesellschaften zu buchen und schloss 2005 ganz. Das *Hotel Unterstmatt* diente seit 1992 nur noch als Restaurant ohne Übernachtungsmöglichkeit. Das *Berghotel Mummelsee* hielt sich zwar vergleichsweise gut, wurde aber 2008 bei einem Großbrand zerstört – immerhin folgte der zügige Wiederaufbau und 2010 die Neueröffnung.

Dass gerade die legendäre Schwarzwaldhochstraße mit ihren zahlreichen Anlaufpunkten für Urlauber und Tagestouristen ihre besten Jahre hinter sich zu haben schien, war kein gutes Zeichen – und symptomatisch für die ganze Region. In einer Zeit, in der man per Billigflug in fast jeden Winkel der Erde gelangte, lagen andere Ziele im Trend. Die Skipisten des Nord- und des Hochschwarzwalds? Zu kurz oder zu flach. Die traditionellen Schwarzwaldhäuser? Dunkel und muffig. Bollenhut und Kuckucksuhr? Bieder und langweilig. Die berühmten Wanderwege? Ein Spaß für ältere Herrschaften. Die Spitzengastronomie? Zu teuer.

Selbst renommierte Museen wie der *Vogtsbauernhof* in Gutach schienen Jahrzehnte nach ihrer Gründung einer Modernisierung zu bedürfen. *No Future* – für Pessimisten schien dieser Slogan der Punk-Bewegung auch zum Schwarzwald zu passen. Gab es Aussicht auf Besserung? Und was war zu tun? Die folgenden Jahre sollten die Antwort geben.

Der Schwarzwald erfindet sich neu

»Zurück zur Natur«: Der Weg aus der Krise

Am Beginn des 21. Jahrhunderts lag der Schwarzwald nicht mehr im Trend. Das war der bittere Befund. Um die Krise zu meistern, gab es nicht den einen großen Masterplan. Aber an verschiedener Stelle fand ein Umdenken statt.

Zu Hilfe kam ein Mentalitätswandel, der seit der Jahrtausendwende immer deutlicher zum Vorschein kam: Gerade unter jüngeren Menschen zeigte sich ein Drang »zurück zur Natur« und »zurück zu den Wurzeln«. Angesichts des rasanten Wandels der Lebenswelt wuchs das Bedürfnis nach Beständigkeit und Ursprünglichkeit. Für solche Sehnsüchte war der Schwarzwald eine ideale Projektionsfläche.

Und doch war die Wiederbelebung des Schwarzwald-Tourismus kein Selbstläufer. Eine wichtige Rolle spielte die 2001 in Freiburg gegründete *Schwarzwald Tourismus GmbH*, an der sich zahlreiche Gemeinden der Region beteiligten. Eines ihrer frühen Projekte war 2002 die Einführung der *SchwarzwaldCard*, deren Inhaber etliche Freizeit- und Kulturangebote des Schwarzwalds ohne weitere Eintrittskosten wahrnehmen konnten. Eine Verbesserung für Touristen brachte 2005 auch die *Kostenlose Nutzung des öffentlichen Nahverkehrs für Schwarzwaldurlauber*, kurz *KONUS*: Jeder, der Ferien im Schwarzwald macht, kann seitdem Busse und Bahnen der Region gratis nutzen.

Internet-Auftritte, Design und Sprache des Schwarzwald-Marketings wurden im Laufe der Jahre spürbar moderner. Image-Filme zeigten nun sportliche junge Menschen oder gutgelaunte

Familien zwischen Wald, Weinbergen und Schwarzwaldhäusern. Man bediente das wachsende Bedürfnis der Menschen nach authentischen Natur- und Kulturerlebnissen, nach Entschleunigung auf der einen, Nervenkitzel und sportlicher Herausforderung auf der anderen Seite.

Entschleunigung und Nervenkitzel: Die *Schwarzwald Tourismus GmbH* sprach mit ihrem Marketing gezielt die Bedürfnisse jüngerer Menschen an.

»Erlebnisregion« Schwarzwald

Doch Marketing ist nicht alles. Auch das Freizeitangebot selbst musste auf die veränderten Bedürfnisse der Besucher reagieren. Und tatsächlich kam vieles in Bewegung. Ein Seismograph der neuen Trends und Möglichkeiten waren die marktüblichen Reiseführer: Während der Schwerpunkt in den 1990er Jahren noch stark auf dem Wandern, klassischen Sehenswürdigkeiten und der Gastronomie im »kulinarischen Paradies« Schwarzwald gelegen hatte, warben die Reiseführer der 2000er und 2010er Jahre mit Events, Trendsport und Wellness in der »Erlebnisregion« Schwarzwald.

Und das auch unabhängig vom Geldbeutel: Einer der neuen Reiseratgeber präsentierte »101 großartige Dinge, die Du im Schwarzwald kostenlos unternehmen kannst« – vom Besuch der Waldweihnacht von St. Blasien bis hin zur Abenteuer-Übernachtung im *Brudersloch* – einer sagenumwobenen Höhle bei Kandern im Südschwarzwald. Ein Ratgeber mit dem Titel *Waldbaden* empfahl besondere Orte, um auf achtsame Weise Eins mit der Natur zu werden – zum Beispiel auf dem Meditationspfad im *Wellnesswald* von Lützenhardt (Nordschwarzwald).

Andere Autoren wandten sich direkt an spezielle Gruppen – etwa an Bergsteiger: Neben Klassikern wie den Battertfelsen bei Baden-Baden präsentierten sie neue Herausforderungen, darunter stillgelegte Steinbrüche wie die *Hornberger Platte*.

Auch spezielle Mountainbike-Guides mit Outdoor-Karten, Höhenprofilen und Unterkunftsverzeichnissen fluteten den Buchmarkt. Zuweilen schienen die Biker fast schon die neuen Wanderer zu sein – als sommerzeitliches Pendant zu den ebenso hippen Snowboardern, die seit den 1990er Jahren auf den Skipisten des Schwarzwalds anzutreffen waren. Mountainbike-Trails und ein Netz von E-Bike-Tankstellen begannen den Schwarzwald zu durchziehen. Mountainbike-Clubs boomten und zogen das junge Publikum an, das dem traditionsreichen *Schwarzwaldverein* in vielen seiner Ortsgruppen fehlte.

Bergsteiger am Battert bei Baden-Baden.

Allerdings begann auch bei den Wanderfreunden ein Umdenken: So warb die *Jugend im Schwarzwaldverein* für erlebnisorientiertes Wandern 2.0 mit Outdoorabenteuern wie Zeltlagern, Kanufahrten oder Schneeschuhtouren.

Alte und neue Attraktionen

Nach der Krise der Jahrtausendwende wurden auch vielbeachtete Großprojekte angestoßen. Eines davon war der Bau eines großdimensionierten Freizeit- und Erlebnisbades am Titisee, an dessen Baukosten sich mehrere Gemeinden des Hochschwarzwalds beteiligten. Das *Badeparadies Schwarzwald* wurde im Dezember 2010 eröffnet. Schon im ersten Jahr nach der Eröffnung wurden mehr als eine halbe Million Besucher registriert.

Das 2010 eröffnete *Badeparadies Schwarzwald* am Titisee.

Der Wasserspielplatz des *Schwarzwälder Freilichtmuseums Vogtsbauernhof.*

Zum Kontrast: Das *Freilichtmuseum Vogtsbauernhof* besuchten jährlich 210.000 bis 220.000 Menschen – weniger als die Hälfte. Doch sollte man nicht Äpfel mit Birnen vergleichen. Das international bekannte Schwarzwälder Freilichtmuseum – ein gutes Drittel der Besucher kommt regelmäßig aus dem Ausland – ist bis heute eines der erfolgreichsten seiner Art. Und es ist ein gutes Beispiel für die Weiterentwicklung einer etablierten Institution. Was 1964 bei der Eröffnung des Museums noch Science-Fiction gewesen wäre, ist inzwischen ebenfalls Geschichte und Teil der Präsentation: Seit 2017 zeigt das *Hermann-Schilli-Haus* eine typische Wohnungseinrichtung der 1980er Jahre. 2010 wurde auf dem Museumsgelände ein Erlebnisspielbereich eröffnet – es folgten ein Museumspädagogischer Pavillon und ein Wasserspielplatz.

Museen mit neuen Konzepten

Nach der Jahrtausendwende erschien im Schwarzwald auch eine neue Generation öffentlicher und privat betriebener Museen auf der Bildfläche – beispielsweise das interaktive *Schwarzwälder Schinkenmuseum* am höchsten Punkt des Gebirges, auf einem Stockwerk des Feldbergturms.

Aussichtsturm beim Baumwipfelpfad in Bad Wildbad.

Alte und junge Attraktionen fügten sich zuweilen zu neuen Ensembles zusammen, etwa in Bad Wildbad im Nordschwarzwald: Von der Ortsmitte aus, wo das historische *König-Karls-Bad*, das *Palais Thermal* oder das altehrwürdige *Königliche Kurtheater* Ausflügler, Kulturliebhaber und

Kurgäste anziehen, führt die Sommerbergbahn zu neuen Attraktionen wie dem 2014 eröffneten *Baumwipfelpfad* oder der *Wildline* – einer großdimensionierten Hängebrücke.

Auch die Gastronomie begann, sich auf jüngere Besucher einzustellen. Da es zum Beispiel entlang der Schwarzwaldhochstraße an trendigen Unterkünften fehlte, verwandelten neue Eigentümer die frühere Herberge des *Skiclubs Bühlertal* auf Hundseck in eine moderne Schwarzwald-Lodge im Vintage-Stil. Im boomenden Wellness-Angebot der Region gab es neben Massagen und Sauna-Aufgüssen nun auch Heubäder, Salzgrotten-Anwendungen oder »Schwarzwald-Basen-Kuren« unter Verwendung von Fichtennadeln und anderen regionaltypischen Zutaten.

Teil des Wandels war auch die Kreation neuer Events, die den Schwarzwald-Mythos auf eigene Weise nutzten – so zum Beispiel das 2006 ins Leben gerufene *Schwarzwälder Kirschtortenfestival* in Todtnauberg, bei dem alle zwei Jahre Amateur- und Profikonditoren unter Zeitdruck um die Wette backen.

Seit 2008 hatten die Urlaubsgäste gar ihren eigenen, speziell auf sie zugeschnittenen Radiosender – das private, von Offenburg aus gesendete *Schwarzwaldradio*. In vielen Gemeinden wurde die Infrastruktur für Besucher weiter ausgebaut – angefangen mit den Übernachtungsmöglichkeiten. Mancherorts wohnten während der Hauptsaison bereits mehr Touristen als Einheimische: In Schluchsee gab es annähernd doppelt so viele Gästebetten wie Einwohner, und in der Gemeinde Feldberg kamen schon 2007 mehr als 105.000 Gästeankünfte auf knapp 1.900 Bürger.

Tourismus und Nachhaltigkeit – ein Gegensatz?

Die neue Tourismus-Offensive stieß keineswegs überall auf positive Resonanz. So mahnten kritische Stimmen, dass der Schwarzwald »immer mehr zum Freizeitpark« verkomme – zum Schaden der Natur. Tatsächlich ballte sich der Tourismus an bevorzugten Ausflugszielen derart, dass regelmäßiges Verkehrschaos die Folge war.

Andererseits stand bei touristischen Planungen immer häufiger auch die Nachhaltigkeit im Fokus – kaum ein anderer Begriff erlebte seit der Jahrtausendwende eine solche Konjunktur. Zum Beispiel wurde der öffentliche Nahverkehr im Umkreis touristischer Attraktionen ausgebaut, um den Autoverkehr einzudämmen.

Lehrstück in Sachen Nachhaltigkeit: Der Lotharpfad an der Schwarzwaldhochstraße.

Nachhaltigkeit beinhaltet den Schutz der Natur und der traditionellen Kulturlandschaft – bei aller touristischen Erschließung, und im besten Fall im Einklang mit ihr. Ein frühes Beispiel war der 2003 eröffnete Lotharpfad an der Schwarzwaldhochstraße. Wo 1999 der Orkan Lothar gewütet und schwere Verwüstungen im Nordschwarzwald hinterlassen hatte, konnten Besucher nun von Stegen, Leitern, Treppen und einer Aussichtsplattform aus beobachten, wie sich die Natur ohne menschliche Eingriffe neu entwickelte, wie im Totholz Insekten und Pilze ihren Lebensraum fanden. Was eine Katastrophe gewesen war, wurde zum unterhaltsamen Lehrstück in Sachen Nachhaltigkeit.

Ein wichtiger Schritt, um den Schwarzwald als Natur- und Kulturlandschaft zu bewahren und zugleich für Touristen attraktiver zu machen, war bereits im Jahr 2000 die Ausweisung zweier Naturparks: Zuerst schlug die Geburtsstunde des *Naturparks Südschwarzwald*, der bis 2014 auf mehr als 3.900 Quadratkilometer wuchs und damit zum größten seiner Art innerhalb Deutschlands avancierte. Kurz darauf entstand der *Naturpark Schwarzwald Mitte/Nord*, der flächenmäßig lange Zeit auf dem dritten Rang lag und 2021 durch eine Erweiterung von 3.750 auf rund 4.200 Quadratkilometer auf die Spitzenposition vorrückte.

Die beteiligten Gemeinden, Kreise und anderen Akteure schlossen sich in Trägervereinen zusammen. Zielsetzung der Naturpark-Verwaltungen war es, Projekte zur nachhaltigen Entwicklung der Region und eines nachhaltigen Tourismus-Angebots zu fördern – finanzielle Hilfe kam vom Land Baden-Württemberg und der Europäischen Union. Die Geschäftsstelle des *Naturparks Schwarzwald Mitte/Nord* zog in einen Pavillon an der Schwarzwaldhochstraße, in direkter Nachbarschaft der *Villa Klumpp* am Ruhestein. Die Verwaltung des *Naturparks Südschwarzwald* hat ihren Sitz im Haus der Natur der Gemeinde Feldberg, wo eine Dauerausstellung über Geschichte und Gegenwart des Südschwarzwalds informiert. Zum Angebot für Touristen und Tagesausflügler zählten in beiden Naturparks bald auch Themen-Touren und Workshops mit geschulten Schwarzwald-Guides oder Naturpark-Gästeführern. Kooperationen mit Kindergärten und Schulen der Region unterstrichen den Anspruch, »Bildung für nachhaltige Entwicklung« zu vermitteln.

Bei der Gründung der Naturparks knüpfte man an ältere Bestrebungen an, neben der Natur auch die traditionelle Landschaft und Wirtschaftsweise des Schwarzwalds zu erhalten. Zum Beispiel waren im Sinne eines modernen Landschaftsschutzes schon 1997 wieder Rinder und Schafe auf den Grindenhöhen des Nordschwarzwalds angesiedelt worden. Speziell die Schwarzwald-typischen, kleinen und robusten Hinterwälder Rinder kehrten auf die ausgedehnten Bergheiden zwischen Hochkopf und Kniebis zurück. Sowohl die Bestände der Hinter- als auch der Vorderwälder Rinder sind inzwischen relativ konstant, nachdem sie jahrzehntelang dramatisch geschrumpft waren.

Meilenstein: Der Nationalpark Schwarzwald

Ein Meilenstein in Sachen Naturschutz war 2014 die Gründung des *Nationalparks Schwarzwald* am Hauptkamm des Nordschwarzwalds. Hier, auf einem rund 100 Quadratkilometer großen Gelände, sollte die Natur von menschlichen Einflüssen verschont bleiben – zumindest weitgehend.

Doch selbst im Nationalpark war man um Einklang mit dem Tourismus bemüht: Durch seine Lage an der Schwarzwaldhochstraße war der Park bequem für Besucher erreichbar. Und auf ausgewiesenen Wegen durften sich Wanderer, teilweise auch Rad- und Skifahrer weiterhin durchs Gelände bewegen. An sechs geheimen, nur mit Hilfe der GPS-Koordinaten auffindbaren Stellen des Nationalparks wurden gar Trekking-Camps mit Feuerstelle und Toilettenhäuschen eingerichtet, in denen angemeldete Besucher ihre Zelte aufschlagen konnten – allein 2018 wurden 850 Buchungen registriert.

Generell war die Resonanz gut: Ein *Lonely Planet*-Reiseführer, der 2017 in englischer Sprache erschien, pries den *Nationalpark Schwarzwald* als wahrgewordenes Grimmsches Märchen. Und der Andrang übertraf die Erwartungen deutlich: Einer wissenschaftlich ausgewerteten Zählung zufolge besuchten von Sommer 2018 bis Sommer 2019 etwa 778.000 Menschen den Nationalpark – rund 663.000 Wanderer, 76.000 Radfahrer und 39.000 Skilangläufer oder Schneeschuhgänger.

Neue Rekorde: Die Tourismus-Krise ist Geschichte

Die Kombination aus klassischen Sehenswürdigkeiten, verjüngtem Marketing und neuen Freizeit-Angeboten wirkte: Der negative Trend bei den Besucherzahlen wurde gestoppt und ins Gegenteil verkehrt: Zwischen 2004 und 2016 verdoppelte sich die Zahl der ausländischen Touristen im Schwarzwald, und auch inländische Besucher kamen wieder deutlich häufiger. 2016 – das Jahr, in dem der alte Übernachtungsrekord von 1991 erstmals übertroffen wurde – zählte die Schwarzwald-Gastronomie rund 21,5 Millionen Übernachtungen. Noch nicht einmal erfasst waren hierbei die Heere von Tagesausflüglern, die den Schwarzwald als Naherholungsgebiet nutzten.

Als Wirtschaftsfaktor war der Tourismus wichtiger denn je. 2017 machten die gewerblichen Übernachtungen im Schwarzwald (jetzt insgesamt 21,7 Millionen bei mehr als 8 Millionen Gästeankünften) rund 40 Prozent aller Übernachtungen im Bundesland Baden-Württemberg aus. Rund zwei Millionen Gäste kamen aus dem europäischen Ausland (darunter die meisten aus den Nachbarländern Frankreich und Schweiz) und immerhin knapp 300.000 von anderen Kontinenten.

Das Image der Region hatte sich innerhalb weniger Jahre merklich gewandelt. So war es auch kein purer Zufall, dass der Schwarzwald nun – 30 Jahre nach der *Schwarzwaldklinik* – in die Primetime des Fernsehens zurückkehrte. Seit 2017 war er regelmäßige Kulisse der notorisch auch im Ausland erfolgreichen Krimi-Reihe *Tatort*. Während andere Tatort-Kommissare in Köln, München, Berlin oder Wien auf Verbrecherjagd gingen, ermittelten im Schwarzwald nun Hauptkommissarin Franziska Tobler und ihr Kollege Friedemann Berg.

Die Rückkehr der Raubtiere

Während der Tourismus seit der Jahrtausendwende wieder im Aufwind war, wurde der Wald wilder. Das größte Raubtier, das bis vor rund 500 Jahren in der Region gelebt hatte, gab es im Schwarzwald zwar weiterhin nur hinter Zäunen: den Braunbären. Doch im 2010 eröffneten, von einer Stiftung betriebenen *Alternativen Wolf- und Bärenpark Schwarzwald* bei Bad Rippoldsau-Schapbach ist es erklärtes Ziel, den Tieren – unter anderem

Möglichst natürliche Lebensbedingungen: Wolf im *Alternativen Wolf- und Bärenpark Schwarzwald.*

ehemalige Zirkusbären – möglichst natürliche Lebensbedingungen zu bieten: in großen, weitläufigen Gehegen mit zahlreichen Rückzugsmöglichkeiten inmitten des Waldes.

Andere Raubtiere, die im Schwarzwald längst ausgerottet waren, kamen von selbst zurück: Der erste Wolf seit mehr als 200 Jahren wurde 2015 in der Schwarzwaldregion nachgewiesen – bald folgten weitere Artgenossen. Anfangs handelte es sich um Besucher aus der Schweiz, seit 2017 auch um Wölfe aus Norddeutschland – dorthin waren sie seit den 1990er Jahren von Polen her eingewandert. 2023 gab es erste eindeutige Hinweise auf eine Rudelbildung im Schwarzwald.

Dass mit der Rückkehr der Raubtiere auch Konflikte einhergehen, zeigte sich mustergültig, als im April 2017 bei Bad Wildbad im Nordschwarzwald mehr als 40 Schafe durch einen Wolf gerissen wurden. Die alte Angst der Menschen vor dem bösen Wolf, wie sie bei *Rotkäppchen* und in etlichen anderen Märchen greifbar ist, kehrte ebenfalls zurück.

Allerdings ist das Wissen über den Wolf deutlich vorangeschritten, seit er im Schwarzwald zu Beginn des 19. Jahrhunderts ausgerottet wurde. Dass er für den Menschen nur in seltensten Ausnahmefällen eine Gefahr darstellt, ist weithin bekannt. Gefragt ist ein Kompromiss: Viehhalter und ihre Tiere sind zu schützen oder abzusichern, ohne die Wölfe zum Abschuss freizugeben. Geschädigte Viehbesitzer erhalten, wenn sie grundlegende Schutzmaßnahmen ergriffen haben, Entschädigungen für gerissene Tiere. Dass es dazu nicht erst kommen muss, können Elektrozäune und Herdenschutzhunde in den meisten Fällen garantieren.

Bisher durchstreiften nur wenige Wölfe die Region. Allerdings ist selbst bei konsequentem Schutz der Tiere nicht damit zu rechnen, dass ihre Zahl auf mehr als einige Dutzend steigen wird. Denn der Platzbedarf eines Wolfsrudels, das selten mehr als zehn bis zwölf Tiere umfasst, ist groß – und die Reviere sind streng voneinander abgegrenzt.

Weniger kontrovers wird über die Rückkehr des Luchses diskutiert, obwohl er kleineren Weidetieren wie Schafen und Ziegen durchaus gefährlich werden kann – und zudem schon früher als der Wolf in den Schwarzwald heimgekehrt ist. 2000 entdeckte man in der Region erstmals wieder Spuren eines freilaufenden Luchses. Seit 2012 gibt es eindeutige Hinweise auf dauerhaft eingewanderte Tiere, die nach dem südlichen auch den mittleren und nördlichen Schwarzwald erreicht haben.

Die Heimkehr der *Wildkatze* – wegen ihres bevorzugten Lebensraums auch Waldkatze genannt – ist von der Öffentlichkeit ebenfalls kaum bemerkt worden. Im deutschen Südwesten war sie zuletzt 1912 nachgewiesen worden. Danach galt auch sie in der Region als ausgerottet. Doch 2009 wurden am Schwarzwaldrand erstmals wieder Wildkatzen gesichtet – vermutlich waren sie aus den französischen Vogesen eingewandert.

Vom Schwarzwald nach Alaska

Nicht nur die Raubtiere sind zurück: Besonders in den Flüssen und Bächen des Gebirges hat die Artenvielfalt in den letzten Jahrzehnten wieder zugenommen. Beispielsweise war 1952 der letzte dokumentierte Wildlachs des Schwarzwalds in Gengenbach gefangen worden. Wegen der zunehmend verschmutzten Gewässer und der Stauwehranlagen, die für die Lachswanderung ein unüberwindliches Hindernis darstellten, waren die einstmals reichhaltigen Bestände kontinuierlich zurückgegangen.

Im Jahr 2000 gab es erste Versuche zur Neuansiedlung. Fischtreppen wurden gebaut, um die Wanderung der Lachse aus dem Atlantik über den Rhein zu ihren Laichplätzen im Schwarzwald (und von dort aus wieder zurück bis nach Alaska) nicht zu behindern. Seit 2009 betrieb der *Landesfischereiverband Baden-Württemberg* eine Lachszuchtstation in Oberwolfach im mittleren Schwarzwald, die seitdem ausgebaut wurde. Die Messstation Iffezheim zählte 2019 bereits wieder 187 Lachse, die flussaufwärts zu ihren Laichgebieten schwammen. Dass die Ansiedlung gelang, war auch eine Folge der gezielt verbesserten Wasserqualität im Rhein und seinen Nebenflüssen im westlichen Schwarzwald. Die Anwesenheit von Wildlachsen gilt als Merkmal eines intakten Ökosystems.

Kehrt der Urwald zurück?

Andere Tierarten wurden im Schwarzwald zwar nie ganz ausgerottet, sind aber nach wie vor vom Aussterben bedroht. Prominentestes Beispiel: das Auerhuhn. Die traditionelle Auerhahnjagd, die im Schwarzwald noch im 20. Jahrhundert praktiziert wurde, gehört zwar der Vergangenheit an, aber nur noch wenige Tiere haben überlebt.

Das scheue Auerhuhn braucht ungestörte Rückzugsräume, die es im modernen Wirtschaftswald kaum oder gar nicht gibt. Urwald im eigentlichen Sinne existiert in der Region nirgends mehr – denn jeder Winkel des Waldes wurde im Laufe der letzten Jahrhunderte von der Forstwirtschaft geprägt. Erreichbar ist heute aber ein urwald*ähnlicher Wald*, der sich seinem natürlichen

Vom Aussterben bedroht: Auerhahn im Südschwarzwald.

Zustand wieder annähert – durch eine Vielfalt verschiedener Baumarten, das Nebeneinander älterer und jüngerer Bäume und die Anwesenheit von Totholz. In einem solchen Wald finden bedrohte Tierarten gute Lebensbedingungen vor.

Gerade im Schwarzwald ist der Trend »zurück zur Natur« bereits vielerorts Realität: Auf Kahlschläge ganzer Flächen wird verzichtet, und auch in bewirtschafteten Waldgebieten ist schon auf den ersten Blick der Unterschied zu den andernorts üblichen Baumplantagen erkennbar.

Natürliche Regeneration

Nach der Ausweisung von Naturschutzgebieten in verschiedenen Teilen des Gebirges war die Gründung des *Nationalparks Schwarzwald* ein wichtiger Schritt auf dem Weg zum naturnahen Wald. Zumindest in der Kernzone des Parks, die im Gründungsjahr 2014 rund 30 Prozent der Gesamtfläche umfasste, sollte gänzlich auf menschliche Eingriffe verzichtet und die Natur sich selbst überlassen werden.

In Deutschland gab es 2013 bereits vierzehn Nationalparks – in Baden-Württemberg noch keinen. Doch die Gründung des knapp über 100 Quadratkilometer, 10.062 Hektar großen *Nationalparks Schwarzwald*, die im Herbst 2013 per Mehrheitsentscheid des Landtags beschlossen wurde, war kein Selbstläufer: Es gingen seit 2012 heftige Kontroversen voraus, und gerade in den betroffenen Gebieten in der Nähe der Schwarzwaldhochstraße regte sich Widerstand.

Zwar handelte es sich um eine vergleichsweise kleine Fläche – der *Nationalpark Bayerischer Wald* ist mehr als doppelt so groß, und die Fläche des *Yellowstone-Nationalparks* in den USA beträgt fast das Neunzigfache. Doch im dichtbesiedelten, von etlichen Straßen und Wirtschaftswegen durchzogenen Schwarzwald war es schwierig, überhaupt eine geeignete Zone zu finden.

Sonnenaufgang im Nationalpark Schwarzwald.

Die Gegner des Nationalparks argumentierten, dass die Holzwirtschaft der Region schwer geschädigt werde, verbunden mit anderen wirtschaftlichen Nachteilen durch einen allzu rigiden Naturschutz. Auch fürchteten die Gegner einen Niedergang des Waldes bei ungehemmter Ausbreitung der Borkenkäfer und entsprechende Einbußen für den Tourismus.

Tatsächlich gehört es zum Konzept des Nationalparks, nicht gegen Schädlinge wie den Borkenkäfer vorzugehen. Die Idee dahinter ist, die natürliche Regeneration des Waldes zu fördern. Denn Borkenkäfer sind vor allem eine Gefahr für ohnehin kranke und geschwächte Bäume; verschwinden diese, können gesunde Jungbäume nachwachsen – entsprechende Erfahrungen aus dem Bayerischen Wald dienten als Referenz.

Wegen des Einspruchs mehrerer Anrainergemeinden fand man einen Kompromiss: Es entstand ein etwa zwei Kilometer breiter Korridor, der den Nationalpark in zwei Teile schneidet. Im deutlich größeren, südlichen Teil befinden sich unter anderem der Wildsee, die Allerheiligen-Wasserfälle und der Schliffkopf, im kleineren Teil der Mehliskopf und der Hohe Ochsenkopf. Das dazwischen liegende Waldgebiet wird weiterhin herkömmlich bewirtschaftet. Zudem gibt es Pufferstreifen am Rand des Nationalparks: Borkenkäfer werden hier noch immer bekämpft, um ihr Übergreifen auf die Waldgebiete jenseits des Parks zu verhindern.

Bis 2020 wuchs die Kernzone des Nationalparks auf 50 Prozent der Gesamtfläche – in den 2040er Jahren sollen es 75 Prozent sein. Die anfängliche Bejagung von Rotwild, Rehen und Wildschweinen, die eine Ausbreitung der Tiere in die umliegenden Waldgebiete bremsen sollte, stellte man 2019 nach öffentlicher Kritik zumindest in der Kernzone ein.

Zwischenbilanz mit Licht und Schatten

Zweifellos haben die Naturschützer wichtige Erfolge zu vermelden: Durch die Zunahme an Totholz, das ein wertvoller Wasserspeicher bei Trockenheit ist, wird nicht nur das Nachwachsen gesunder Jungbäume im Nationalpark und anderen Teilen des Schwarzwalds gefördert. Die Überreste abgestorbener Bäume dienen zum Beispiel auch als Lebensraum für Pilze und Insekten oder, da im Holz nahrhafte Käferlarven zu finden sind, als Nahrungsquelle für Kleinsäuger und Vögel wie den seltenen Dreizehenspecht. Etliche Tierarten des Schwarzwalds profitieren vom Verzicht auf menschliche Eingriffe, darunter mehrere Hundert, die auf der Roten Liste der bedrohten Arten stehen.

Nicht alles läuft allerdings wie erhofft: So hat sich der Bestand der gefährdeten Auerhühner weiterhin negativ entwickelt.

Ist das Auerhuhn noch zu retten?

2020 schätzten Experten die Auerhuhn-Population im Nationalpark auf höchstens noch 100 Tiere, etwa 300 im gesamten Schwarzwald. Seit 2018 mussten die Naturschützer gar einen »dramatischen Rückgang an Jungvögeln« beobachten – und sie diskutierten bereits eine Wiederansiedlung aus anderen Regionen, um das Aussterben zu verhindern.

Aussichtsturm des 2020 fertiggestellten Nationalparkzentrums Ruhestein.

Dass gerade der Nationalpark nicht nur relativ klein ist, sondern bei gutem Wetter regelrecht von Wanderern und anderen Besuchern geflutet wird, könnte ein Grund für die ausbleibende Erholung sein – Auerhühner gelten als besonders geräuschempfindlich. Für die Zukunft sind andere Kompromisse zwischen Naturschutz und Waldnutzung gefragt, um einen wirklichen Schutz der bedrohten Arten zu garantieren.

Die Fundamentalopposition gegen das Nationalpark-Konzept hat seit 2014 deutlich abgenommen. Kritik gibt es allerdings nach wie vor – etwa am hohen finanziellen Aufwand für die Landeskasse. Kritiker verwiesen auf die Kosten des seit 2017 neu entstandenen Nationalparkzentrums am Ruhestein, das im Herbst 2020 fertiggestellt wurde – es beinhaltet neben einer großflächigen Dauerausstellung einen 33 Meter hohen Turm als Teil eines *Skywalks.* Die Gesamtkosten beliefen sich auf rund 50 Millionen Euro. Die Befürworter lobten die innovative und nachhaltige Architektur: Das Gebäude – energieeffizient und aus heimischem Holz gebaut – besteht aus harmonisch in den Wald integrierten Riegeln, die an Totholzstämme erinnern.

»Mensch und Natur im Einklang«

Im Südschwarzwald ging man – auch als Reaktion auf die Gründung des Nationalparks im Norden – einen anderen Weg: Auf einer Gesamtfläche von rund 630 Quadratkilometern im Umkreis des Feldbergs entstand 2016 das *Biosphärengebiet Schwarzwald.* 2017 wurde dieses als UNESCO-Biosphärenreservat anerkannt – also als Modellregion für eine zukunftsfähige Natur- und Kulturlandschaft. Das Biosphärengebiet Schwarzwald ist mehr als sechsmal so groß wie der Nationalpark. Ein ähnlich strikter Naturschutz ist auf einer solchen Fläche weder realistisch noch angestrebt, zumal rund 38.000 Menschen innerhalb des Gebietes leben. Vielmehr geht es um »Mensch und Natur im Einklang«, um eine nachhaltige Gestaltung des Wirtschaftslebens vor Ort – von der Landwirtschaft bis hin zu einem sanften, schonenden Tourismus.

Der Schwarzwald von morgen

Bäume können Hunderte, manchmal Tausende Jahre alt werden. Eines der ehrwürdigsten Exemplare im Schwarzwald ist die *Battert-Eiche* oberhalb Baden-Badens, die mit ihren rund 600 Jahren als Naturdenkmal gilt. Und so manche Fichte, Tanne oder Buche, die noch heute im Schwarzwald zu finden ist, stand bereits an ihrem Platz, als in Deutschland noch ein Kaiser regierte und Touristen mit der Kutsche anreisten.

Aus menschlicher Perspektive können schon einige Jahrzehnte wie eine Ewigkeit erscheinen. Dass Pläne und Erwartungen manchmal von heute auf morgen überholt sind, zeigte die Corona-Pandemie, die 2020 auch dem Boom des Schwarzwald-Tourismus ein vorläufiges Ende machte: Im März 2020 war das Corona-Virus, das bereits weltweit Todesopfer gefordert hatte, in der

Einer der ältesten Bäume im Schwarzwald: *die Battert-Eiche.*

Region angekommen. Um die Ausbreitung zu bremsen, mussten Hotels und Restaurants schließen, die Umsätze sanken auf nahezu null. Freizeiteinrichtungen verschiedenster Art – vom Spaßbad bis hin zum Museum – durften bis Mai 2020 ebenfalls keine Besucher empfangen. Beispielsweise verbuchte das Schwarzwälder Freilichtmuseum Vogtsbauernhof einen Millionenverlust, der nur durch einen Nachtragshaushalt des Landkreises zu meistern war. Und nach zeitweiliger Entspannung während des Sommers kam es ab November zu einem zweiten, nun noch länger anhaltenden Lockdown.

Zwar waren die Wanderwege des Schwarzwalds während der Pandemie intensiver frequentiert denn je – mangels anderer Freizeitmöglichkeiten zog es die Menschen in die Natur. Doch die Tourismus-Branche profitierte davon kaum. Selbst die Hersteller von Schwarzwälder Kuckucksuhren spürten den Mangel an Touristen, hatten diese doch immer zu den fleißigsten Käufern gezählt: 2020 brach der Kuckucksuhren-Absatz um mehr als die Hälfte ein. Es blieb die Hoffnung, dass es sich nur um einen vorübergehenden Rückgang handeln werde – und tatsächlich begann sich die Lage 2021, als bereits Impfstoffe gegen das Virus verfügbar waren, zu normalisieren. Dennoch verwies Corona auf einen wunden Punkt: Der hohe Stellenwert des Tourismus hatte Schattenseiten – kam es hier zu einem Einbruch, geriet vieles ins Rutschen.

Umso dringlicher scheint die Frage, wie die Zukunft des Schwarzwalds nachhaltig zu gestalten ist – denn Nachhaltigkeit schließt Krisenbeständigkeit mit ein. Was ist für den Schwarzwald des 21. Jahrhunderts zu erhoffen? Welche Perspektiven gibt es für die Natur und ihren Schutz? Wie soll sich das Leben der Menschen in der Region verändern, wie das Angebot für Besucherinnen und Besucher? Welche Weichen gilt es zu stellen?

Perspektiven für Natur und Forstwirtschaft

Noch immer sind weite Teile des Schwarzwalds Wirtschaftswald. Für die Kommunen, die größere Waldflächen besitzen – in manchen Fällen bis zu 90 Prozent der Gemarkung –, leistet das Holz einen wichtigen Zuschuss zur Gemeindekasse. Und es gibt Bestrebungen, den Absatz von Schwarzwaldholz innerhalb der Region noch stärker zu fördern, weil es als Baustoff nachhaltiger ist als die Alternativen.

Was sich ändert, sind die Methoden der Bewirtschaftung. Heute schon meiden viele Förster Chemikalien zur Schädlingsbekämpfung. Mancher verzichtet auf den Kahlschlag größerer Flächen und setzt auf einen naturnahen Plenterwald. Vieles deutet darauf hin, dass diese nachhaltigere Wirtschaftsweise auf lange Sicht auch finanziell von Vorteil ist – ein gesunder Wald bringt dauerhaft bessere Erträge.

Die Jagd, seit Jahrtausenden im Schwarzwald praktiziert, spielt weiterhin eine Rolle. Der Naturpark *Schwarzwald Mitte/Nord* veranstaltete 2020 gar einen Aktionstag unter dem Motto *Wilde Sau*, um »Verbraucher auf Produkte aus regionalem Schwarzwild-Fleisch aufmerksam [zu] machen« – als Alternative zu Fleisch aus der Massentierhaltung. Andererseits ist die Jagd weit stärker reguliert als in der Vergangenheit. Jägern wird im 2020 überarbeiteten baden-württembergischen Jagdrecht »ein hohes Maß an ökologischem Verständnis« abverlangt. Im besten Fall kann die Jagd helfen, die Regeneration des Waldes zu fördern; denn mangels natürlicher Feinde stören gerade Rehe, die massenhaft Baumtriebe fressen, das ökologische Gleichgewicht. In der Kritik steht hingegen die reine Trophäenjagd.

Der Naturschutz hat große Fortschritte gemacht. Der *Nationalpark Schwarzwald* steht am vorläufigen Ende einer Entwicklung, deren Ursprünge im 19. Jahrhundert liegen. Trotzdem gibt es Grund zur Sorge. Ein Problem, dessen Auswirkungen immer deutlicher werden, ist der globale Klimawandel. 2018 bis 2020 folgten gleich drei Hitzesommer aufeinander, was die Böden bis weit unter die Erdoberfläche austrocknen ließ. Gleichzeitig sind schwere Stürme häufiger geworden. Gerade die Fichte als häufigste Baumart im Schwarzwald ist weder für Orkane noch für längere Dürre gewappnet. Doch auch an Tannen, Kiefern und Buchen zeigen sich zunehmende Schäden.

Im Tierreich ist der klimabedingte Wandel ebenfalls längst im Gange: Wärmeresistente Arten wandern ein, kälteliebende Arten werden verdrängt. Zum Beispiel registrierte man 2018 erstmals die wärmeaffine *Gottesanbeterin* in Höhenlagen von über 900 Metern, und der aus dem Mittelmeerraum stammende *Iberische Zilpzalp* wurde wiederholt in der Region gesichtet. Zugleich sind die *Alpen-Ringdrossel* und die *Kreuzotter* immer seltener anzutreffen. Und der ebenfalls kälteliebende *Zitronenzeisig* gilt im Nationalpark Schwarzwald seit 2017 als ausgestorben.

Die Folgen des Klimawandels können zumindest gemildert werden, indem auf eine Durchmischung der Wälder geachtet wird – auf ein Nebeneinander von Nadel- und Laubbäumen. Schädlinge breiten sich so weniger stark aus, und der Wald wird sturmbeständiger. Trotzdem werden Hitze und Trockenheit den Bäumen zunehmend zu schaffen machen. Auch die Gefahr von Waldbränden steigt. Die großflächige Ansiedlung hitzebeständiger Baumarten – etwa aus dem Mittelmeerraum – ist keine echte Option. Diese Arten sind schlecht für die vergleichsweise kalten Winter im Schwarzwald gewappnet. Im schlimmsten Fall könnte die alte Schreckensvision eines Schwarzwalds ohne Bäume doch noch Realität werden. Es gilt entschlossen zu handeln, um solche Szenarien abzuwenden.

Der Schnee wird knapp

Auch für den Tourismus ist der Klimawandel ein Problem. Besonders auf einem Gebiet spürt die Branche das heute schon drastisch: im Wintersport. In der Wintersaison 2019/20 waren die Skilifte auf dem Ruhestein im Nordschwarzwald nur an fünf Tagen in Betrieb – früher waren es meist 60 bis 80 Tage gewesen. Im Hochschwarzwald ist Schnee zwar noch häufiger anzutreffen, doch auch dort ist das Problem akut. Der *Naturpark-Plan 2025* für den Südschwarzwald nannte bereits 2017 das Ziel, »schneeunabhängige naturverträgliche Alternativen« für die »bisher wichtige Wintersportdestination« zu entwickeln.

Schnee wird im Schwarzwald immer seltener.

Der Schwarzwald als Lebensort

Eine allzu einseitige Fokussierung auf den Tourismus scheint ohnehin nicht wünschenswert. Bei den aktuellen Zukunftsplanungen geht es ebenso darum, den Schwarzwald als Lebensort für Einheimische und Zuwanderer attraktiv zu machen.

Zweifellos hat die Infrastruktur vieler ländlicher Gebiete seit Jahrzehnten gelitten – sei es der öffentliche Nahverkehr, der Einzelhandel oder das Bildungswesen. Die Abwanderung gerade der jüngeren Einheimischen setzt sich vorerst fort. Schätzungen zufolge könnte schon 2025 ein Drittel der Schwarzwald-Bewohner älter als 60 Jahre sein. Initiativen wie das EU-geförderte Regionalentwicklungsprogramm *LEADER* schaffen Anreize zum Gegensteuern. Zum Beispiel wurde der 2019 eröffnete Dorfladen des Gernsbacher Ortsteils Reichental (Nordschwarzwald) von einer Bürgerinitiative auf den Weg gebracht – und von LEADER mitfinanziert. Zuvor hatte es nach Schließung der letzten Bäckerei kein einziges Lebensmittelgeschäft mehr vor Ort gegeben.

Ähnlich vielversprechende Modelle gibt es viele. So wurde bereits 2006 in Bollschweil bei Freiburg ein damals deutschlandweit einmaliges Projekt gestartet, das seitdem Schule machte: Bürger gründeten eine Genossenschaft, die gemeinsam die Sanierung eines alten Gebäudes in der Ortsmitte in Angriff nahm. 2010 konnte darin das *Bolando* als Dorfgaststätte neuen Typs eröffnet werden – als Treffpunkt für die Menschen vor Ort, im Kontrast zu den auf Touristen zugeschnittenen Hotelbetrieben der Region. Allgemein erlebt das Genossenschaftsprinzip ein Revival – im Zeichen eines bürgerschaftlichen Engagements, das den Erhalt dörflicher Infrastrukturen nicht allein dem freien Markt oder den oftmals überlasteten Gemeindekassen überlässt.

Zukunftsideen – von der Industrie bis zur Gastronomie

Auch gibt es Grund zu der Hoffnung, dass es in der Tüftler- und Unternehmerregion Schwarzwald weiterhin innovative Betriebe geben wird – und damit auch zukunftsfähige Arbeitgeber. Gerade in der jüngsten Vergangenheit war der Anteil innovationsgetriebener Start-ups gemessen an der Anzahl sämtlicher Unternehmen in Teilen des Schwarzwalds besonders hoch. Die Unternehmen profitieren im ländlichen Raum zum Beispiel von günstigeren Mieten.

Für die Förderung innovativer Ansätze stehen Institutionen wie der im Herbst 2019 eröffnete *Campus Schwarzwald* in Freudenstadt, initiiert von der Universität Stuttgart und zahlreichen Unternehmen der Region. Maschinenbau-Studierende können hier einen Master-Studiengang absolvieren – der Schwerpunkt liegt auf Digitalisierung und Nachhaltigkeit. Es gibt ein hochmodernes Forschungslabor für praxisnahe Projekte, und Start-ups werden gezielt gefördert.

Neue Ideen sind auch in der Landwirtschaft gefragt – für jüngere Betriebe ebenso wie für die oftmals Jahrhunderte alten Höfe des Schwarzwalds, die manchmal in zehnter oder gar zwanzigster Generation geführt werden. Bei allen Problemen gibt es Grund zum Optimismus. Zum einen steigt die Nachfrage nach regionalen Bioprodukten. Und um den Absatz von Obst, Gemüse, Fleisch, Milch oder Wein in der Region zu unterstützen, hat sich die Direktvermarktung zwischen Erzeuger und Verbraucher erfolgreich neu etabliert: Einrichtungen wie die *Marktscheunen*, die es inzwischen im nördlichen wie auch im südlichen Schwarzwald gibt, kurbeln den Verkauf der regionalen Produkte an. Und auf den Speisekarten zertifizierter *Naturpark-Wirte* finden sich regionaltypische Spezialitäten wie Schwarzwaldforelle, Käsespätzle oder Schwarzwälder Kirschtorte – zubereitet mit Zutaten aus der näheren Umgebung.

»Zukunft braucht Herkunft«

Weit über Landwirtschaft und Gastronomie hinaus weist die Frage, wie es um die Zukunft der Schwarzwald-Kultur bestellt ist – um die regionalen Bräuche, die handwerklichen Traditionen, die Sagen und Mythen des Schwarzwalds und die lebendige Erinnerung an seine Geschichte.

»Die Identität der Region gestern, heute und morgen zu ergründen, wäre eine Aufgabe, der sich der Naturpark verstärkt widmen sollte«, heißt es im Naturpark-Plan 2025 für den Südschwarzwald. Das Ziel laute einerseits, die regionale Geschichte und lokale Traditionen mehr in den Fokus zu rücken – nach dem Motto: *Zukunft braucht Herkunft*. Andererseits mangle es noch »am Bewusstsein oder an konkreten Ansätzen, wie Tradition und Kultur zukunftsgewandt weitergedacht werden können.«

Wertvolle Dienste könnte zum Beispiel eine engere Vernetzung der bestehenden Kulturinstitutionen, aber auch der Gemeinden, Vereine und Verbände zwischen Karlsruhe und Lörrach leisten, um die Identität des Schwarzwalds im 21. Jahrhundert zu vermessen, zu diskutieren und zu pflegen – und den *Mythos Schwarzwald* immer wieder neu in die Gegenwart zu holen.

Die Rolle des Tourismus ist gerade auch mit Blick auf die kulturelle Identität des Schwarzwalds ambivalent: Einerseits schafft der Tourismus Anreize, kulturelle Besonderheiten zu bewahren und für die Öffentlichkeit zu erschließen. Aber oftmals genügt dieser Anreiz nicht.

Ein Beispiel aus dem Nordschwarzwald ist das 2005 geschlossene *Kurhaus Sand* an der Schwarzwaldhochstraße. Das Gebäude steht unter Denkmalschutz, und selbst die Inneneinrichtung aus dem frühen 20. Jahrhundert ist weitgehend erhalten. Doch für die Öffentlichkeit ist das Kurhaus mit der schillernden Vergangenheit nicht mehr zugänglich. Seine Zukunft ist ungewiss. Denkbar wäre dort eine zeitgemäße Ausstellung zur Geschichte des Schwarzwald-Tourismus – mit besonderem Fokus auf der Schwarzwaldhochstraße und ihren Höhenhotels, ihren Skipisten, Sagen und Naturschönheiten. Doch die Voraussetzung sind größere Investitionen.

Ohnehin sollte Kultur nicht nur das sein, was sich vermarkten lässt. Um nicht zur hohlen Fassade zu verkommen, muss sie auch

Kreativer Umgang mit der Tradition: Fotografie von Selina Haas.

im Alltag und in den Köpfen der Menschen weiterleben. Gerade die moderne Migrationsgesellschaft, unabhängig von Herkunft und Abstammung ihrer Mitglieder, kann Inspiration in einer Vergangenheit finden, die immer wieder durch Zuwanderung geprägt war.

Zumindest auf lokaler Ebene ist es mancherorts bereits gängige Praxis, das Wissen um die Tradition und die Wurzeln der Region ganz praktisch zu fördern. So setzen *Naturpark-Schulen* wie die *Dom Clemente Schule*, eine Grund- und Werkrealschule in Schonach (Südschwarzwald), auf moderne Heimatkunde: Die Schülerinnen und Schüler lernen dort unter anderem das traditionelle Strohflechten.

Nicht (nur) von gestern: Schwarzwald-Ikonen im Wandel

Die Schwarzwälder Kuckucksuhr – für manchen geradezu Inbegriff des Schwarzwald-Mythos – zählt auch heute zu den Top-Souvenirs aus- und inländischer Touristen. Wichtig dabei: Neben der industriellen Fertigung hat das klassisch-authentische Uhrmacher-Handwerk in der Region nach wie vor seinen Platz. Und bei aller Tradition gibt es neue Ideen. Zuweilen kommt die Schwarzwälder Kuckucksuhr, die als geschützte Marke eingetragen ist, in überraschend modernem Design daher. Selbst als Kunstobjekt wurde sie entdeckt: Mit einem Unikat des Offenburger Künstlers Stefan Strumbel (geb. 1979) posierte 2008 kein Geringerer als Modeschöpfer Karl Lagerfeld.

Immer wiederkehrend ist in Strumbels oftmals provokanter Kunst auch der typische (nach wie vor in Handarbeit hergestellte) Gutacher Bollenhut – seine Trägerinnen zeigt Strumbel mal als Madonna, mal als Guerilla-Kämpferin. Damit ist er Teil eines Trends: Auch der Fotograf Sebastian Wehrle (geb. 1984) präsentiert die traditionelle Schwarzwälder Tracht auf unkonventionelle

Mit Fotografien wie dieser hat Sebastian Wehrle aus Freiamt bei Emmendingen einen Nerv getroffen.

Weise. Und der Modedesigner Jochen Scherzinger aus Gütenbach bei Furtwangen gründete 2012 gar ein eigenes Label, das Kleidung mit modern interpretierten Schwarzwald-Motiven vertreibt – der Bollenhut ist auch hier allgegenwärtig.

Ebenso im Spannungsfeld zwischen Tradition und Moderne bewegt sich die Architektur. In der Kritik steht einerseits die schematische Orientierung an historischen Vorbildern wie dem

Schwarzwald-Bauernhaus. Auf der anderen Seite gibt es das Bedürfnis, einen authentischen, regionaltypischen Stil zu bewahren.

Ein mögliches Vorbild, wie der Kompromiss aussehen kann, ist der Siegerentwurf eines 2017 veranstalteten Architekturwettbewerbs der Gemeinde Fröhnd im Südschwarzwald: Für den Bau eines neuen Bürgerhauses samt Mehrzweckhalle kombinierte er moderne, großzügig verglaste Gebäude mit Schwarzwald-typischen Walmdächern.

Visionen

Ideen für die Zukunft der Region sind also durchaus vorhanden. Doch braucht es auch eine umfassende, längerfristige Vision? Etwa für das Jahr 2050 oder darüber hinaus?

Je ferner der Zeitpunkt, desto wackliger die Prognose. Verschiedene Großtrends werden aber zweifellos anhalten. Durch den Klimawandel wird die Natur sich weiterhin (und vermutlich immer rasanter) verändern – ob diese Entwicklung zumindest gebremst werden kann, ist eine entscheidende Zukunftsfrage. Technische Fortschritte in Kommunikation und Mobilität haben zugleich das (positive) Potenzial, neue Chancen für den Schwarzwald und andere ländliche Regionen zu eröffnen: Sie könnten den Nachteil des Provinziellen verringern – oder gar ins Gegenteil verkehren. Vieles ist denkbar.

Aus den konkreten Zielsetzungen, die in der jüngeren Vergangenheit formuliert wurden, lässt sich etwa folgende Vision ableiten: ein Schwarzwald von morgen, der modellhaft für ein gutes Leben steht – für ein Miteinander von Mensch und Umwelt, einen konsequenten Schutz der Natur, eine nachhaltige Wirtschaft und stabile soziale Strukturen. Eine Region, die ihre Wurzeln kennt und offen für Neues bleibt – selbstbewusst, einladend und krisenfest.

Ortsregister

Bildquellenverzeichnis

Badisches Landesmuseum Karlsruhe (Bildsignatur: FD 164), S. 140
Bundesarchiv-Erinnerungsstätte für die Freiheitsbewegungen in der deutschen Geschichte, Rastatt, S. 136
CARASANA Bäderbetriebe GmbH, S. 32
Coch, Thomas (Ferienregion Münstertal Staufen), S. 15
Dominikanermuseum Rottweil, S. 30

EGT Unternehmensgruppe, S. 163, 164
Erzbischöfliches Ordinariat Freiburg, S. 72
Gemeindearchiv Baiersbronn, S. 151, 192
Hans-Thoma-Kunstmuseum, S. 167
Hauptstaatsarchiv Stuttgart (Bildsignatur: N 1 Nr. 77 Bild 2), S. 106
Heimatmuseum im Herrenhaus, Hausach, S. 155, 208, 225
Katz, Sabine (Gernsbach), S. 143
Killian, A (Archäologisches Museum Colombischlössle, Städtische Museen Freiburg), S. 42
Landesamt für Denkmalpflege im Regierungspräsidium Stuttgart, S. 24, 38
Landesmuseum Württemberg, Hendrik Zwietasch, S. 39
Lehmann, Andreas, S. 45, 56, 90, 93, 123, 171, 196, 255, 264
Museum am Markt Schiltach (Lizenz CC-BY-NC-SA), S. 109
Nationalpark Schwarzwald (Copyright: Daniel Müller), S. 274
Schwarzwälder Freilichtmuseum Vogtsbauernhof, S. 233, 262 oben
Schwarzwald Tourismus GmbH, S. 182, 228, 231, 260
Selina Haas Design, S. 282
Stadtarchiv Calw, S. 66 (Signatur: FA 04-001), 85 (Signatur: FA 11i-002; Rekonstruktion durch J. Luz Hirsau, Verlag Arthur L. Traut Welzheim)
Stadtarchiv Freudenstadt, S. 214, 215, 220, 250
Stadtarchiv Gaggenau, S. 153, 158, 199 oben
Stadtarchiv Gernsbach, S. 205
Stadtarchiv Haslach, S. 31, 154, 169, 187, 209
Stadtarchiv Schiltach, S. 160
Stadtarchiv Schramberg, S. 50, 147, 149, 172
Stadt Bad Wildbad, S. 175, 178, 232 oben
Stadtmuseum/Stadtarchiv Baden-Baden, S. 67, 68, 174
Stadt Titisee-Neustadt, S. 65
Steuer, H., S. 37
Stiftsarchiv St. Gallen (Urkunden-Signatur: Urk. Bremen 34, 2. April 866), S. 46
Vintage Photography Archive, S. 223
Wehrle, Sebastian, S. 284
Wikimedia Commons:
  Free Art License: S. 52
  Public Domain: 53, 54, 62, 70, 77, 81, 82, 86, 87, 92, 104, 111, 116, 120, 121, 126, 128, 130, 133, 157, 179, 210
  Lizenz CC0 1.0: S. 23
  Lizenz CC BY-SA 2.0: S. 229 (Urheber: Nelso Silva)
  Lizenz CC BY 2.0: S. 73 (Urheber: Tobias Nielsen)
  Lizenz CC BY 3.0: S. 99, 254 (Urheber: qwesy qwesy), 261 unten (Urheber: qwesy qwesy)
  Lizenz CC BY 3.0 DE: S. 117 (Quelle: Deutsches Uhrenmuseum Furtwangen [Inv. 2008-024])
  Lizenz CC BY-SA 3.0: S. 146 (Quelle: Deutsches Uhrenmuseum Furtwangen), 219 (Quelle: Bundesarchiv – Signatur B 145 Bild-F003834-0010, Urheber: Rolf Unterberg), 230 (Urheber: Andreas Schwarzkopf), 238 (Urheber: Frank Vincentz), 241 (Urheber: Divakar246448), 248 (Urheber: Andreas Schwarzkopf), 252 (Urheber: Vitold Muratov), 257 (Urheber: Ichneumon), 262 unten (Urheber: H. Zell)

Lizenz CC BY-SA 4.0: S. 16 (Urheberin: Nicole Schlatterer), 44 (Urheber: Chris die Seele), 48 (Urheber: Matthias Scharwies), 88 (Urheber: Didivo67), 101 (Urheber: Harald Helmlechner), 124 (Urheber: Historisches Museum Basel), 125 (Urheber: Holger Uwe Schmitt), 176 (Urheber: Ventus55), 189 (Urheber: SchiDD), 197 (Urheber: Dpesek), 199 unten (Quelle: Karl-Günther Bechem), 237 (Urheber: Uhrenfabrik Junghans), 242 (Urheber: Alexander Migl), 261 oben (Urheber: Gerd Eichmann), 268 (Urheber: PantaRhei), 270 (Urheber: Zwerger-r-leben), 272 (Urheber: Luis Scheuermann), 275 (Urheber: Gerd Eichmann), 279 (Urheber: KImages)

Lizenz CC BY 4.0: S. 203 (Urheber: Auckland War Memorial Museum)

Wissing, M. (Archäologisches Museum Colombischlössle, Städtische Museen Freiburg), S. 20

Zitierte Quellen

Reuter, Marcus: Leben in römischen Ruinen. Die germanischen Neueinwanderer in Südwestdeutschland und das römische Erbe, in: Geiberger, Michaela u. a.: Imperium Romanum. Römer, Christen, Alamannen – Die Spätantike am Oberrhein. Begleitband zur Großen Landesausstellung Baden-Württemberg im Badischen Landesmuseum Karlsruhe, Stuttgart 2005, S. 111–118, hier: S. 111. (Zitat S. 38/1)

Carroll, Maureen/Ohlsen, Tanja: Römer, Kelten und Germanen. Leben in den germanischen Provinzen Roms, Stuttgart 2003 (englisches Original 2001), S. 51. (Zitat S. 38/2)

Geuenich, Dieter: Die Alamannen von ihrer Ethnogenese bis zum Untergang des Herzogtums (746), in: Ade, Dorothee u. a. (Hg.): Alamannen zwischen Schwarzwald, Neckar und Donau. Begleitbuch zur gleichnamigen Ausstellung im Kultur- und Museumszentrum Schloss Glatt (13.4. bis 22.6.2008) und weiteren Museen, Stuttgart 2008, S. 13–21, hier: S. 18. (Zitat S. 39)

Gerbert, Martin: Geschichte des Schwarzwaldes. Siedlungsgebiet des Ordens des heiligen Benedikt. Aus dem lateinischen Originaltext übersetzt von Adalbert Weh, Bd. 1, Freiburg im Breisgau 1993, S. 11. (Zitat S. 54)

Vetter, August: Feldberg im Schwarzwald. Die Geschichte des höchsten Schwarzwaldberges, der einstigen Vogteien Altglashütten, Bärental, Falkau und Neuglashütten sowie der Gemeinde Feldberg (Schwarzwald), Neuausgabe d. Auflage v. 1968, Feldberg 1982, S. 53, 166 u. 404. (Zitate S. 78, 137 f u. 207)

Herbner, Detlef: Titisee-Neustadt. Eine Stadtgeschichte, Freiburg im Breisgau 1995, S. 54 f. (Zitate S. 91/1+2)

Kicherer, Dagmar: Kleine Geschichte der Stadt Baden-Baden, 2. Auflage, Karlsruhe 2012, S. 66. (Zitat S. 91/3)

Grimmelshausen, Hans Jacob Christoffel von: Der Abenteuerliche Simplicissimus, Mannheim 2010, S. 422. (Zitat S. 94)

Baumgartner, Mathias: Dom St. Blasien im Südschwarzwald, 2., überarbeitete Auflage, Lindenberg 2012, S. 13. (Zitate S. 101)

Schnierle-Lutz, Herbert (Hg.): Schwarzwald Lesebuch. Geschichten aus 6 Jahrhunderten mit zahlreichen Bildern, Stuttgart/Leipzig 2011, S. 25, 102, 22, 41 f, 40, 50 u. 214. (Zitate S. 104, 118, 124/1, 132 u. 159, 160 u. 263/2)

Hildenbrand, Manfred: Haslach im Kinzigtal. Geschichte einer alten Marktstadt, Bd. 1: Von Ur- und Frühgeschichte bis zu Vormärz und Revolution 1848/49, Haslach 2009, S. 77. (Zitat S. 111)

Kahlert, Helmut: 300 Jahre Schwarzwälder Uhrenindustrie, 2., vollständig überarbeitete und aktualisierte Auflage, Gernsbach 2007, S. 99. (Zitat S. 115)

Scholz, Julia: »Kuckucksuhr, mon amour«. Faszination Kuckucksuhr, Stuttgart 2013, S. 40 u. 49. (Zitate S. 117 u. 145)

Schäffner, Werner: Thaddäus Rinderle aus Staufen. Mathematikprofessor an der Albertina in Freiburg. Über sein Mönchsle-

ben im Benediktinerkloster St. Peter und seine Tätigkeiten als Hochschullehrer, Staufen 2014, S. 49 f. (Zitat S. 122)
Bolich, Günther/Schmidt-Bergmann, Hansgeorg (Hg.): Literaturregion Oberrhein bis Bodensee. Orte, Personen, Schauplätze, Halle an der Saale 2011, S. 43. (Zitat S. 124/2)
Kuhn, Axel/Lorenz, Sönke: Baiersbronn. Vom Königsforst zum Luftkurort. Mit einem Beitrag von Franz Adis, Stuttgart 1992, S. 201 f, 189 u. 261. (Zitate S. 135, 150 u. 214)
Hansjakob, Heinrich: Erzählungen, Erinnerungen. Eingeleitet und herausgegeben von Werner Witt, Tübingen 2009, S. 24, 42 ff u. 94 ff. (Zitate S. 138, 141 u. 169/2)
Hangarter, Heinz: Unsere Schwarzwaldbahn. Das stählerne Band über den Schwarzwald, Augsburg 1971. (Zitat S. 154)
Knupfer, Hans-Joachim: Die Württembergische Schwarzwaldbahn. Württembergs längste Gebirgsbahn, Hövelhof 2010, S. 18. (Zitat S. 156)
Bieber, Sylvia: Bernau. Die Heimat von Hans Thoma, in: Stadt Karlsruhe – Städtische Galerie (Hg.): Schwarzwaldbilder. Kunst des 19. Jahrhunderts, Petersberg 2016, S. 81-83, hier: S. 81. (Zitat S. 166)
Hansjakob, Heinrich: Valentin der Nagler, Wiesbaden 1921, S. 3. (Zitat S. 169/1)
Badische Landestrachten. Dargestellt und beschrieben durch den Maler Rudolf Gleichauf in den Jahren 1861 bis 1869, bearbeitet von Brigitte Heck [Veröffentlichungen der Kommission für geschichtliche Landeskunde in Baden-Württemberg], Ubstadt-Weiher 2020, S. 46. (Zitat S. 169/3)
Bieber, Sylvia: Schwarzwaldbilder. Fotografien von Wilhelm Hasemann und Alfred Stieglitz, in: Stadt Karlsruhe – Städtische Galerie (Hg.): Schwarzwaldbilder. Kunst des 19. Jahrhunderts, Petersberg 2016, S. 205-207, hier: S. 205. (Zitat S. 171)
Mezger, Werner: Das große Buch der Rottweiler Fastnacht. Geschichte, Formen und Funktionen eines urbanen Brauchs. Mit Fotogr. von Wilfried Dold. Unter Mitarb. von Helmut Reichelt und Roland Sigwart, 2004, Vöhrenbach 2004, S. 50. (Zitat S. 172)
Hildenbrand, Manfred: Heinrich Hansjakob – Rebell im Priesterrock, 5. Auflage, Haslach 2012, S. 184. (Zitat S. 173)
Baur, Barbara: Letztes Jahr in St. Blasien. Die Geschichte eines Kurortes und seiner prominenten Gäste, 2., überarbeitete Auflage, Berlin 2018, S. 79 u. 186. (Zitate S. 176 u. 191/2)
www.bad-wildbad.de/sommerbergbahn/bergbahngeschichte, Infotext »Zur Geschichte der Bergbahn« (abgerufen am 23. November 2020). (Zitat S. 177)
Schmidt-Bergmann, Hansgeorg: »In malerischer und romantischer Hinsicht«. Der Schwarzwald in der Literatur des 19. Jahrhunderts, in: Stadt Karlsruhe – Städtische Galerie (Hg.): Schwarzwaldbilder. Kunst des 19. Jahrhunderts, Petersberg 2016, S. 35-49, hier: S. 35. (Zitate S. 178)
Scheer, Volker G.: 125 Jahre Schwarzwaldverein Kandern 1883–2008. Chronik, hg. v. Schwarzwaldverein Kandern, Kandern 2008, S. 10. (Zitat S. 179)
Bussemer, Philipp: Der Höhenweg Pforzheim – Basel, Baden-Baden 1902, S. 22 ff. (Zitate S. 180)
Beckmann, Ludger: Furtwangen. Beiträge zur Geschichte einer Stadt im Schwarzwald, Bd. 1: 1179-1873, Vöhrenbach 2004, S. 60. (Zitate S. 181)
Westernhagen, Dörte von: »Ve wishen der Fischenkarten«. Mark Twain und Hemingway im Schwarzwald, Freiberg 2001, S. 25. (Zitat S. 191/1)
Janzing, Bernward: Baden unter Strom. Eine Regionalgeschichte der Elektrifizierung. Von der Wasserkraft ins Solarzeitalter, Vöhrenbach 2002, S. 240. (Zitat S. 197)
Kafka, Ernst/Schlund, Wolfgang: Die Schwarzwaldhochstraße. Geschichte und Geschichten, Freiamt 2007, S. 30. (Zitat S. 200)
Krause-Schmitt, Ursula u. a.: Heimatgeschichtlicher Wegweiser zu Stätten des Widerstandes und der Verfolgung 1933–1945, Bd. 5: Baden-Württemberg I. Regierungsbezirke Karlsruhe und Stuttgart, hg. v. Studienkreis Deutscher Widerstand, Frankfurt am Main 1991, S. 25. (Zitat S. 202)
Reiff, Daniela: Lorle und Bärbel – zwei Frauen auf Erfolgskurs, in: Heck, Brigitte/Näther, Ulrike/Reiff, Daniela/Seim, Andreas (Hgg.): Schwarzwaldmädel. Ein Motiv bewegt die Zeit [Volkskundliche Veröffentlichungen des Badischen Landesmuseums Karlsruhe Nr. 11], Karlsruhe 2010, S. 19-31, hier: S. 26. (Zitat S. 206)
Arbeitskreis Ortschronik der Gemeinde Hinterzarten (Hg.): »Wir wussten doch nicht was kommt«. Das Ende des II. Weltkriegs im Hochschwarzwald in Berichten von Zeitzeugen, Hinterzarten 2006, S. 31, 40, 19 u. 27. (Zitate S. 212, 213 u. 215/2)

Werner, Josef: Karlsruhe 1945. Unter Hakenkreuz, Trikolore und Sternenbanner, Karlsruhe 1985, S. 215. (Zitat S. 215/1)
Fassbender-Luz, Claire: Geschichten aus dem Posthotel Freudenstadt, Schramberg 2010, S. 67. (Zitat S. 219)
Boscia, Giuseppe: Erzähl mir von dir, Papa. Geschichten einer Kindheit zwischen Sizilien und dem Schwarzwald, Villingen-Schwenningen 2012, S. 176. (Zitat S. 227)
Scherff, Klaus: Alles über die Schwarzwaldbahn, Stuttgart 2009, S. 96. (Zitat S. 229)
Riesterer, Harald/Weis, Roland: Der Hochschwarzwald. Von der Eiszeit bis heute, 2. Auflage, Ostfildern 2017, S. 457. (Zitat S. 231)
Scholz, Wolfgang: Belchenzauber. Ansichten und Aussichten vom König der Schwarzwaldberge, Schopfheim 2001, S. 4. (Zitate S. 234)
Riess, Barbara: 111 Schätze der Kultur im Schwarzwald, die man gesehen haben muss, Köln 2019, S. 160. (Zitat S. 239)
Ulmer, Günter Albert: Zauberhaftes Wildseemoor. Das größte Hochmoor Deutschlands, Schönaich 1985, S. 86. (Zitat S. 249)
Bickel, Annette u. a.: Schwarzwald [Baedeker Allianz Reiseführer], Ostfildern 1994, S. 376. (Zitat S. 260/1)
Linde, Helmut u. a.: Schwarzwald [Baedeker Allianz Reiseführer], 6., völlig überarbeitete und neugestaltete Auflage, Ostfildern 2006, S. 12. (Zitat S. 260/2)
Barwich, Claudia: Den Schwarzwald ohne Geld erleben. 101 großartige Dinge, die Du im Schwarzwald kostenlos unternehmen kannst, München 2019. (Zitat S. 260/3)
Rieger, Annette Maria: Waldbaden. Orte zum Kraft Tanken in Baden-Württemberg, Stuttgart 2019; hier zum Schwarzwald: S. 44–73. (Zitat S. 260/4)
https://www.schwarzwald-tourismus.info/erleben/wellness/schwarzwald-wellness/basen-kur (aufgerufen am 23. November 2020). (Zitat S. 263/1)
www.naturparke.de/aufgaben-ziele/bildung/naturpark-schulen.html (aufgerufen am 11. Juni 2021). (Zitat S. 265)
Badische Neueste Nachrichten v. 31. August 2020, S. 7: Artikel »Ist der Nationalpark wirklich eine Spur wilder?«. (Zitat S. 273)
Konold, Werner/Seitz, Bernd-Jürgen: Das Biosphärengebiet Schwarzwald. Mensch und Natur im Einklang, Tübingen 2018. (Zitat S. 274)
Badische Neueste Nachrichten v. 24. Januar 2020, Artikel »Leckeres von der ‚Wilden Sau'«. (Zitat S. 277/1)
www.landesforstverwaltung-bw.de/waldangebote/jagd (aufgerufen am 23. November 2020). (Zitat S. 277/2)
Naturpark Südschwarzwald: Naturpark-Plan 2025. Eine Region gestaltet ihre Zukunft (2018), S. 38 u. 68. (Zitate S. 279 u. 281)

Literaturauswahl

Dennert, Volker/Werner, Wolfgang: Lagerstätten und Bergbau im Schwarzwald. Ein Führer unter besonderer Berücksichtigung der für die Öffentlichkeit zugänglichen Bergwerke, hg. v. Landesamt für Geologie, Rohstoffe und Bergbau Baden-Württemberg, Freiburg im Breisgau 2004.
Dorer, Bernhard: Wälderleben. Geschichte und Geschichten der Landwirtschaft im Hochschwarzwald im Wandel der Zeit, 4., überarbeitete Auflage, Freiburg im Breisgau 2017.
Heck, Brigitte/Näther, Ulrike/Reiff, Daniela/Seim, Andreas (Hgg.): Schwarzwaldmädel. Ein Motiv bewegt die Zeit [Volkskundliche Veröffentlichungen des Badischen Landesmuseums Karlsruhe Nr. 11], Karlsruhe 2010.
Hitz, Rüdiger: Entstehung und Entwicklung des Tourismus im Schwarzwald. Das

Beispiel Hochschwarzwald 1864–1914 [Alltag & Provinz Nr. 14], Freiburg im Breisgau 2011.
Huth, Silvia: Wie der Schwarzwald erfunden wurde. Das Buch zur SWR-Dokureihe Schwarzwaldgeschichten, 2. Auflage, Tübingen 2013.
Jüttemann, Herbert: Die Schwarzwalduhr, 4., völlig neu bearbeitete Auflage, Karlsruhe 2000.
Kafka, Ernst/Schlund, Wolfgang: Die Schwarzwaldhochstraße. Geschichte und Geschichten, Freiamt 2007.
Kauß, Dieter: Schwarzwälder Kulturgeschichte. Zur Geschichte der Bauernhöfe im Schwarzwälder Freilichtmuseum, Gutach [Aus dem Schwarzwald Nr. 5], Offenburg 2002.
Kleiber, Wolfgang (Hg.): Tarodunum/Zarten - Brigobannis/Hüfingen. Kelten, Galloromanen und frühe Alemannen im Schwarzwald in interdisziplinärer Sicht [Akademie der Wissenschaften und der Literatur (Mainz) – Abhandlungen der Geistes- und sozialwissenschaftlichen Klasse, Jahrgang 2009, Nr. 4], Stuttgart 2009.
Kneißler, Rolf: Von Waldglashütten und dem alten Glasmacher-Handwerk. 800 Jahre Glasgeschichte in den Wäldern rund um Besenfeld, Baiersbronn, Freudenstadt, Dornstetten, Schömberg und Alpirsbach [Freudenstädter Beiträge zur geschichtlichen Landeskunde zwischen Neckar, Murg und Kinzig Nr. 11], Freudenstadt 2002.
Liehl, Ekkehard/Sick, Wolf Dieter (Hgg.): Der Schwarzwald. Beiträge zur Landeskunde [Veröffentlichung des Alemannischen Instituts Freiburg im Breisgau Nr. 47], 3. Auflage, Bühl/Baden 1984.
Lorenz, Sönke (Hg.): Der Nordschwarzwald. Von der Wildnis zur Wachstumsregion, Filderstadt 2001.
Maurer, Friedemann: Treibende Kräfte. Vom Leben und Arbeiten auf dem Hohen Wald. Streifzüge durch die regionale Kultur- und Wirtschaftsgeschichte, Ostfildern 2013.
Richter, Georg (Hg.): Schwarzwaldreisen. Berichte, Geschichten und Bilder aus fünf Jahrhunderten, Karlsruhe 1986.
Riesterer, Harald/Weis, Roland: Der Hochschwarzwald. Von der Eiszeit bis heute, 2. Auflage, Ostfildern 2017.
Schmidt, Doris: Schwarzwald. Roter Bollenhut – Tracht und Marke [Kleidungskulturen der Welt Nr. 3], Baltmannsweiler 2015.
Schaab, Meinrad: Beiträge zur Siedlungs- und Wirtschaftsgeschichte des Schwarzwaldes [Veröffentlichungen der Kommission für geschichtliche Landeskunde in Baden-Württemberg, Reihe B, Nr. 156], Stuttgart 2003.
Scheifele, Max: Aus der Waldgeschichte des Schwarzwaldes [Schriftenreihe der Landesforstverwaltung Baden-Württemberg Nr. 82], Stuttgart 2004.
Scherff, Klaus: Die Schwarzwaldbahn. Badens spektakuläre Gebirgsbahn, Stuttgart 2019.
Schnierle-Lutz, Herbert (Hg.): Schwarzwald-Lesebuch. Geschichten aus 6 Jahrhunderten mit zahlreichen Bildern, Stuttgart/Leipzig 2011.
Städtische Museen Freiburg – Augustinermuseum (Hg.): Unser Schwarzwald. Romantik und Wirklichkeit, Petersberg 2011.

Danksagung

Herzlich danken möchte ich allen, die mich bei der Arbeit an diesem Buch unterstützt und seine Realisierung ermöglicht haben – angefangen mit Sonia Lauinger, Anna-Linda Hahn, Nele Müller und Annika Cramer vom Lauinger Verlag.

Schon bei der inhaltlichen Recherche, beim Feilen am Manuskript und bei der Suche nach Bildmaterial traf ich auf viele hilfsbereite Menschen. Mein Dank gilt Dr. Andrej Bartuschka (Bundesarchiv-Erinnerungsstätte für die Freiheitsbewegungen in der deutschen Geschichte, Rastatt), Nadja Beck (Erzbischöfliches Ordinariat Freiburg), Thomas Coch (Ferienregion Münstertal Staufen), Mona Djabbarpour (Stadtarchiv Freiburg), Ruth Dörschel (Stadtarchiv Freudenstadt), Theresa Faller (EGT Unternehmensgruppe), Dr. Matthias Franz (Landesamt für Geologie, Rohstoffe und Bergbau), Wolfgang Froese (Stadtarchiv Gernsbach), Michael Gilg (Schwarzwald Tourismus GmbH), Andrea Götz und Karin Hegen-Wagle (Stadtarchiv Gaggenau), Dr. Beate Grimmer-Dehn (Archäologisches Museum Colombischlössle, Freiburg), Thilo Haas (studioK GmbH), Brigitte Heck und Jörg Zimmermann (Badisches Landesmuseum Karlsruhe), Dr. Michael Hensle (Stadtarchiv Hausach), Lena Jaekel (Galerie Sebastian Wehrle), Michaela Jung (Stadt Titisee-Neustadt), Ulrike Klotter (Landesmuseum Württemberg, Stuttgart), Carsten Kohlmann (Stadtarchiv Schramberg), Margret Köpfer (Hans-Thoma-Kunstmuseum), Selina Kreyer (Selina Haas Design), Heike Kronenwett (Stadtarchiv Baden-Baden), Dorothee Kühnel (Gemeindearchiv Baiersbronn), Dr. Marina Lahmann (Stadt Bad Wildbad), Barbara Lehmann (Bühl), Martina Meyr (Städtische Museen der Stadt Rottweil), Kathrin Moeschlin (Stiftsarchiv St. Gallen), Dr. Andreas Morgenstern (Stadtarchiv Schiltach), Udo Prange (Heimatmuseum im Herrenhaus, Hausach), Zarah Quinte (Carasana Bäderbetriebe GmbH), Yvonne Reuter (Landesdenkmalamt Baden-Württemberg), Simon Schoo (Stadtarchiv Haslach), Tamara Schwenk (Schwarzwälder Freilichtmuseum Vogtsbauernhof), Dr. Monika Spicker-Beck (Freiburg), Dr. Simone Stübner (Nationalpark Schwarzwald) und Lena Wörsdörfer (Stadtarchiv Calw).

Dr. Andreas Lehmann

»Eine kleine Geschichte« im Lauinger Verlag

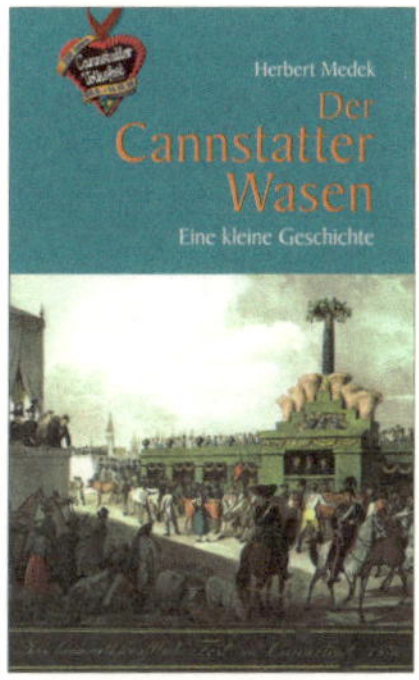

Das Konstanzer
Konzil
Daniel Gaschick /
Christian Würtz
136 Seiten
€ 16,95 (D)
978-3-7650-8449-2

Der Kraichgau
– Eine kleine
Geschichte
Thomas Adam
288 Seiten
€ 19,90 (D)
978-3-7650-8433-1

Wie Karl Drais
das Fahrrad erfand

Hans-Erhard Lessing
160 Seiten
€ 19,90 (D)
978-3-7650-8431-7

Das Konstanzer
Konzil
Daniel Gaschick /
Christian Würtz
136 Seiten
€ 16,95 (D)
978-3-7650-8449-2

Der Kraichgau
– Eine kleine
Geschichte
Thomas Adam
288 Seiten
€ 19,90 (D)
978-3-7650-8433-1

Wie Karl Drais
das Fahrrad erfand

Hans-Erhard Lessing
160 Seiten
€ 19,90 (D)
978-3-7650-8431-7